신나는 디베이트

황연성 지음

이비락 樂

황샘의 토의·토론 학습 코칭!

신나는 디베이트

초판 3쇄 발행 2014년 6월 13일

지은이 황연성

펴낸곳 도서출판 이비컴

펴낸이 강기원

디자인 이승현

편 집 주기선

마케팅 김동중, 이은미

주   소 (130-811) 서울 동대문구 신설동 96-24 세원빌딩 402호

대표전화 (02)2254-0658 FAX (02)2254-0634

전자우편 bookbee@naver.com

등록번호 제6-0596호(2002.4.9)

홈페이지 www.bookbee.co.kr

ISBN 978-89-6245-063-7

ⓒ 황연성 2011

이 책의 국립중앙도서관 출판시도서목록(CIP)는 e-CIP 홈페이지(www.nl.go.kr/cip.php)에서
이용하실 수 있습니다.(CIP제어번호:2011002791)

2011학년도 예일초등학교 6학년 4반 28명의 학생들에게 물어보았습니다.

"디베이트 학습에 대해
어떻게 생각하나요?"

말할 때 긴장감을 갖게 해 주어서 진짜 긴장감을 알게 되었고 발표력과 판단력을 하나하나 쌓아주었어요.　　　　　　　　　　　　　－ 김선우

논제에 관한 정보를 찾는 데 흥미를 느꼈고 정보와 지식 게임을 하는 것 같아서 제가 속한 팀이 이겼을 때 스트레스가 확 풀리는 느낌이에요.
　　　　　　　　　　　　　　　　　　　　　　　　－ 박 건

처음에는 발표하기가 힘들었는데 지금은 발표가 즐거워졌고 자료를 찾을 때마다 새로운 지식을 얻게 되어서 가고 싶은 놀이터 같아요.
　　　　　　　　　　　　　　　　　　　　　　　　－ 박상하

내 의견만이 옳은 것이 아니라는 것을 알았고 정치뿐만 아니라 시사적인 문제에 대해서도 큰 관심을 가지게 되었어요.　　　　　－ 박우현

단순한 토론 개념이 아닌, 어떠한 과목보다도 효과적인 학력향상의 견인차이고 지금은 무엇보다도 즐기면서 하고 싶은 게임 같은 것이에요.
　　　　　　　　　　　　　　　　　　　　　　　　－ 박 융

그것의 필요성과 중요성을 알게 되었고 나도 모르게 자주 발표하게 하는 습관을 키워주었어요.
  — 안재욱

처음에는 그냥 토론일 것이라고 여겼는데 재미있게 참여하면 저를 유식하게 만들고 기쁨을 주는 친구이자 성공의 밑거름이라고 생각해요.
  — 원태영

한 가지의 논제로도 국어, 수학, 사회, 도덕 등 여러 가지 과목으로 생각의 길을 쭈욱 펼쳐 나아갈 수 있는 마법과 같아요.
  — 이기서

여러 차례 해 보니까 내가 좋아하는 축구와 같이 정말로 재미있고 시간을 낭비하지 않으며 창의력도 길러주는 것 같아요.
  — 이재준

여러 상식과 비판적 사고력도 길러주었고 뭐니 뭐니 해도 올바른 말투를 배웠어요. 외교관이 꿈인 제게 디베이트는 정말 값진 보물이에요.
  — 이주현

자신의 의견만 고집하지 않고 다른 사람의 의견을 정성껏 듣게 되고 제 의견을 자신 있게 말하는 능력이 생겼어요.
  — 이준열

예전에는 남 앞에서 말하는 것이 떨려서 말을 잘 못했는데 디베이트를 하고 나서 남 앞에서 말하는 것이 재미있어 졌어요. 저에게 자신감을 키워주었어요.
  — 이호수

디베이트 라는 말만 들어도 기분이 좋고 웃음이 절로 나오며 저에게 기준을 가지고 생각하게 하는 비판적 사고력을 키워주었어요.
  — 임현민

‘디베이트가 어렵다.’는 고정관념이 없어지고 쉽고 재미있고 지식이 더욱 많아지게 해 주었습니다. 이제부터는 ‘디베이트는 재미있다.’는 고정관념이 생겼습니다.
— 김재현

다른 사람의 말을 귀 기울여 듣게 되었고 또박또박 말하는 습관이 생겼으며 성악가가 꿈인 저에게 노래 가사도 정확하게 부르게 도와주었어요.
— 김지애

자료를 찾고 발표를 하면서 지식을 넓힐 수 있었고 내 의견만 고집하지 않고 다른 사람의 의견도 경청하는 습관이 생겼어요.
— 김지형

처음에는 재미가 없을 것이라고 생각되었던 디베이트가 너무 재미있고 마치 편안한 나의 집 같고 나를 사람다운 사람으로 만들어 줄 것 같아요.
— 나원아

어떤 공부보다 재미있고 더 많은 지식을 넓히게 되었으며 긴장되고 자신감이 없었지만 점점 자신감이 생겨나게 해 주는 친구가 되었어요.
— 마진아

처음에는 아무 것도 몰랐는데 디베이트 학습을 하고 나서부터는 툭 하면 디베이트 학습을 하고 싶어요.
— 송 희

예전에는 발표하기가 싫었는데 디베이트 시간에 친구들 앞에서 발표를 하니 발표력이 많이 늘었고 친구들과 선생님 말씀에 귀 기울여 듣게 되었어요.
— 원주은

목소리 톤을 조절하는 것도 알게 되었고 여러 가지 논제로 토론을 하
다 보니 정보박사가 될 것 같고 이제는 매일 하고 싶어요.   - 은정원

제가 부족했던 발표력이 쑤욱 좋아졌고 논리적으로 생각하는 훈련이
되었으며 무엇이 중요한 것인지 분별할 수 있는 힘이 생기게 해주는 것
같아요.   - 이다인

발표하는 데 자신감이 없었던 저에게 자신감을 키워준 '발표력의 꽃
밭' 이고 계속 토론을 하고 싶은 마법에 걸렸어요.   - 이소영

여러 가지 논제로 토론학습을 할 때 마다 이렇게 많은 의견이 나올
수 있다는 것이 신기하고 놀라웠으며 재미있어요.   - 이수민

다양한 논제를 통해 여러 과목을 공부할 수 있고 또 재미있어서 쉽게
머릿속에 들어와요. 디베이트는 끝내주는 환상의 학습방법이에요.
                                                        - 이혜민

주장 하나를 보면 '아, 그렇구나!' 하고 그냥 넘겼었는데 디베이트를
하고 나서 글 한마디라도 보면 머릿속으로 반론을 생각하게 되요.
                                                        - 장원희

5학년 때 까지는 발표하는 것이 지옥처럼 싫었다. 그런데 이제는 발
표를 하고 싶은 욕심이 생기고 디베이트 시간이 기다려진다. 이제는 발
표가 천국이에요.   - 정지선

다양한 주제로 디베이트를 하면서 찾은 자료들로 새롭게 많은 지식
을 알고 올바르게 살아야겠다는 다짐을 하게 하는 경험이 되었어요.
                                                        - 최윤정

디베이트 학습을 한 후
나는 이렇게 변했다.

김지혜 / (2002학년도 예일초교 졸업생)

사실 수업 중에 나와 친구들이 주체가 되어 공부하는 것이 이렇게 신나는 것인지 토론학습을 하기 전에는 몰랐었다. 황 선생님을 만나서 토론학습으로 인해 내가 이렇게 변해가고 있다는 것이 놀랍다.

첫째, 알차고 올바른 말투를 하게 되었다. 세상에서 이보다 좋은 일은 없다. 분명 머리는 천재인데 '아다다' 처럼 말을 더듬거린다면 그의 말을 귀담아 들을 사람은 몇 명이 될까? 세상 살아가는 데 '말'을 잘 할 수 있다는 것은 분명 성공의 길까지 갈 수 있을 것이라고 생각한다. 디베이트가 성공의 밑거름이 될 것이다.

둘째, 소신 있는 생각을 갖게 되었다. 자기의 생각을 정확하고 명확하게 말하는 것도 디베이트가 준 하나의 묘미가 아닐까 생각한다. 내 의견을 서슴없이 말하다보면 토론학습 시간은 어느 새 열정(?)의 도가니가 되고 있으니 말이다.

셋째, 올바르게 가치판단을 하게 되었다. 가치판단! 어느 것이 옳고 그른지를 정확히 판단해 내는 것도 디베이트를 접하면서 늘어난 것이다. 정확히 말하면 디베이트에 '정답'은 없지만 그 논제에 대하여 신중하게 생각해 보고, 또 자료도 찾아보니 어떤 것을 해결할 때에는 '이런 것이 좋다'라는 가치판단 능력이 키워진 것 같다.

넷째, 비판적 사고력이 늘어났다. 이 말은 디베이트에서 정말 떼어 놓을 수가 없을 것 같다는 생각이 든다. 상대방의 말을 잘 듣고 그에 맞추어 기준에 알맞게 생각해 보면서 '무엇이 틀렸나?'를 곰곰이 생각하고 반론을 하기 때문에 절대적으로 비판적 사고력이 늘었다고 생각한다.

다섯째, 주제 이해력이 좋아졌다. 디베이트는 한 논제를 가지고 열린 토론을 하는 방식이다. 물론 그 사이사이 룰이 있기는 하지만 먼저 토론의 틀을 벗어나면 그 때는 막무가내인 것이다. 토론 주제를 잘 파악하고, 그에 맞추어 자료수집, 발표까지 이어지는 것은 분명 주제를 먼저 이해하고 받아들인다는 점에서 시작하는 것이 아닐까?

여섯째, 다른 사람의 의견을 한 번 더 생각하게 되었다. 무조건 내 말만 내세우는 것이 우리나라 많은 사람들의 가장 큰 실수라면 실수인 것이다. 다른 사람의 의견도 생각해 보고 꼭 내 의견이 아닌 다른 쪽 편에 있어서 이쪽 편에서 생각해 보고 다른 각도에서 유심히 살펴보면서 내 주장이 어디가 틀렸나를 명확하게 꼬집어 낼 수 있다는 것은 귀중한 찬스!

디베이트 수업
참관 소감문

2011학년도 6학년 4반 이주현 학생 어머니 김인정 님

3월 2일 6학년 반 배정이 있었던 날 아침. 미리 학교 홈페이지에서 6학년 담임선생님을 확인한 주현이가 의지를 불태우며 등교를 했습니다.

"엄마, 저 4반이 되었으면 좋겠어요. 황연성 선생님께서 토론 수업을 정말 재미있게 하신다는데 4반이 되어서 토론학습 방법을 제대로 배워보고 싶어요."

하교 때에는 소원 성취했다며 환하게 웃으며 집으로 돌아왔습니다. 첫 날 공부를 하고 와서 우리 담임선생님께서는 새로운 시도를 많이 하시는 것 같다며 재미있고 기대된다던 주현이의 모습을 오랫동안 잊지 못할 것 같습니다. 에세이, 전공왕, 베스트 디베이터, 매일 영어 단어 2개 공부, 자기주도 학습 계획표와 실천기록장, 신나는 토론 학습 파일, 명심보감, 문제집 풀기 등의 학급 특장에 대하여 주욱 설명해 주었습니다. 그 뒤로 때로는 과제가 많을 때에는 힘들어 하기도 했지만 한 학기가 반쯤 지나갈 무렵에는 어느 새 자리를 잡아가게 되었고 행사로 가득

한 5월에도 놓치지 않고 과제를 스스로 해나가는 모습을 보니 뿌듯했고 선생님께도 감사드리고 싶습니다.

특히나 디베이트 수업에 있어서는 주현이의 기대가 어느 무엇보다도 컸었던 터라 엄마인 저도 늘 관심 있게 준비에서부터 결과에 이르는 과정을 눈여겨보았습니다. 첫 번째 디베이트 논제였던 "만화는 우리 사회에 매우 유익하다.", 두 번째 논제였던 "우리나라는 물 부족 국가이다.", 이번 공개수업 논제인 "초등학생들에게 학원이나 과외교육은 필요하다."를 통해서 아이들끼리 인터넷 채팅방을 만들어 정보와 의견을 주고받고 역할을 분담하여 발표를 한 결과, 어느 팀이 승리를 했고 베스트 디베이터는 누가 뽑혔으며, 주현이가 자랑처럼 디베이트 수업 이야기를 하는 지라 한 번 꼭 그 수업 모습을 실제로 보고 싶었는데 드디어 학부모 참관수업을 통해 기회가 찾아왔습니다.

먼저 교실에 들어서니 디베이트 수업에 대해 낯선 부모님들을 위해 논제, 토론의 순서, 시간배분, 디베이트 노래 가사 등이 칠판에 잘 정리되어 있어서 수업을 이해하는 데 도움이 되었습니다. 그리고 찬성 측과 반대 측 의견을 개조식으로 정리한 배너가 놓여 있어서 각 팀의 경쟁 열기도 느낄 수 있었습니다.

입론의 시간, 각 팀은 일사불란하게 각자의 입장을 주장하였었는데 모두들 꼼꼼하고 정확하게 자료를 조사해 왔고, '아~ 저런 부분까지 생각했구나!' 하는 감탄이 나올 정도로 수준 있는 근거로 입장을 발표하는 아이들도 있었습니다. 상대측이 입론할 때에는 진진한 모습으로 경청하며 메모를 열심히 했습니다. 작전타임이 지난 후 반론의 시간.

예상 질문과 그에 대한 반론도 생각해 두었겠지만 역시 쉴 새 없이 쏟아지는 질문에 알맞은 답변을 하느라 양측 모두 허둥대기도 하고 긴장하는 모습을 엿볼 수 있었습니다. 하지만 최선을 다해 성의껏 답변하는 모습이 보기 좋았습니다. 최종 변론시간에는 작전 타임을 통해 의견을 나누어 입론과 반론에서 논의되었던 것들을 압축적으로 정리하여 자기 팀의 주장이 더 우월하다고 발표하는 것 보다는 미리 준비한 내용을 발표하는 것 같다는 느낌이 있어 아쉽기도 했습니다. 그러한 테크닉은 앞으로 디베이트 학습을 반복해 나가면서 보완될 것이라고 생각했습니다. 또 대부분의 아이들은 큰 목소리로 발표했지만 2~3명의 아이들은 좀 더 큰 목소리와 정확한 발음으로 의견을 발표하는 훈련도 필요하다고 생각했습니다.

며칠 동안 준비한 그 많은 자료들을 3분 동안 발표하도록 축약을 하고 또 열 명 이상의 아이들이 골고루 발표하도록 나누고, 1분이라는 짧은 시간동안 의견을 조율하고....... 이러한 과정들이 어른들에게도 어려울 텐데 잘 해나가는 아이들을 보고 정말 대견하다고 느꼈습니다. 그리고 그렇게 될 수 있도록 지도해 주시는 담임선생님께 진심으로 감사드립니다. 6학년이 끝나갈 즈음에는 6학년 4반 어린이 모두 남의 의견을 경청하고 남의 입장에서 생각해 보고 비판적 사고를 가진 경쟁력 있는 아이들이 되어 있을 것이라고 믿습니다.

디베이트 수업을 보고 나서

예일초교 5학년 1반 담임교사 주미경

황연성 선생님께서는 주로 고학년 담임을 하시면서 디베이트 학습을 꾸준히 연구하셨고 여러 해 동안 디베이트 학습에 관한한 우리들의 멘토이셨다. 지난 해는 처음으로 3학년 담임교사를 하시면서도 디베이트 수업을 하실까 궁금해 했었다. 예상대로 역시 3학년 아이들의 수준에 알맞게 토의·토론 학습을 즐기셨다.

'3학년 아이들은 어떻게 디베이트 수업을 진행할까?' 라는 궁금증과 설렘으로 공개수업을 참관했다.

"동물원의 원숭이가 야생의 원숭이 보다 더 행복하다."라는 논제였다. 그런데 깜짝 놀라고 말았다. 왜냐하면 3월 말 학기 초인 데에도 불구하고 내가 담임하고 있는 5학년 이이들처럼 아니 그 이상으로 3학년 아이들이 토론학습에 대한 훈련이 잘 되어 있는 것이었다. 어떻게 보면 5학년이나 6학년 학생들이 하는 것 보다 더욱 솔직하고 열정적으로 아이들이 자신의 의견을 주장하는 것이었고 특히 반론단계에서 냉철한 비판적 사고력이 돋보였다. 가장 인상 깊었던 것은 3학년 4반의 29명의 아이들 모두가 디베이트 학습을 그토록 신나게 즐기면서 활동하는 것이었다.

디베이트 학습은 생각의 지평을 넓혀주고 깊게 해 주면서 특히 전체 아이들이 들릴 수 있도록 또박또박 말하기, 자료 조사하고 이용하기, 모둠별로 협력하기, 친구들의 의견을 자신의 의견과 비교하면서 듣기, 토론 규칙을 지키려고 노력하기, 상대측의 의견을 무조건 무시하지 않고 존중할 수 있게 해 주는 효과가 있겠다는 것을 깨달았다. 아이들에게 필요한 학습 영양소들인 인지적이고 정의적, 행동적 영역에 걸쳐서 매우 놀라운 교육적 효과를 거둘 수 있겠다는 확신을 가지게 되었다.

우리 5학년 1반 아이들에게 디베이트 참관 소감을 들려주었더니 우리들도 꼭 해 보고 싶다고 했다. 학부모님 참관수업 때에는 꼭 하고 평소에도 디베이트 수업을 자주 실시해 봐야겠다는 다짐을 했다.

디베이트 학습은
왜 마법인가?

　"물고기를 주어라. 한 끼를 먹을 것이다. 물고기 잡는 법을 가르쳐 주어라. 평생을 먹을 것이다." 유대인들 교육지침서의 하나인 《탈무드》에 나오는 말입니다. 지식은 물고기와 같은 것이라고 생각합니다. 이러한 지식이라는 물고기를 잡는 법이 학습방법입니다. 지식은 있으나 지혜롭지 못한 사람은 개인의 이익을 위해 자기가 속한 공동체에 피해를 줄 수도 있습니다. 지혜와 덕행과 같은 것은 누구도 빼앗아갈 수 없는 귀중한 자기 자신의 재산입니다. 지식과 지혜를 넓히는 데 있어서 가장 중요한 요소는 독서라는 것에 대하여 모두가 동의할 것입니다.

　주한 이스라엘 대사인 투비아 이스라엘리는 "책이 물고기라면 토론은 낚시법이다."라고 독서와 토론의 긴밀한 관계에 대하여 이야기하고 있습니다. 낚시를 아무리 잘하더라도 물고기가 없으면 의미가 없고 물고기가 아무리 많을지라도 낚시하는 솜씨가 없으면 공허합니다. 따라서 토론에 앞서서 독서가 이루어져야 하고, 토론을 통해서 책 속의 지식과 지혜를 자신의 것으로 만들어 낼 수 있습니다. 그래서 독서와 토론 앞에 '위대한' 이라는 수식어를 붙여서 '위대한 독서와 토론' 이라고 해도 무리가 아닐 것입니다.

'어떻게 하면 우리 학생들이 지혜롭고 행복하게 살아갈 수 있도록 도와줄 것인가' 에 대한 고민은 교사와 학부모님 모두에게 공통된 과제입니다. 지금부터 13년 전인 1999년도에 그 해답을 발견했습니다. 다양한 토론주제를 가지고 찬성측과 반대측으로 나누고 서로 다른 관점에서 생각해 보며 규칙에 따라 상대방의 의견을 경청하는 가운데 의견을 절충하는 지혜를 가져다주는 디베이트 학습이 그것이었습니다. 처음에는 정보와 지식을 축적해 가는 방법으로써 토론학습이 중요할 것이라고 여겼습니다. 하지만 토론학습을 진행하면 할수록 학생들의 깊이 있고 체계적인 지식위에 '참된 가치를 탐구하는 능력' 과 '사람을 존중하는 태도' 도 자연스럽게 향상되는 것을 확인할 수 있었습니다. 디베이트 학습을 좋아하고 디베이트 수업을 하고 싶어 하는 학생들의 뜨거운 반응이 싱그러웠으며, 그들과 함께 열렬한 지지를 보내고 있는 학부모님들의 호응에 기뻤습니다. 교사들은 학생들이, 학부모님들은 자녀들의 생각이 변하고 태도가 바뀌어 가는 모습이 너무도 신기해서 디베이트 학습은 '마법' 과 같은 것이라고 박수를 보내주는 것이었습니다.

토의·토론의 본질이 협동적 사고에 있기 때문에 교사와 학부모님은 학생들이 확장적이고 창의적인 생각을 풍성하게 쏟아내도록 도와주어야 합니다. 그리고 학생들이 자신들의 비판적인 생각에서 어떤 것들이 더 나은 것인지를 찾아낼 수 있는 판단력을 키워주어야 합니다. 이러한 능력을 키워주기 위한 디딤돌과 열쇠가 다양한 토의·토론 학습 방법입니다.

　인류 전체 인구의 0.25%를 차지하고 있는 유대인들이 노벨상 수상자의 22%를 차지하고, 미국 아이비리그 학생의 4분의 1, 미국 억만장자의 40%를 기록하고 있는 이유는 무엇일까요? 핀란드 헬싱키 대학이 2002년 세계 185개 나라 국민들의 IQ를 조사한 결과, 이스라엘 국민들의 평균 IQ는 95(26위)로 한국(106 · 2위)이나 미국(98 · 19위)보다 낮았다고 합니다. 이러한 통계 결과를 토대로 하여 유대인 성공의 핵심을 유추해 볼 수 있습니다. 바로 '교육' 입니다. 유대인들 교육의 핵심은 지식교육과 인성교육의 균형, 즉 전인교육이라고 할 수 있습니다. 유대인들은 자녀의 선택과 판단을 존중합니다. 그들의 자녀가 자기주도적인 삶을 만들어 갈 수 있도록 인내심을 갖고 지켜보기 때문이지요. 탈무드의 저자 마빈 토케이어는 '질문과 토론' 이 유대교육의 핵심이라고 합니다. 그래서 이스라엘에서는 학교에서 좋은 질문을 하고 토론을 잘 하는 학생이 그 학급의 리더가 된다고 합니다.

　"진리는 길바닥에 떨어진 돌멩이처럼 어디에나 흔하게 있다. 그런데 돌멩이를 줍기 위해서는 몸을 구부려야만 한다. 문제는 사람들이 진리를 줍기 위해 허리를 구부리는 일조차 하지 않는다는 것이다." 18세기 동부유럽에서 활동했던 벤 엘리에제르의 말입니다. 많은 사람들이 진리를 찾기 위해 노력을 게을리 한다는 것을 지적해준 말입니다. 지식과 지혜를 자신에게 내면화시켜서 자유자재로 사용할 수 있기 위해서는 먼저 부지런해야 하고 진정한 용기와 인내가 절실히 요구됩니다.

　1999년부터 13년째 디베이트 학습을 중심으로 다양한 형태의 토의 · 토론 학습을 연구했습니다. 학생들과 학부모님들 그리고 선생님들과 함께 우리 교육현장에 가장 적합한 토론 학습방법을 개발해 보았습니다. 200여 차례의 토론수업을 경험하면서 변증법적인 방법으로 정밀하게 연구하였습니다. 선생님들과 학부모님들, 그리고 학생들이 학교에서나 가정에서 디베이트 학습을 재미있고 흡족하게 할 수 있도록 꼭 필요한 토론학습 요소들과 토론학습 방법들에 대하여 정리하는 데 심혈을 기울였습니다.

"회의의 경쟁력이 조직의 경쟁력이다."라는 말이 있습니다. 민주적이고 경쟁력을 갖춘 시민을 육성하기 위해서 학교 현장에서 회의하는 방법을 알고 회의를 통해서 최선의 의사를 결정하는 지혜를 터득하게 해야 합니다. 물론 토의·토론능력이 체득되어 그것들을 자연스럽게 적용할 수 있을 때 성공적인 회의를 위하여 선도적인 역할을 할 수 있습니다.

디베이트 학습이라는 '평범한 마법'을 통해서 우리 학생들의 현재와 미래의 삶이 풍요롭게 펼쳐질 것입니다. "이 세상에서 이루어진 모든 것은 희망이 만든 것이다"이라는 마틴 루터 킹의 말처럼 올바른 가치탐구 능력 신장과 창의적인 문제해결력을 키워주는 디베이트 학습이 우리 가정과 학교, 사회의 구성원 모두에게 참된 행복을 꿈꾸고 그것을 실현시키는 촉매 역할을 하게 되길 바랍니다.

많은 토의·토론 학습 관련 자료를 이렇게 체계적으로 구성할 수 있도록 도와준 이비컴 출판사에게 감사드립니다.

2011년 7월

황 연 성

CONTENTS

Magic Debate **1부**

디베이트 학습으로 공부방법의 패러다임을 바꾸자!

^{Magic}
_{Debate} **2부** | 디베이트 학습의
뿌리를 이해하자.

CONTENTS

Magic Debate 3부 | 디베이트 학습을 단계별로 안내한다.

CONTENTS

Magic Debate 1부

디베이트 학습으로
공부방법의 패러다임을 바꾸자!

논쟁할 경우엔 상하도 신분도 연령도 성명도 없다.
진리 이외에는 아무것도 없고 진리 앞에서는 만인이 평등하다.
— 로맹 롤랑

언제까지 암기만
시킬 것인가?

지식이 모든 활동의 기반이 된 현대사회는 자료와 정보의 바다에서 지식이라는 값진 물고기를 잡아내고 소화시키는 데 필요한 개개인의 기법들과 함께 팀을 이루어 연구할 것을 요구하고 있습니다. 이러한 흐름에 부합하는 새로운 교수 학습 방법으로서 토의 · 토론학습은 그리스 시대 때부터 있어왔고 현재까지도 전 세계적인 각광을 받고 있습니다. 학습주제에 대하여 각자 나름대로의 생각을 이야기 하고 그것들을 판단하여 주제에 가장 적합한 의견을 모으는 토의와 토론학습이 절실히 필요합니다. 왜냐하면 토의와 토론 활동은 다양한 배경지식을 요구하고 있기 때문입니다. 그리고 '현대적 의미의 독서활동' – 책을 읽는 것 뿐만 아니라 신문, 잡지, 영상매체 감상, 연극 감상, 여행, 인터뷰 등을 통해 지식을 쌓아가는 모든 활동 – 을 필요로 하고 생각하는 훈련을 통해서 논술 또한 잘할 수 있는 토대가 되기 때문입니다.

토의와 토론 학습 방법은 학생들에게 올바른 가치를 탐구하고 문제를 창의적으로 해결하며 이웃과 더불어 살아가는 민주 시민의식 뿐만 아니라 의사소통능력을 키워주는 데 크게 기여하고 있습니다. 기초지식과 배경지식을 점검하고, 핵심지식을 정리해서 그 이유를 찾으며 핵심지식을 응용할 수 있는 문제풀이를 해 보는 교과토론이 이루어 질 수도 있습니다. 교사들이 현장에서 이러한 교수학습 방법을 적용하는 것은 교육공동체의 수요자들인 학부모와 학생들로부터 교사로서의 전문성과 권위를 인정받는 데도 많은 도움을 줄 것입니다.

토의·토론 학습이 필요한 또 다른 이유는 학생들의 학습참여도를 높일 수 있다는 것입니다. 전통적인 의미의 수업은 교사는 '외롭게 설명하는 사람' 이였고 학생들은 '수동적으로 듣는 사람' 이였습니다. 학생들이 수동적일 때 학습에 참여하는 시간이 줄어드는 것은 당연한 것입니다. 이제까지의 연구들은 학생의 학습 참여시간이 학업성취와 밀접한 관계가 있다는 사실을 증명해 왔습니다.

그래서 교사들은 학생들을 학습에 참여시키는 시간을 늘이기 위해 여러 가지 방법을 구사하고 있습니다. 대개 학습 시간은 크게 세 가지로 분류해 볼 수 있습니다. 첫째는 교사나 학생 자신이 '계획한 학습시간' 입니다. 즉 학교의 수업시간이나 가정의 자율학습 시간을 말합니다. 둘째는 수업 시간이나 자신이 계획한 시간에 '몰입하는 시간' 입니다. 다시 말해서 실제로 학습하는 시간이라고 볼 수 있습니다. 셋째, '학구적인 학습 시간' 으로 높은 집중도로 학습에 몰입하는 시간을 말합니다. 학습 밀도가 가장 높은 시간을 말합니다. 학생들이 얼마나 학습에 몰두하느냐가 학업성취의 수준을 결정합니다. 그리고 학생들이 학습에 몰입하게 하는 것은 교사와 학부모님, 학생 자신의 책임입니다.

토의·토론학습은 학생들이 학습에 몰입하게 하는, 즉 학구적인 학습 시간을 높이는 좋은 방법입니다. 설명식 수업의 경우 처음 시작 할 때에는 맥박수가 높았으나 금방 낮아지는 것을 볼 수 있습니다. 그렇지만 토의 · 토론식 학습은 설명식 수업에 비해서 오랫동안 높은 맥박수를 유지한다고 합니다. 그 만큼 학습에의 몰입도가 크다고 볼 수 있습니다. 물론 맥박 수만으로 학습 몰입도를 완전히 유추할 수는 없습니다. 예를 들면 열심히 자율학습을 하는 학생도 학습에 몰입한 경우이지만 맥박이 높게 뛰지 않기 때문입니다. 그러나 일반적인 설명식 수업에서의 양상은 교사는 말하고 학생들은 듣는 형태이기 때문에 자율학습에서의 맥박수와는 의미가 다르다고 할 수 있습니다.

토의 · 토론학습이 학생들의 몰입도를 증가시키는 이유는 매우 다양합니다. 린치는 학생들이 토의 · 토론 학습을 좋아하는 이유를 조사한 바 있는 데, 이를 근거로 하여 다음과 같이 생각해 볼 수 있습니다.

첫째, 비공식적이며, 자연스럽습니다. 주로 소집단으로 토의 · 토론 학습을 할 때에는 더욱 편안한 마음으로 수업에 참여할 수 있습니다. 교사가 주도하는 수업은 수동적인 긴장감이 있지만 토의 · 토론 학습에는 긴장감이 없고, 만약 긴장감이 있다면 그것은 스스로 택한 것이기 때문에 긍정적인 것으로 볼 수 있습니다.

둘째, 다양한 정보를 얻을 수 있습니다. 교사로부터 얻는 정보보다 많은 학생들로부터 얻는 정보가 더 다양할 수 있습니다. 또한 수업주제 이외의 부가적으로 얻게 되는 정보와 지식을 무시할 수 없을 것입니다.

셋째, 서로 다른 여러 사람을 만날 수 있습니다. 전통적인 수업시간에서는 만날 수 없는 친구들을 상당히 깊게 만날 수 있는 기회가 됩니다. 학생들은 가능한 많은 친구들을 만나고 상호작용하기를 기대합니다.

넷째, 학생들이 하고 싶어 하는 주제로 토의·토론 학습을 할 수 있습니다. 학생들이 원하는 내용의 수업은 당연히 참여도가 높을 수밖에 없습니다.

다섯째, 자유롭게 말할 수 있습니다. 누구나 말을 하고 싶어 합니다. 그러나 교사 주도의 수업에서는 학생들은 대개 침묵하기를 요구받습니다. "조용히 하세요."는 학생들이 가장 많이 듣는 말 중의 하나이고, 가장 듣기 싫어하는 말 중의 하나입니다. 그러나 토의·토론 학습에서는 말을 하도록 격려 받습니다.

여섯째, 문법이나 형식에 크게 구애받지 않고 말을 할 수 있습니다. 토의·토론 수업에서의 발표력은 국어 시간에 하는 말하기와는 다릅니다. 문법 등 형식 보다는 내용을 중시하기 때문에 마음이 편안한 상태에서 참여할 수 있습니다.

일곱째, 토의·토론 수업을 하면서 자기 스스로가 생각했었던 것들을 점검해 볼 수 있을 뿐만 아니라 수업이 끝날 즈음에 교사가 수업에 대한 감상평이나 정리하는 말을 해 줄 때 더 의미 있는 학습활동이 될 수 있습니다.

여덟째, 친구들이 하는 말을 귀 기울여 듣습니다. 학생들에게 경청은 말처럼 쉬운 것은 아닙니다. 상대측 뿐만 아니라 자기측의 발표 내용도 잘 알아들어야 하고, 그 내용도 이해하면서 자기가 생각한 것과 비교하며 들어야 하기 때문입니다. 토의·토론 학습을 통해 경청의 능력도 크게 향상됩니다.

자유의 개념을 주제로 저술된 가장 중요하고 대중적인 서적인 『자유론』의 저자 존 스튜어트 밀은 디베이트의 중요성에 대하여 다음과 같이 강조하고 있습니다.

어떤 분야에서 일반적이거나 우세한 견해가 거의 온전한 진실이 아니거나 결코 그렇지 않기 때문에, 진실의 나머지가 보충될 기회는 단지 반대 견해와의 대립에 의한 것이다.

이제까지 살았었던 사람들 중에서 인류사회에 매우 큰 영향을 주었던 사람을 세 사람을 뽑을 수 있습니다. 천체 물리학자였고 상대성 이론을 발표했던 알버트 아인슈타인, 그리고 파우스트와 젊은 베르테르라는 소설을 저술했고 법률가로서 바이마르 공화국의 재상까지 지냈으며 그야말로 전인적 교양을 지녔던 독일의 요한 볼프강 괴테입니다. 또한 사람은 위에서 인용한 디베이트 관련 명구의 주인공이자 질적 공리주의자로서 알려진 존 스튜어트 밀입니다. 그가 정의한 '자유'에 대한 개념을 살펴보면 "자기가 하고 싶은 것을 마음껏 하지만 상대방에게 피해를 주지 않는 범위이내여야 한다."는 것입니다. 이렇게 밀이 정의한 자유에 대한 개념은 학교 현장에서 뿐만 아니라 가정에서도 아이들과 많은 공감대를 가지고 생활하여 서로에게 행복을 안겨주는 공동체 구성원이 되는데 많은 도움을 주고 있습니다.

전 세계 인재들의 요람인 미국 하버드대의 마이클 샌델 교수는 디베이트의 요체인 소크라테스식 문답법을 통해 아리스토텔레스, 임마누엘 칸트, 제러미 벤담, 존 스튜어트 밀, 존 로크, 존 롤스 등 고대에서 현대로 이어지는 정치철학자들의 핵심이론을 풀어냅니다. 샌델 교수는 매 강의마다 사례를 제시하고 학생들이 자신들의 견해를 피력하면서 스스로 딜레마에 빠지게 합니다. 이후 다양한 관점들의 타당성에 대한 설명으로 강의를 마무리합니다. 수업을 듣는 학생들에게 철학개념을 정리하는데 간결하면서도 핵심을 꼭 짚어 설명하기 때문에 이성적으로 충분히 납득하게 해 주고 학문의 즐거움을 만끽하게 해 줍니다.

당나라 태종 때의 대간지신 - 관료를 감찰 탄핵하는 임무를 가진 대관臺官과 국왕을 간쟁諫諍 봉박封駁하는 임무를 가진 간관諫官을 합쳐 부른 말. - 이라고 불리었던 신하 위징은 왕의 의사결정과정에서 무려 20여 차례나 의견을 뒤집을 정도였다고 합니다. 중국 47개 왕조 350명의 왕들 중에서 '정관의 치'라고 일컬어지고 태평성대를 누렸던 으뜸가는 원인 중의 하나가 바로 이러한 반대견해와의 대립에 의한 현명한 의사결정이 아니었을까 생각합니다. 이러한 위징을 신하로 둔 까닭은 바로 당태종의 요청에 의한 것이었다고 합니다. 한 번은 여러 신하가 있는 앞에서 위징이 왕이 모독을 당하고 있는 것처럼 느껴질 정도로 심한 발언을 하자 격노한 태종은 위중을 죽이겠다고 했습니다. 이러한 위징의 태도에 대하여 당태종의 황후는 부인의 옷을 입지 않고 공직자로서의 입장을 표시하는 황후로서의 옷을 입고 태종과 대화를 나누었다고 합니다. 황후는 다음과 같이 당태종을 설득했다고 합니다.

"위징이 그러한 발언을 한 까닭은 황제의 도량이 그만큼 깊고 넓다고 생각했기 때문에 그러한 태도를 취한 것이오니 절대로 죽이면 안 된다고 생각합니다."

위징은 당태종보다 일찍 죽었는데 태종은 두고 두고 위징의 죽음을 안타까워했다고 합니다. 당태종이 신하와 더불어 정사를 논한 것 중 정치에 대한 중요한 문답을 정리한 《정관정요》라는 책자에는 당태종이 그의 신하인 위징이 병석에 누워 생명이 위중하다는 소식을 접하게 되자 자신의 작은 궁궐을 짓기 위해 준비하고 있던 건축 재료를 사용해서 닷새 만에 집을 지어주고 무명이불과 무늬가 없는 요를 하사함으로써 위징이 평소에 질박한 삶을 살아 왔던 뜻을 선물을 통해서 이루게 하였다고 합니다.

태평성대를 누렸던 당태종 시대나 현재 지구상의 복지국가들과 같이 풍요로운 사회를 이룩하기 위하여 필수불가결한 전제 조건이 무엇일까요? 그것은 바로 끊임없이 제기되는 다양한 문제들에 대하여 반대견해와의 대립을 통해 완벽하지는 못할 지라도 최고의 대안을 도출해 내는 것이라고 생각합니다. 수없이 제기되는 다양한 문제들을 지혜롭게 해결하는 능력을 키워주는 디베이트 학습은 지구촌 시민으로서 갖추어야 할 필수적인 교양이 되었다고 생각합니다.

21세기 리더십을
토의 · 토론학습으로
키우자.

오늘날 우리 사회의 모습은 여러 개인들과 집단들의 의사결정 결과라고 생각합니다. 그러므로 의사결정을 얼마나 잘 하느냐에 따라 개인이나 사회구성원들 삶의 성공과 실패가 결정된다고 할 수 있습니다.

지금까지 인류사회에서의 대표적인 의사결정방법은 네 가지로 나누어 살펴 볼 수 있습니다.

첫째, 가장 원시적인 것으로 운에 맡기는 것입니다. 점이나 사주팔자 등을 가지고 자신 앞에 놓여진 문제들을 해결하는 것이지요. 아프리카 대륙의 몇몇 부족들과 과학이 발달되지 못했던 당시 우리 조상들의 생활에 많은 영향을 주었던 의사결정 방법이었습니다.

둘째, 독재적인 의사결정입니다. 지배하는 자가 의사결정을 하면 피지배자들은 순종해야 하는 의사결정방식이라고 할 수 있습니다. 사업에 실패하여 이혼하고 자녀들과 떨어져 살고 있는 분이 있습니다. 자신의 분야에서 전문가로서 이름을 떨쳤고 경제적인 부도 어느 정도 갖추었을 때 자신의 포부를 더 크게 펼쳐보고 싶은 것은 모든 인간으로서 지니게 되는 자연스러운 현상일 것입니다. 하지만 그분이 사업을 확장할 무렵 아내와 자녀들의 의견을 참고하지 않고 혼자서 의사결정을 했기 때문에 사업에 실패했을 때 경제적인 측면 뿐만 아니라 심리적인 면에서 가족들이 철저하게 배신당했다는 의식 때문에 가족들이 해체되는 결과를 초래한 것이 아닐까 유추해 봅니다.

셋째, 다수결에 의한 의사결정 방식입니다. 독재정치에 항거하면서 시민혁명이 일어난 후 지금까지 민주화의 요체가 된 것입니다. 하지만 이 방법도 소수의 의견이 무시된다는 점에서 비판을 면하기 어렵습니다.

넷째, 만장일치 의사결정입니다. 가장 이상적인 형태로 오늘날 민주주의 국가가 정책을 결정하는 데 이 정신을 사용한다고 할 수 있습니다. 예를 들면 국민의 대표기관인 국회에서 법률안을 만들 때 단순히 다수결로 결정하는 것이 아니라 상임위원회에서 여야가 단일안을 합의해서 본회의로 넘기면 본회의에서는 형식적인 다수결 절차를 밟아서 통과시킵니다. 어느 정도 만장일치의 정신을 반영하는 것이라고 생각합니다.

이와 같이 오늘날 민주주의 사회에서는 다수결이나 만장일치의 방법을 통해서 사회적인 의사결정을 하므로 그 과정에서 토의·토론은 필수적인 과정이 되었습니다. 왜냐하면 하고자 하는 일들이 결정되어서 실행되었을 때의 오차를 최대한으로 줄이고 최선의 합리적인 의사결정을 해 주기 때문입니다. 따라서 사회적 의사결정을 다루고, 그러한 의사결정능력을 길러주는 것을 목표로 하고 있는 교육 분야에서 토의·

토론학습 방법을 특별히 가르쳐야하는 이유는 너무도 분명합니다.

토의·토론학습은 화이부동 和而不同, 함께 어울리되 개성을 잃지 않는다 을 깨닫고 내면화 시키며, 혼돈에 가득 찬 사회에서 무엇이 올바른 가치인가를 탐구하는 능력을 키워줍니다. 또한 끊임없이 밀려드는 갖가지 문제 상황에서 창의적으로 문제를 해결하는 능력을 기르며, 지식 기반 사회에서 선도적인 사람이 되기 위해 각종 정보기자재의 활용 능력을 키워줍니다. 그뿐만 아니라 학교와 가정에서는 말하기, 듣기 태도 및 기능의 향상을 통하여 토론 문화를 활성화시켜 줍니다.

현대사회는 고도의 산업 발달로 가치관의 혼란을 초래하고, 종래에 존중되었던 도덕적·윤리적 규범이나 권위도 위협을 받고 있습니다. 급변하는 사회에서 여러 문제 상황에 직면하면 스스로 문제를 해결하는 능력을 기르도록 도와주어야 합니다. 이러한 여러 가지 문제 상황에서 도덕적인 판단을 할 수 있도록 교육시키기 위해서는 다양한 기법을 적용하여야 한다고 볼 때, 가장 먼저 대두되는 것이 토의·토론 학습일 것입니다.

학교에서 휴식시간이나 점심시간에 보면 학생들끼리 어떠한 문제에 대하여 얼굴을 붉히며 다투거나 심지어 주먹질까지 하게 되는 경우를 종종 볼 수 있습니다. 뿐만 아니라 신문지상의 정치면이나 사회면을 보면 각 계층별로, 계파별로, 이익집단별로 싸움이 끊이지 않는 것을 봅니다. 그러한 싸움들은 상대방의 입장이나 의견을 제대로 인정하지 않고 자기의 의견만을 고집하는 데에서 그 이유를 찾을 수 있을 것입니다. 국어과나 사회과, 도덕과, 과학과 수업을 하다 보면 사실에 대한 질문이나 어떤 정책에 대한 질문, 가치에 대한 질문들에 대하여 학생 자신의 의견을 듣는 사람들로 하여금 속시원하도록 답변하는 것이 매우 부족한 것을 발견할 수 있습니다. 학생들은 친구들의 의견에 대하여 어떤 기준을 가지고 의견을 분별하는 비판적 사고력, 주제에 대한 나름대로의 생각을 펼치는 창의적 사고력, 상대측의 입장을 배려할 줄 아는 배려적 사고력을 향상시켜야 할 것입니다.

그래서 1999년부터 토의 · 토론 학습방법에 대하여 나름대로 깊은 관심을 가지고 연구를 거듭하여 수시로 학생들과 함께 토의 · 토론 학습을 해 보았습니다. 이에 대한 학생들의 반응은 매우 좋았고, 그러한 생각과 태도의 훈련을 통하여 "타인은 나와 생각이 다를 수 있기 때문에 서로 협조하고 절충하면서 생활해야 한다."는 민주주의의 대원칙을 확인했습니다. 그리하여 전제에 충실한 생활을 하여 생각의 폭이 넓어지고 감정이 섞인 '비난'이 아니라 분명한 기준에 입각한 '비판'을 하려는 분위기가 형성되었습니다. 또한 문제 상황에 직면하여 정보를 수집하고 분석하며 창조적으로 문제를 해결하려는 바람직한 성향으로 변화했습니다. 뿐만 아니라 자신의 의견을 논리적이고 자신감 있게 발표하고 듣는 태도가 괄목상대할 만큼 발전했습니다. 어머니 참관 수업이나 아버지 참관 수업 때, 그리고 각 과목별로 토론수업을 앞두었을 때 1주일 전이나 열흘 전에 논제를 미리 제시하기도 하였습니다. 제시 방법으로는 직접 말을 해주거나 웹사이트 상의 학급 홈페이지 게시판을 이용하였습니다. 학생들은 그 논제에 대하여 찬성측의 입장에서 의견을 피력하기도하고 반대측의 입장에서도 생각을 표현하기도 했습니다. 또한 찬성측이나 반대측의 입장에 대하여 반론을 하도록 하는 등 직접 디베이트 학습을 해 보았습니다.

디베이트 학습에 대한 부모님들의 의견이 매우 고무적이었습니다. 그러한 예로써 1999년도 6학년 아버지 참관수업을 마친 후 그 디베이트 수업을 참관했던 모 방송국의 유명한 프로듀서이셨던 학부형님은 "제가 방송국에서 생활하면서 자신의 생각을 논리적으로 표현하는 것이 얼마나 중요한 것인가를 절실히 깨달았습니다. 선생님께서 다소 힘이 드시더라도 이렇게 귀한 토론 수업을 지속적으로 해 주셨으면 감사하겠습니다."라고 하며 많은 격려와 지지를 보내주신 것이 기억에 남습니다.

이 시대를 살아가는 학생들에게 21세기의 리더가 되기 위해서 갖추어야 할 대표적인 여섯 가지 능력과 디베이트 학습과는 매우 밀접한 관계가 있습니다.

첫째, 여러 각도로 사물을 보는 능력을 예로 들 수 있습니다. 디베이트 학습의 논제에 대하여 찬성측과 반대측을 정할 때 어떤 학생이 찬성측의 의견을 가지고 있다고 하더라도 일부러 반대측의 입장에서 여러 가지 생각을 해 보는 훈련을 하게 됨으로써 다양한 관점에서 사물을 보는 능력이 발달하게 됩니다.

둘째, 반대 입장에서 상대측의 입장을 탐지하는 능력입니다. 디베이트 학습을 하게 되면 자기측의 주장만을 정확하게 알고 있어서는 안 됩니다. 왜냐하면 반론 단계에서 상대측의 의견과 근거를 바르게 알고 있어야만 질문을 하고 답변을 제대로 할 수 있기 때문입니다.

셋째, 논리적 사고력입니다. 논리란 귀납적이고 연역적 추리가 제대로 가야할 길을 말합니다. 논리적 사고력이란 논제에 대하여 자신이 생각하는 의견을 펼칠 때 처음과 중간 그리고 끝에 가서 그 주장이 물 흐르듯이 앞뒤가 잘 맞아서 상대방을 설득할 수 있도록 하게 하는 것입니다.

넷째, 자료 수집 분석 능력입니다. 디베이트 학습은 의견에 대한 근거를 찾아내고 생각을 가다듬어 상대측을 설득함으로써 견해를 넓혀가는 기쁨을 누리게 해 줍니다. 미리 주어진 논제에 대하여 인터넷, 서적, 전문가들을 찾아가서 하는 인터뷰, 신문이나 잡지 등의 자료와 정보를 수집하고 분석하는 동시에 새로운 지식을 창출하는 능력을 향상시켜줍니다.

다섯째, 설득력입니다. 일방적으로 자신의 주장을 펼치는 것이 아니라 상대측이나 판정인들이 이성적으로 납득할 만한 의견을 펼치는 것이 중요합니다. 이러한 설득력은 의사소통능력의 핵심적인 부분인 데 바로 디베이트 학습을 통해서 크게 신장될 수 있습니다.

여섯째, 감정 조절 능력과 총체적 언어 능력으로 다섯 가지 능력 즉 읽기, 조사하기, 쓰기, 말하기, 듣기 능력이 절실히 요구됩니다. 디베이트 학습을 할 때 논제에 대한 자신의 주장을 뒷받침하는 자료를 많이 읽고 요약해서 쓰며, 상대측이 발언하는 내용들을 자신의 생각과 비교하면서 메모를 해 놓아야 합니다. 토론 학습을 할 때 말하기와 듣기는 기본적으로 갖추고 있어야 할 능력입니다.

이러한 능력을 키우는 데 가장 효과적인 방법이 디베이트 학습입니다. 그렇기 때문에 디베이트 학습방법은 학생들이 공부를 하는 데 필요한 모든 학습 요소의 기초인 동시에 목표가 될 수 있습니다.

매직 디베이트! 디베이트 학습은 마법이다! 디베이트 학습은 우리 주변에 넘실대는 무수한 자료들에 관심을 갖게 된 정보를 찾아서 그것들을 자유자재로 사용할 수 있는 지식과 자기 자신 뿐만 아니라 타인들이 함께 행복을 누릴 수 있는 지혜로 만들어 주는 마법과 같습니다. 우리 사회에서 요구하는 총명하고 심성이 아름다운 사람을 만들어 냅니다. 찬반대립토론학습은 스마트한 학생들로 탈바꿈시켜 줍니다. 일반적인 학습 형태나 방법을 뛰어 넘어서 학생들의 다중지능을 계발시켜주는 데 탁월한 효과가 있는 학습 방법이 바로 디베이트 학습입니다.

우리 선조들의
토론문화가 왕조의 전성기를
만들고 유지했다.

우리 선조들의 토론실태를 살펴보면 당파가 형성되기 이전부터 어젠다 토론주제를 놓고 찬성하는 측과 반대하는 측의 활발한 토론이 펼쳐진 것을 확인할 수 있습니다. 조선시대 초기의 세종실록을 보면 "황희 말대로 하라!" 는 말이 많이 나온다고 합니다. 이러한 것을 보면 좋은 의견에 세종대왕이 힘을 실어 준 것을 알 수 있습니다. 사실 세종대왕이 회의를 진행하는 방식은 간단했다고 합니다. "어찌하면 좋겠는가?" 라며 문제를 던져 놓고, 디베이트를 거듭하게 했습니다. 긴급한 사안은 어전회의 – 중요한 국사를 다루기 위하여 임금 앞에서 중신들이 하는 회의 – 에서 바로 토론에 들어갔지만, 대부분 경연經筵 – 왕에게 유학의 경서經書와 사서史書를 진강進講하고 논의하는 교육 제도 – 에서 말과 일을 엮는 방식으로 회의를 열었던 것입니다. 찬반의 논지가 분명해지면 모든 참석자들로 하여금 '계책을 각각 진술' 하게 하는 경우도 많았다고 합니다. 이 때문에 회의시간은 다소 길어졌지만, 발생할 수 있는 문제점이 거의 다 드러나곤 하였을 것이라고 추측됩니다. 일을 맡은 각 부서의 판서현재의 장관들은 그 문제점들이 해결될 수 있는지, 앞으로 대책을 마련할 수 있는지를 얘기한 것입니다. 예를 들면 세종 때 여진족 토벌의 경우 최종적으로 황희와 최윤덕이 토론 내용을 정리하고 자기의 의견을 덧붙이면 세종은 "황희 말대로 하라!"라는 것처럼 짧게 말했다고 합니다. 《세종실록》에서 빈번히 찾아볼 수 있는 이 말은 좋은 의견에 힘을 실어주어서 최상의 결정을 가능케 했던 세종 특유의 회의 운영방식이었던 것입니다.

여기서 잠깐, 조선시대 최고의 왕이자 우리나라 1만 원권 모델이신 세종대왕에 대하여 살펴보겠습니다. 우리나라 8개 왕조 217명의 왕들 중에서 세종대의 일대를 나룬 《세종실록》을 보면, "백성은 어리석은 것 같으나 신에 가깝다."는 글귀가 여러 번 나온다고 합니다. '백성이 하늘'이라고 믿고 있었던 당시의 성군聖君으로서 세종대왕의 애민愛民마인드를 알 수 있는 이야기입니다. 세종은 32년간 재위하고 1450년 54세로 승하했는데, 그의 치세 중 신하로서 처형된 자가 하나도 없었다고 합니다. 즉 세종 치세 중 신경을 쓸 만한 반역이나 모반사건이 단 한 건도 없었던 것입니다. 세종대왕은 관후하고 원대하며 집념이 대단히 강한 스타일이었다고 합니다.

세종대의 치세를 더욱 빛나게 해 준 이들은 바로 그 당시 베스트 디베이터로서 황희와 맹사성 이었습니다. 황희는 조선 왕조에서 가장 뛰어난 재상 중의 하나로 일컬어지는 관료의 모범이자 청백리였습니다. 고려 때인 1363년 개성에서 태어난 황희는 14세 때 음서제도 -고려시대에 공신·양반 등의 신분을 우대하고 유지하기 위해 친족·처족 등의 음공에 따라 그 후손을 관리로 서용하는 제도 - 로 관로에 나간 후 27세에 문과에 급제했습니다. 후에 조선 조정에 참여하고 태종으로부

우리 선조들의 토론 문화가 왕조의 전성기를 만들고 유지했다.

터 극진한 사랑을 받았습니다. "황희는 공신은 아니지만 공신대접을 하였고, 하루라도 보지 못하면 반드시 불러서 접견을 하였으며, 하루도 좌우를 떠나지 못하게 하였다."고 할 정도로 태종의 신임을 받았다고 합니다. 황희는 태종 때 이조판서를 지냈으나 양녕대군 폐위에 반대하여 귀양을 갔다가, 세종대에 풀려나 다시 관직에 몸을 담게 되었다고 합니다. 세종 쪽에서 보면 반역자였으나 세종은 황희를 보듬어 안고 정사를 맡겼던 것입니다. 태종 당시 육조체제 – 모든 정무를 의정부를 거치지 않고 6조에서 국왕에게 직접 보고하여 지시를 받도록 하여 모든 정무를 왕의 책임하에 실시하는 제도 – 로 바꾸어 왕이 직접 정사를 결정했던 체제를, 세종은 의정부 체제 – 의정부의 정승들이 육조六曹의 행정 사항을 먼저 심사한 후 왕에게 보고하고, 또 왕의 결재도 의정부를 거친 후 각 관서에 전달되는 제도 – 로 바꾸어 정승들에게 정사를 맡겼는데, 의정부에서 정사를 이끌어 나간 두 인물이 바로 황희와 맹사성 이었습니다.

황희는 성격이 분명하고 강직했으나, 맹사성은 어질고 부드러웠으며 치밀했다고 합니다. 서로 독특하게 상반된 성격을 지닌 두 사람은 서로 보완하여 세종대의 태평성대를 이끌어내는 데 큰 역할을 한 것입니다. 두 사람의 이러한 성격을 잘 알고 있었던 세종은 황희에게 국방과 외교, 제도 등의 업무를 맡겼고, 맹사성에게는 아악의 복원과 과거시험 감독관 등을 맡겼습니다. 또한 두 사람은 세종대왕의 기대에 어긋나지 않게 업무를 공평하게 처리하고 공과 사를 엄격히 구별했으며, 두 사람 모두 청렴했습니다.

우리들의 위대한 조상이신 세종대왕께서 후손들의 가슴을 울리는 애민의 마음과 설문조사에 대하여 알아보겠습니다. 조선의 왕들 중 세종

만큼 백성을 사랑한 왕도 없었다고 합니다. 세종 7년에 가뭄이 들자 왕은 궁 밖으로 나가 근교를 돌아보며 농부들에게 작황을 물었습니다. 농사를 망쳤다는 대답을 들었을 때 세종은 점심도 먹지 않고 궁으로 돌아왔다고 합니다. 조선 왕조 500여 년 동안, 역사상 단 한 세대도 태평성대가 없는 비참한 삶을 살았다고 전해집니다. 당시 먹고 사는 일은 농사에 달려 있었는데, 대부분의 논은 천수답이었고 기후까지 좋지 않았던 데다, 농업기술도 낙후되어 농업생산성이 형편없었다고 합니다. 동양 최고의 명군名君인 세종 즉위 이후에도 10여 년 간, 단 한 해도 가뭄이 들지 않는 해가 없어서 백성들 중에는 흙을 파먹는 사람도 생겨났다고 합니다. 세종은 백성들의 삶이 기근으로 피폐해지자 거처하던 경복궁 내의 강녕전을 버리고 경회루 한쪽에 초가집을 짓고 무려 2년을 살만큼 백성들과 아픔을 함께 한 군주였습니다. 그러면서도 고민 때문에 밤에 잠을 이루지 못해, 무려 열하루 동안이나 앉은 채 밤을 지새우기도 했다고 합니다.

세종의 애민은 일반백성을 대상으로 설문조사를 한 데서도 알 수 있습니다. 공법貢法 – 세금을 거두어들이는 제도 – 제정에 반영하기 위해 왕이 백성들을 상대로 설문조사를 실시한 것입니다. 자그만치 반 년이라는 시간을 투자하여 전국에서 17만 2천명의 백성에게 신법에 대한 찬반 의견을 물었습니다. 세금을 변동세제로 할 것이냐 정액세제로 할 것이냐가 논제였습니다. 변동세제는 그 때 그 때 수확량의 10분의 1을 세금으로 납부하는 법이었으나 중간에 관리들이 부정을 저지를 소지가 많았고, 수취된 세금과 국고에 납입된 세금이 갈수록 차이가 나서 민생과 국가재정이 함께 피폐해지는 단점이 있었습니다. 정액세제는 무조건 정해진 평균수확량의 10분의 1을 세금으로 내는 법이었으나 작황이

우리 선조들의 토론 문화가 왕조의 전성기를 만들고 유지했다.

나빠도 정액을 세금으로 내야 하기 때문에 농민의 부담이 커질 수 있었습니다. 설문 조사 결과는 어떻게 나타났을까요? 여론조사 결과는 정액세제에 대한 찬성이 9만 8,000명, 반대가 7만 4,000명으로 나타났습니다. 이 후에도 세종은 장장 17년간의 토론을 거친 다음 공법제도의 개혁을 단행하였고 "백성들은 이러한 공법제도를 스스로 기꺼이 따르지 않는 자가 없었다."고 합니다. 말하자면 위와같은 설문조사는 정책 수립을 해놓고 정책형성 및 정책집행을 하기 전 단계인 정책 분석을 철저하게 함으로써 정책대안의 적합성과 효율성을 찾아내기 위한 것이었습니다. 현대사회에서도 정책학을 연구하는 학자들의 입장에서 볼 때 매우 합리적이고 과학적인 정책 분석 방법이라고 칭송받는 일이라고 합니다. 우리 사회의 이슈가 되는 수많은 문제들도 세종대왕이 했던 것처럼 백성들의 의견을 충분히 수렴한 뒤에 정책을 집행했었더라면 국회에서의 혼란이나 국민들끼리의 다툼이 현저히 줄어들게 되고 사회가 통합되는 데 큰 역할을 할 수 있을 것입니다.

서양 토론 역사는
시작에서부터
현재까지 열기가 뜨겁다.

  서양에서 교육 디베이트는 디베이트의 아버지라고 알려지고 있는 압델라의 프로타고라스BC 384~411에 의해 2400년 전에 아테네의 학생들 사이에서 시작되었다고 합니다. 그 후에 고대의 지식인, 학자들 사이에서 퍼졌고 중세의 대학을 경유하여 칠대七大 교양과목 – 상급학생들에게는 산술학, 기하학, 천문학, 음악의 4과목을 배우게 했고, 하급학생들에게는 문법변증, 논리학, 수사학의 3과목이 개설되었던 과목 – 중 하나로까지 높게 간주되었습니다.

  영국에서의 대학 간 최초의 디베이트는 1400년대 초기에 옥스퍼드 대학과 캠브리지 대학 사이에 도입되었습니다. 그 후에도 디베이트는 정치가가 되기 위해서는 필수적인 트레이닝 프로그램이 되어 오고 있습니다. 초등학교와 중고등학교에서도 디베이트 학습을 열심히 하고 있고 디베이트 대회 또한 활발하게 열리고 있다고 합니다.

  미국에서는 디베이트가 식민지시대에 도입되어 당시의 모든 지도자들이 식민지대학이나 수많은 디베이트 모임에서 논의를 배웠습니다.

당시의 대회에는 수많은 대학이 참가하여 연간 400회 이상의 학생 디베이트 대회가 개최되고 있었습니다. 제 2 차 세계대전이후에는 디베이트 토너먼트가 연례행사로 1년 동안 매주 개최되며 때로는 3000명 이상의 학생이 참가했다고 합니다.

현재 미국 내 각 고교와 대학들에서 운영되고 있는 디베이트 클럽은 카운티 주 전국 단위로 정기적으로 대회가 진행되고 있으며 현직 연방의원들 중 80%가 디베이트 활동 경험이 있음은 물론이고 린든 존슨, 리처드 닉슨 등 역대 대통령들도 대다수 디베이트 클럽 활동 경력이 있는 것으로 알려지고 있습니다. 특히 오프라 윈프리는 고교시절 다수의 포렌식스 수상경력이 있고 자랑스런 한국인인 헤럴드 고 예일 법대학장 또한 디베이트 클럽 출신이라고 합니다.

주류사회에서 '포렌식스'로 일컬어지고 있는 디베이트 프로그램은 다양한 시사 및 역사지식을 바탕으로 자신의 주장을 남에게 설득력 있게 발표하는 능력을 키워줌으로써 발표력을 중시하는 대학교육은 물론 능력 있는 사회인으로 성장하는데 큰 힘이 되고 있는 것은 명약관화한 일입니다. 특히 '오리지널 오라토리' 종목은 포렌식스 17개 종목 중 가장 기초적인 것으로 국내 외 가장 민감한 시사이슈를 소재로 다루게 되며, 이에 대한 개개인의 입장을 토론하는 한편 조리 있고 자신 있게 발표하는 능력을 키워주게 된다고 합니다.

세계문화의 중앙무대라고 할 수 있는 미국에서는 현재 어떠한 이슈들이 있을까요? 다양한 논점으로 이야기들이 전개되고 있고 의견들이 모아져서 보다 이상적인 사회를 위해 나아가고 있을 것입니다.

- 미국 내에서는 개인 총기소유를 금지해야 한다.

  The private ownership of handguns should be banned in the United States.

- 미국은 국제적 갈등을 해소할 도덕적 의무가 있다.

  The United States has a moral obligation to mitigate international conflicts.

- 미국은 테러 전쟁에 지고 있는가?

  Is the United States losing the War on Terror?

- 미국은 모든 시민에게 건강보험을 제공해야 한다.

  The United States should provide universal health insurance to all US citizens.

- 미국의 소비자에게 주는 신용을 많이 줄여야 한다.

  The quantity of credit available to American consumers should be significantly reduced. 등입니다.

위와 같은 뜨거운 논쟁거리들 중에서 "미국은 모든 시민에게 건강보험을 제공해야 한다."는 것은 2010년도에 오바마 행정부가 강하게 반대하는 공화당 의원들과 국민들을 설득하여 건강보험을 제공해야 한다는 쪽으로 처리 했습니다.

전 세계 디베이트 교육협회International Debate Education Association, IDEA 에서 주최하는 Youth Forum 또는 'The People Speak Global Youth Leadership Summit' www. the people speak. org가 미국 내에서는 뉴욕에서, 유럽대륙에서는 여름에 유럽 동부에

서양 토론의 역사는 시작에서부터 현재까지 열기가 뜨겁다.

위치하고 있는 체코Czech Republic 등지에서 열리고 있다고 합니다.

전 세계 디베이트 인스티튜트World Debate Institute에서는 'boot camp for the brain and free speech두뇌와 표현의 자유를 위한 캠프' 로 3주 동안 중학생, 고등학생, 대학생들에게 여름 디베이트 캠프를 버몬트 대학교University of Vermont에서 진행하고 있다고 합니다.

아시아의 선진국
일본과 한국은 디베이트가
활발하다.

일본에서도 학생 디베이트 대회의 역사는 상당히 오래되었습니다. 현재도 연간 50개교 이상 디베이트 대회가 각지에서 행해지고 있습니다. 그 중에서도 봄철의 '동서대학 간 디베이트 컨테스트'와 가을의 '전 일본오인제 디베이트 컨테스트'는 전국수준의 대회로서 해마다 수많은 학생디베이터가 패권을 다투고 있습니다. 이들은 물론 모두가 영어에 의한 것이고 일본어에 의한 정식 디베이트는 '미즈노 오피니언 컨서트'에서 행해진 관동 팔대학 변론부의 대회가 시초라고 합니다.

우리나라에서는 제헌절을 기념하기 위해 2009년부터 국회의장배 전국대학생 토론대회가 열리기 시작했습니다. 국회의장이 직접 수상하고 국회의원 4명이 심사위원을 맡고 있으며 2009년에는 300여 명의 대학생이 참가했다고 합니다. 결승에서는 전 KBS TV '심야토론' 진행자였던 정관용 시사평론가의 사회로 "대한민국의 바람직한 권력구조"에 관해 Y대 오대산팀과 S대 남산팀이 자웅을 겨루었습니다.

2010년 제2회 국회의장배 전국대학생 토론대회의 경우, 예선은 4개

팀이 1개 조를 구성하여 리그전 방식으로 펼쳐졌으며, 이 중 16개 팀이 본선에 진출했습니다. 예선에서는 "아동 성범죄 용의자의 얼굴사진 등 개인신상정보는 공개되어야 한다.", "동성결혼은 제도적으로 허용되어야 한다.", "교원노조의 명단은 공개되어야 한다." 등 3개의 논제가 주어졌습니다. 7월 16일 토너먼트 방식으로 진행되었던 본선에서는 "로비스트 제도는 법적으로 도입되어야 한다.", "고위공직자 비리수사를 위한 '공직부패수사처' 설치는 필수적이다." 등 2개의 논제로 열띤 디베이트 대회가 벌어졌습니다.

앞으로 매년 계속될 전국 대학생토론대회를 통해 서구 외국에 비해 토론역사가 짧고 활성화되지 못한 한국에서 민주주의 사회의 토론교육 및 미래가 밝은 대학생 토론 리더들의 발굴과 함께 한국의 토론문화를 널리 정착시키는데 기여할 것으로 기대됩니다.

중학생들을 대상으로 한 디베이트 대회는 교육지원청 단위에서 영어로 하는 경우가 많이 있습니다. 고등학교 학생들을 대상으로 한 디베이트 대회는 2010년도 전 후에 교육지원청 단위 뿐만 아니라 한국 과학창의재단이나 한국 바이오 안전정보센터, 한국자유총연맹 등의 기관 주최로 활발하게 전개되고 있습니다.

초등학생들을 대상으로 토의와 토론학습이 본격적으로 도입된 것은 2005년 전후입니다. 서울시의 경우에는 2003년부터 초등학생 대상 토론대회가 시작되었고 다른 지역에서도 각 교육지원지역청별로 혹은 지자체 단위별로 활발하게 토론대회가 실시되고 있습니다.

초등학교 학생들을 대상으로 하는 성급한 토론대회보다는 토의·토론 학습이 보다 적극적이고 활발하게 진행됨으로써 토론문화가 전반적으로 확대된 후에 서서히 대회를 개최하는 것이 순리라고 생각합니다.

토론학습의 저변이 제대로 확대되지 않은 상황에서 대회를 위해 소수의 학생들만을 훈련시켜서 토론학습의 분위기를 고조시키는 것에 많은 문제점이 있기 때문입니다. 학교에서부터 대표토론의 형식으로 몇몇 학생들만이 토론의 주체로서 참여하는 데에서 탈피하여 가능한 전체의 학생들이 찬성측, 반대측, 판정인으로 참여하여 디베이트 학습방법을 익히고 흥미를 갖게 하는 데 총력을 기울여야 할 것입니다. 이러한 분위기가 지속되는 가운데 토론수업 전후에 각 가정에서도 가족토론의 활성화가 함께 이루어지는 것이 자연스러운 토론문화가 아닐까 생각합니다. 그런 다음 학급 단위, 학년 단위, 학교 단위, 지역교육지원청 단위로 승패를 가르는 대회 보다는 참여하는 학생과 학교 모두에게 흥미와 관심, 자신감을 고취시키는 '디베이트 페스티발' 형식의 축제로 발전하는 것이 바람직한 과정이요 지향점이라고 생각합니다.

회의의 경쟁력이 회사의 경쟁력이다.

"강한 회사는 회의가 다르다."는 말이 있습니다. 우리나라에서 가장 경쟁력 있는 회사 중의 하나인 S그룹에서 있었던 회의의 예는 매우 큰 시사점을 안겨줍니다. S그룹의 운명을 결정지었던 인상적인 회의이기도 합니다. 오후 4시에 시작된 회의에서 회장의 기조연설이 있은 후 L회장과 사장단 회의는 새벽 2시까지 이어졌습니다. 그것으로 끝난 것이 아니라 4시간 수면을 취한 이들은 오전 6시에 다시 모여 식사를 한 후 8시부터 다시 회의에 들어갔습니다. 이 회의가 끝난 것은 오후 6시였다고 합니다. 20시간 가까이 회의를 한 것이지요. 이 날 S그룹의 수뇌부는 "2010년까지 전자업계 분야의 빅3에 진입한다."는 중장기 전략을 수립했습니다. 그러한 결과 실제로 세계 굴지의 회사로 자리매김한 것입니다. 효율적이고 장시간에 걸친 회의가 낳은 탐스러운 결실이 아닐까 생각합니다. 물론 항상 이러한 형태로 회의가 진행되는 것은 아닐 것입니다.

S그룹 L회장의 선친이 자신의 방으로 불러 회사의 최고 경영자로서

갖추어야 할 덕목들 중에서 으뜸으로 삼아야 할 것을 당부하면서 붓으로 직접 '경청傾聽, 귀담아 들음' 이라는 휘호를 써 주었다고 합니다. 지금도 그 회장의 좌우명 중 하나는 '좋은 경청자가 되자.' 라는 것이라고 합니다.

회사마다 CEO의 스타일은 다르지만 "격론은 있지만 갈등은 없다.", "회의는 오차를 줄여가는 과정.", "아이디어에 상하는 없다.", "회의 때 발언하지 않으면 직무유기."와 같은 기본적인 마인드를 가지고 회사를 경영하고 있다고 합니다.

성공적인 회의	실패한 회의
1. 원칙 시간은 돈이다.	1. 회의시간 결정된 회의가 늦게 열림
2. 사전통보 목적, 시간, 장소, 참석대상, 검토 자료 사전 배포	2. 회의 자료 이해하기 난해한 자료
3. 참석대상 범위 회의주재자에게 결정권 위임	3. 보고 내용 대략, 애매모호한 보고가 많음
4. 시간 5분 전 집합, 정시 시작, 사안에 따라 다르지만 1시간 이내 종료	4. 의견 제출 타 부서 일에 대해 침묵으로
5. 존댓말 사용 인격존중	5. 리더 역할 리더가 "결론은 다음번에"라고 연기함
6. 결론 확인 종료 시 결론 재확인, 다음 회의 안건 공지	6. 회의 결과 회의가 끝난 후 무엇을 했는지 기억나지 않음
7. 회의록 한 장으로 작성 공유	7. 회의종료 끝날 시간을 참석자들이 예측할 수 없음

VS

특징적인 것 중의 하나는 S그룹의 L회장은 지시를 내리기 전에 스스로 디베이트를 한다고 합니다. 최소한 6번 이상 "왜?"를 묻고 대답하는 것이지요. '왜 그 사업을', '왜 그 곳에서,' '왜 그 시기에', '왜 그 사람으로 하여금', '왜 그만한 돈을 들여서', '어떤 목적으로' 가 그것입니다. 이렇게 해서 그는 큰 방향을 잡고 내용을 지시하는 스타일이라고 합니다. 그 외의 것은 모두 전문경영인들에게 위임합니다. 학교 현장이나 몇몇 권위적인 조직형태를 지닌 회사에서는 회의라기보다는 학교장이나 CEO의 지시사항을 전달하는 경우가 많이 있습니다. 성공적인 조직의 실례를 통해 볼 때 "조직의 경쟁력은 회의의 경쟁력에서 나온다."라는 경구는 아무리 강조해도 지나치지 않는다고 할 수 있을 것입니다.

GE를 세계 최고의 기업으로 만든 잭웰치 전 회장 또한 디베이트를 사업에 잘 응용하여 성공한 최고 경영자입니다. 그의 책《위대한 승리》에는 이렇게 쓰여 있습니다. 모든 대화는 '만약 ~~ 하면 어떻게 합니까?', '왜 안 되죠?', '왜 그렇습니까?' 와 같은 질문으로 채워져야 한다고 주장합니다. 그는 실제로 무수한 질문을 던졌던 사람으로 유명합니다. 강석진 전 GE 코리아 회장도 "그는 마치 속사포처럼 엄청난 질문을 했다."고 과거를 회상했습니다. 질문은 상대방으로 하여금 생각하게 하는 최선의 수단이기 때문일 것입니다.

디베이트 학습으로 학부모님들은 학교교육의 열렬한 팬이 되었다.

디베이트 수업을 참관했던 학부모님들의 반응은 어떠할까요?

초등학교 3학년 담임을 하면서 디베이트 수업을 매달 1회 이상씩 했습니다. 6월 첫째 주에 있었던 디베이트 공개수업을 한 다음 학부모님들이 보내준 수업 참관소감문을 읽어 보았습니다. 김유진 어린이 어머님은 "모든 아이들이 자신 있게 자기의 의견을 발표하고 상대측의 의견을 경청하며 반론을 펼치면서 논리적으로 조리 있게 생각을 정리하여 이야기 하는 모습이 인상적이었습니다. 준비하는 과정에서도 스스로 책도 찾고 인터넷 검색도 하며 발표내용을 정리하면서 스스로 공부하는 힘을 기를 수 있어 자기주도적 학습의 좋은 과정이라고 느꼈습니다."라고 적어 주셨습니다. 조영준 어머님은 "3학년 어린이들의 토론수업은 어떨까? 기대 반 걱정 반으로 수업을 참관했습니다. 걱정스러웠던 점은 혹시 우리 아이가 논리에 맞지 않는 말을 하여 창피를 당하지나 않을까 하는 작은 걱정이었습니다. 예상했던 것과는 달리 모두들 논리정연하게 너무나 발표를 잘했고, 누구하나 수업에 적극적으로 참여하지 않는 아이가 없다는 사실에 토론수업은 정말 좋은 수업방식이라고 다시 한 번 감탄하면서 수업을 지켜보았습니다."라고 매우 만족한 반응이셨습니다. 최인영의 어머님은 "제 품안에서는 마냥 어리다고, 아직 토론수업을 잘하지 못할 것이라고 생각했었지만 우리 인영이가 한 가지 논리에 집중하여 자신의 생각을 정리하고 논리 있게 주장하는 모습에 몰랐던 커가는 토론능력이나 생각하는 힘을 볼 수 있어서 내 아이지만 다시 보게 되었고, 아이를 대하는 나의 태도가 변해야 한다는 생각을 갖게 해 준 좋은 기회였다고 생각됩니다."라고 디베이트 수업을 통한 자녀의 변화에 대한 소감을 보내주셨습니다.

초등학교 6학년 학부모님들의 반응은 어떠했을까요? 오주연 어머님은 "사실은 아무 기대도 하지 않고 갔었는데 집에 돌아올 때에는 마음을 꽉 채우고 왔어요. 우리 아이가 그 자리에 있는 것만으로도 참 흐뭇했습니다."라며 토론 수업분위기에 압도되신 소감을 적어주셨습니다. 안정호 어머님은 "디베이트 학습을 하다 보니 독서를 많이 해야만 한다는 생각을 하게 되어서인지 집에서 독서를 많이 하게 되었습니다. 디베이트 학습에 감사하게 생각합니다." 디베이트 수업이 주는 선물이 가정에서 학생 스스로 독서를 하게끔 한다는 것이지요. 권예은 어머님은 "말로만 들어왔던 디베이트 수업을 참관하고 너무도 감동하여 흥분이 한동안 지속되었습니다." 예은이가 가정에서 부모님들에게 얼마나 많은 자랑을 했으면 이렇게 기대를 했고 흥분이 오랫동안 지속되었을까요? 위에서 예를 들었던 학부모님들 이외에도 수많은 학부모님들께서는 "학교 수업 뿐만 아니라 가정에서도 가족들끼리 선생님이 제시해 준 논제를 가지고 찬성측, 반대측, 판정인으로 나누어 토론을 즐기면서 화기애애한 가정 분위기도 만들게 되는 계기가 되었다."고 하였습니다. 디베이트 학습에 대한 학부모님들의 뜨거운 환영과 감동의 반응은 선생님과 학생들 모두가 디베이트 학습을 더욱 힘차게 추진할 수 있는 든든한 버팀목이 되었습니다.

디베이트 학습으로 학부모님들은 학교교육의 열렬한 팬이 되었다.

디베이트 학습과
가족토론으로 학생들은
디베이트 마니아가 되었다.

학생들에게 디베이트 학습을 실시한 결과 반응은 예상 외로 폭발적이었습니다. 1999년에 6학년이었던 박지호 학생이 D외고를 수석으로 졸업하여 미국에 있는 예일대학교에 장학금을 받으면서 입학을 했고 우수한 성적으로 졸업까지 했습니다. 대학생 시절에 세계 각국에서 열리는 디베이트 대회에 당사자로서 참석했으며 한국 대학생들의 코치나 단장까지 하면서 디베이트에 몰입했다고 합니다. 박지호 학생은 6학년 때 디베이트 학습을 정말 열심히 했던 학생이었습니다. 학교에서 뿐만 아니라 가정에서도 디베이트를 활발하게 즐겼던 것으로 기억됩니다. 그 당시 지호의 일기장을 살펴보고 매우 흥미로운 사실을 발견하게 되었습니다. 6학년 때 어느 날 일기의 제목은 '제 2차 세계대전에 관한 디베이트' 였습니다. 그 학생은 연합군의 입장에서 의견을 펼쳤고 부모님들은 동맹군의 관점에서 디베이트를 한 것을 알 수 있었습니다. 이외에도 여러 분야의 논제들을 가지고 생각의 창을 열어 놓고 지식과 지혜를 쏟아내면서 다양한 자료와 정보들 중에서 자신의 것으로 선택하고 적용하는 힘을 은연중에 키워가고 있었습니다. 그러한 배경지식과 핵심지식들을 터득한 결과 우리나라의 바람직한 인재로 성장하고 있는 것이 아닐까 생각해 봅니다.

한국인으로서 미국에서 '연구 가정' 으로 주목받고 있는 고故 고광림 박사와 전혜성 박사의 자녀들이 왜 그렇게 덕을 갖추고 선이 악을 이기는 영향력을 행사하는 사람으로 성장하게 되었을까요? 여러 가지 독립변인들이 있겠지만 토론과 관련된 일화를 소개하겠습니다. 여섯 남매들이 함께 성장했는데 그 가정에서 누구도 깰 수 없는 불문율이 있었다고 합니다. 매일 아침 6시 30분에 있었던 아침식사는 꼭 함께 해야 한다는 것이지요. 가족 구성원들 중 어느 누구도 예외가 없이 새벽 2시에 잠을 자도 6시 30분에 있는 아침식사는 꼭 해야만 한다는 것이었습니다. 이 시간에 단순히 아침만을 먹는 것이 아니라 각자가 고민하고 있는 일들을 논제로 제시하여 찬성측과 반대측으로 자연스럽게 나뉘어져서 열띤 가족토론을 하게 한 것이지요. 디베이트 학습이 추구하는 궁극적인 목표인 '가치탐구 능력 신장' 과 더불어 다양한 분야에 대한 인식의 터전을 닦게 되는 자연스러운 시간을 갖게 되었던 것입니다.

미국의 케네디가家 형제들이 정치인으로서의 자질을 갖게 된 계기는 집 안 식탁에서부터였다고 알려져 있습니다. 어머니 로즈는 자식들에게 뉴욕타임스를 비롯한 주요 신문, 잡지에서 토론 주제가 될 만한 중요한 기사를 읽게 하고 식사 시간을 토론의 장으로 이끌었습니다. 의견을 주고받는 사이에 토론의 기술은 물론이거니와, 상대방 의견을 경청하고 자기 의견을 펼치면서 자연스럽게 민주 정치의 기본을 몸에 익힌 셈이지요. 케네디의 아버지가 만난 유명 인사들이나 사업에 관한 이야기도 식탁의 단골 메뉴였습니다. 아버지의 이야기를 통해 자녀들은 넓은 세상에 관한, 아니 미국을 이끌어 가는 주류 사회와 리더십에 관한 식견을 키울 수 있었을 것입니다.

디베이트 학습과 가족토론으로 학생들은 디베이트 마니아가 되었다.

학기 중에 6학년 학생들로 하여금 디베이트 학습에 대한 학습지 파일 앞면에 나름대로 타이틀을 적게 해 보았습니다. 반응이 매우 흥미 있었습니다. 제목에는 디베이트 학습에 관한 학생들 나름대로의 느낌이나 관점들이 고스란히 담겨 있었습니다. '별이랑 우주랑 디베이트랑 – 나윤주', '위인을 만드는 디베이트 – 이재성', '습관의 반전 디베이트 – 박준범', '디베이트는 영원하다. – 서웅선', '디베이트를 하면 사람이 바뀐다. – 이주은', '성공의 앞길 디베이트 – 최여진' 이라는 것들입니다.

서울 Y여고 학생회장과 전교에서 공부를 가장 열심히 하는 학생으로 알려진 김지혜 양이 6학년 때 디베이트 수업을 함으로써 자신이 변하게 된 것들에 대하여 이렇게 썼습니다.

"알차고 올바른 말투를 하게 되었고, 소신을 가진 생각을 하게 되었으며, 가치판단을 하게 되었을 뿐만 아니라 기준을 가지고 생각하게 되는 비판적 사고력을 기르게 되었고, 주제이해력과 다른 사람의 의견을 다시 한 번 생각하게 되었다."

디베이트 수업을 학부모님 공개수업으로 진행하셨던 Y초교의 5학년 1반의 J선생님은 수업을 마치고 다음과 같이 이야기 해 주셨습니다.

"선생님께서 도와주셔서 우리 반 아이들이 수업 중에 한 아이도 빠짐없이 모두 2~5번 정도 발표를 하였고, 특히 디베이트 수업을 통해서 변화된 것들은 글을 매우 논리적으로 쓰게 되었다는 것입니다."

많은 아이들이 디베이트 학습을 자주 할 수 있게 되기를 고대합니다. 저학년이나 중학년, 고학년 할 것 없이 한결같이 디베이트 학습을 즐깁니다. 중학교에 진학한 학생들도 이구동성으로 초등학교 때에 즐기면서 했었던 디베이트 수업이 너무나 그립다고 합니다.

디베이트 수업을 마치고 학습지에 기록된 감상문에는 '어서 또 하고 싶다.'라는 느낌들과 더불어 "평소에는 잘 몰랐었던 친구들을 이해하게 되었다."라는 말을 많이 합니다. 그러한 예로써 일산에 있는 초등학교에서 친구들과 제대로 어울리지 못했던 K라는 학생이 전학을 해왔습니다. 그 학생이 디베이트 학습에서 얼마나 친구들을 감동시켰는지 스스로 자신감을 회복하게 되었고, 짝을 바꿀 때에도 그 학생과 짝이 되기를 고대하는 친구들이 많았습니다. 디베이트 학습 덕분에 자신이 지닌 재능을 어실히 보여주었고 자신을 새롭게 발견하게 된 계기가 마련된 것이지요. 발레를 통해서 서울의 유명 S 예술중학교에 진학했던 학생이 연락을 해왔습니다. "저는 선생님께 디베이트 학습을 배웠지만 6학년 때에는 그다지 잘하지 못했다고 생각했었는데, 막상 중학교에 진학해 보니까 다른 친구들이 디베이트 학습을 경험하지 못해서인지 제가 정말 자신 있게 잘하고 있다는 사실을 발견하고 매우 자랑스러웠습니다." 많은 학생들이 "생각할수록 디베이트 학습은 매우 훌륭한 공부방법이다."라고 자랑스러워하고 좋아합니다. 2010년도에 3학년 학생으로 디베이트 학습을 매월 1회 이상씩 10여 차례 즐겼었던 김재희라는 어린이가 2011년도의 스승의 날 기념으로 감사 편지를 보내왔습니다. 그 편지의 내용 중에 디베이트 학습과 관련해서 이렇게 쓰여 있었습니다. "선생님, 디베이트 학습이 너무 하고 싶어서 견딜 수가 없어요. 어떻게 하면 좋을지 모르겠어요. 도와주세요." 재희 뿐만 아니라 4학년이 된 수많은 학생들이 교실로 찾아와서 하소연 합니다. "선생님, 디베이트 학습을 할 수 있도록 해 주세요!"

디베이트 학습의 뿌리를 이해하자.

남과 토론할 때 화를 낸다면 진리를 위하여 다툰 것이 아니라
자기 자신을 위하여 다투는 것이다.
- 칼라일

디베이트 학습은 이런 것이다.

디베이트debate란 한 가지 논제를 놓고 찬성측과 반대측, 판정인으로 나뉘어 엄격한 규칙에 의해 벌이는 찬반대립토론의 형태입니다. 디베이트 학습이란 디베이트의 장점과 기본형식은 살리되 학습효과를 극대화시키기위해 교실환경에 맞게 절차와 구조를 변형시킨 하나의 학습모형이라고 할 수 있습니다. 디베이트 학습의 개략적인 특징을 먼저 살펴보겠습니다.

하나의 논제(안건)가 중심이 됩니다.

무엇에 대해 의논할 것인가에 대한 안건논제을 정해 둡니다. 예를 들어 논제를 크게 분류 하면 3가지 형태가 있습니다.

- 학교 급식을 해야 한다정책 논제.
- 만화는 우리 사회에 매우 유익하다가치 논제.
- UFO는 존재한다사실 논제.

우선 처음으로 디베이트 학습을 하는 경우에는 가치논제나 정책논제로부터 시작하는 것이 좋습니다. 학년이 낮을수록 〈가치논제〉나 〈정책논제〉가 바람직합니다. 찬성측, 반대측 중 어느 쪽의 입장에서나 의견을 내세우기가 쉽고 자신의 경험과 정보로 생각하는 것이 가능하기 때문입니다.

디베이트 수업의 논제는 일반적인 토론의 주제와 근본적으로 다릅니다. 주제의 형태가 다른 것입니다. 디베이트 수업의 논제는 최종적으로 결론에 도달하는 것이어야 합니다. 원칙적으로 진리성 내지 개연성에 관한 양자택일적 태도찬성이나 반대만이 허용되기 때문입니다.

사회자, 찬성측과 반대측, 판정인으로 나눕니다.

위와 같은 논제에 대해서 찬성측과 반대측으로 나눕니다.

- 반 전체를 둘로 나눈다전체토론.
- 3~4명5~6명씩 대표자로 한다패널식 토론, 대표토론, 소집단별토론.
- 일대 일로 하도록 한다피라미드토론.
- 남은 사람에게는 어느 쪽이 잘 하는지를 평가하게 합니다판정인.

입론 – 반론(1차 반론: 반론 펴기, 2차 반론: 반론꺾기) – 최종변론의 3단계로 진행됩니다.

입론: 예를 들어 왜 '만화는 우리 사회에 유익하다.'를 찬성측이 주장하고, 왜 '만화는 유익하지 않은가?'에 대하여 반대측이 주장합니다.

반론: 상대가 주장한 것이 왜 잘못된 것인가를 서로 평가합니다. 즉

입론에서 주장한 내용들을 서로 부수는 것입니다.

반론펴기: 질문 없이 자기주장을 옹호하고 상대의 오류를 지적하는 반론을 펼칩니다.

반론꺾기: 쟁점에 대하여 질문하면서 상대측의 오류를 반박합니다.

최종변론: 반론을 반영하여 자신들의 주장이 왜 옳은가를 최종적으로 설명합니다.

승패의 평가를 합니다. (판정) – 판정표 참고

처음에는 교사가 평가를 해주는 것이 좋습니다. 왜, 어디가 좋았는지의 평가 방법을 분석적으로 가르쳐 주는 것입니다. 입론, 반론, 최종변론이라는 각각의 단계에 있어서 어느 쪽이 좋았는지, 왜 좋았는지를 분석하는 것입니다.

시간과 순서를 정합니다.

시간 배분은 디베이트 수업의 형태와 토론 참여자의 수준에 따라 다양하게 하는 것입니다. 처음에는 짧은 것이 박진감이 있고 긴박감이 생겨서 좋습니다. 중요한 것은 찬성측과 반대측에 각 단계마다 같은 시간을 공평하게 부여하는 것입니다.

디베이트 학습에 대하여
교사들은 이렇게 생각했다.

토의식 혹은 토론식 수업이 강의식 수업과 비교해 볼 때 장점이 많다는 점에 동의하는 교사들조차 실제 교실에서 토론식 수업을 진행하지 않고 있는 이유는 무엇인가에 대하여 알아보았습니다.

첫째, 논제에 관한 오해가 많이 있었습니다.

토론이라면 의례 수업과는 관계없는 것으로 오해되고 있었고, 특히 '교과내용이 토론의 주제가 된다.' 는 것을 눈으로 볼 기회가 없었다고 합니다. 하지만 최근 들어서 교육지원청이 중심이 되어 교사와 학부모님들을 대상으로 토의 · 토론수업에 관한 연수를 실시하고 선생님들과 학부모님들 또한 자발적으로 토의 · 토론연수에 참가하는 사례가 많이 늘어나고 있기 때문에 이와 같은 반응은 많이 줄어들고 있는 실정입니다.

둘째, 강의식 수업에 익숙해져서 토론식 수업의 진행이 낯설고, 무엇보다도 '학생들이 의견을 제시하는 이유의 발견' 을 기다리지 못하고 있기 때문입니다. 교사가 토론 중에 그냥 설명하는 이유는 물론 진도에

쫓기기 때문입니다. 교사로서 평소의 소양에 의해 발문을 정확하게 하고 학생들의 의견을 들어보는 분위기에 익숙해져 있었다고 합니다.

셋째, 토론식 수업에 손이 더 많이 가기 때문입니다.

수업계획, 자료준비, 끊임없는 소통, 내용의 확인 등에서 강의식 수업보다 더 많은 관심이 필요한 것이 사실입니다. 교사의 토론수업에 대한 시대적 요청에 부응해야 한다는 절실한 사명감과 물리적 환경 개선이 필요한 부분입니다. 전기를 만들어내는 발전소에 비유한다면 토론식 공부는 '수력, 태양열, 풍력 발전소'에 해당한다고 생각합니다. 발전소만 만들어 놓으면 화력이나 원자력 발전소처럼 별다른 연료가 필요하지 않고 계속해서 전기를 생산해 낼 수 있기 때문입니다. 학생들에게 교사로서 수많은 시간동안 토의와 토론 수업방법을 활용해서 학습방법에 대한 흥미와 자신감을 심어 줄 수 있습니다. 교직경험이 많든 적든 간에 매우 신선한 교수학습방법을 도입하여 적용하는 교사로서 인식될 수 있다는 것이 큰 장점이라고 생각합니다.

넷째, 토론 문화의 부재 혹은 토론 문화의 오해 때문입니다.

토론 수업을 3개월에서 6개월 이상, 또는 약 5회 정도 진행해 보면 교과 진도문제는 기우였다는 것을 알게 됩니다. 오히려 도덕과 국어, 사회, 과학 교과에 나와 있는 학습요소들을 통합하여 한 시간에 해결할 수 있기 때문에 교과 진도에서도 앞서 갈 수 있는 장점이 있다는 것을 확인하게 됩니다. 가정에서도 학생들의 자기주도적 학습방법을 일깨워 주는데 최대한 협조하게 되어 교육공동체 구성원들끼리의 상호협력과 더불어 더욱 열심히 지원하고 즐기는 분위기가 형성됩니다.

다섯째, 시도하지 않은 것입니다.

토의·토론식 수업이 일반화 되지 않은 시점에서 실제로 경험하는 것 이외에 특별히 듣고 배울만한 기회가 없기 때문이고, 각종 서적들을 참고하여 시도해 보려는 노력 때문입니다. 첫 번째 시도는 많은 용기가 필요합니다. 학생들과 시행착오를 겪으면서도 재미있습니다. 오히려 학습주체들인 학생들이 더욱 열정적으로 참여하고 좋아하기 때문에 지나고 보면 너무도 아름다운 추억으로 남습니다.

디베이트 학습에 대하여 교사들은 이렇게 생각했다.

디베이트 학습을 시작하기 전
학생들에게 물어보았다.

학생들에게 토의·토론학습을 할 때 발언하지 않는 이유를 물어보았습니다.

첫째, 주어진 논제에 대해 막연하게 모른다고 생각한다는 것입니다.

토론주제에 대한 연구 방법을 알지 못하거나, 스스로 정보와 지식을 찾아서 학습하는 기쁨을 제대로 누리지 못했기 때문에 논제에 대하여 '나는 잘 모를 거야' 라는 좋지 않은 선입견이 내재되어 있는 것입니다.

둘째, 토론수업에 학생들이 준비 없이 수업에 참여한 경우입니다.

토론수업에는 평소에 기본적인 배경지식과 핵심지식을 가지고 참여를 할 때 가치 있는 시간을 보내고 만족할 수 있습니다. 그렇게 하기위해서는 교사가 토론수업에서 자기가 정한 입장에서 의견에 합당한 근거를 찾아서 준비하는 방법을 지도하면 이러한 문제는 해결됩니다.

셋째, 토론 수업에서 자신이 발표하는 내용이 들을 만한 것이어야 한다는 것입니다. 토론 수업을 자주 하지 못했던 학생들의 입장에서 보면 토론수업은 거창하게 여겨질 수 있습니다. 평소와는 다르게 마주 앉아서 쟁점으로 부각되어 있는 논제에 대하여 상반된 의견들을 많은 사람들 앞에서 이야기를 한다는 것이 매우 부담스럽게 여겨질 수 있기 때문입니다. 하지만 교사는 처음부터 그러한 편견을 없애주도록 노력해야 합니다. 디베이트 수업은 일종의 학습게임이기 때문에 축구경기를 할 때 때로는 헛발질 하고 공을 놓칠 수 있듯이 디베이트 학습에서도 누구나 실수할 수 있다는 것을 마음 깊이 이해할 수 있도록 인식시켜주어야 합니다. 또한 각자의 수준에서 나름대로 준비해서 발표하는 것 자체가 큰 발전이요 성취이기 때문에 시작하기 전에 그러한 상대측 의견에 대한 존중의 마인드를 지니게 하면 토론수업이 매우 친숙하게 다가올 것입니다.

넷째, 말하면서 생각하는 것에 익숙하지 않은 것입니다.

사실입니다. 현장의 교사들은 그러한 것에 많은 어려움을 겪었고 주변에서 디베이트 수업을 용기를 내어서 시행했던 선생님들의 반응들 중에서 가장 많은 경우가 "꼭 발표하는 아이들만 발표를 해서 토론 수업이 재미가 없고 맥이 빠진다."는 것이었습니다. 그것은 그동안 가정이나 학교의 현장에서 각자의 의견들을 자유롭게 이야기할 수 있는 허용적인 분위기가 약했기 때문이라고 여겨집니다. 학생들을 수 년 간 지도해온 교사와 학부모님들 또한 반성해야 할 대열에서 벗어나 있지 않습니다. 첫 숟가락부터 배부를 수 없듯이 토론학습의 초창기에는 자신이 준비한 내용 이외에는 말하면서 생각하는 것이 어려운 것은 지극히 당연한 것입니다.

학생들은 상대측이 말하는 답변을 들으면서 주제를 벗어나는 가를

디베이트 학습을 시작하기 전 학생들에게 물어보았다.

정확히 확인할 수 없고, 의견 차이를 구별하기가 어려우며, 차이를 좁혀서 합의점을 찾아내기가 쉽지 않다고 합니다. 또한 정규 토론수업을 하기에 앞서서 의견을 뒷받침하는 배경지식에 대한 토론이 제대로 이루어지지 않고 있다는 지적입니다. 즉 배경지식을 논의할 때 구체적인 사실로 화제를 변경하여 논의하면 실제로 학생들의 디베이트 학습이 훨씬 더욱 활기를 띠게 될 것입니다.

토론 학습이 성공하려면
이런 조건들이 갖추어져야 한다.

학생들 모두가 생각의 창을 활짝 열어놓고 의미 있는 토론 학습이 이루어지려면, 토론에 임하는 학생들이 상대방도 옳을 수 있고, 나도 옳을 수 있다는 상대주의적인 생각을 가지고 있어야 합니다. 또한 토론 수업을 통해 여러 가지 대안들을 비교하면서 최선의 대안을 찾는 데 가장 유익한 지름길인 '논증적 사고'가 필요합니다. 이러한 예로서 흔하게 확인할 수 있는 것이 법정에서 채택하고 있는 '증거재판주의'일 것입니다. 어떤 주장을 내세우기 위해서는 반드시 증거를 제시해야 한다는 것이지요. 또한 토론은 상대방을 무조건 굴복시키기 위한 것이 아니라 보다 나은 대안을 모색하기 위한 과정에서 상대방을 이해시켜 설득하는 것이라는 관점에서 볼 때 토론 당사자들 간에 협조적인 의사소통은 필수적이라고 할 수 있습니다.

영국의 분석철학자인 그라이스H. P. Grice는 협조적인 대화의 조건으로써 꼭 필요한 만큼만 말하고, 증거가 없는 이야기를 하지 말며, 주제와 관련 있는 말만을 하도록 힘쓰는 동시에 논리정연하고, 간결하며,

명확하게 말하라는 것이라고 제시하였습니다. 토론 학습 과정에서 교사는 절대적인 중립을 지켜서 불편부당해야한다는 것이 매우 중요한 통념입니다. 교사가 관여할 수 있는 것은 판정이 끝나고 토론 과정에서 논제에 대한 찬성측과 반대측의 논점들을 학생들이 이해하여 논리적이고 체계적인 지식으로 만드는 과정에서 조언자로서의 역할을 할 때 입니다. 이 때 교사나 학부모님이 반드시 관여해야만 하는 순간이 있습니다. 학생들의 가치관 형성에 영향을 주는 가치논제의 디베이트 학습을 마친 후에 토론수업에서의 승패에 관계없이 진정으로 학생들이 지녀야 하는 가치가 무엇이고 그 가치들의 위계 순서는 어떠한 지에 대한 것입니다. 그렇게 하지 않는다면 디베이트 학습 때문에 오히려 학생들의 가치관 형성에 좋지 않은 영향을 줄 수도 있기 때문입니다.

토의와 토론을 잘하기 위해서는 말하기 훈련이 필요하다.

취업포털 잡 코리아가 2011년 상반기 면접경험이 있는 남녀구직자 493명을 대상으로 '면접 당일 가장 많이 저질렀던 실수'에 대해 온라인 설문 조사를 실시한 결과, 떨리거나 작은 목소리'라고 답한 응답자가 45.5%로 과반수에 가까웠다고 합니다. 특히 여성 구직자 중에는 53.7%로 과반수 이상으로 많았고, 남성 구직자 중에도 39.7%로 5명중 2명 정도로 많았습니다. 잡코리아 김화수 사장은 "면접에서 정확한 발음과 적절한 음성은 당당한 이미지를 심어주기 위한 필수요소"이라며 심한 긴장 속에 많은 면접자들이 실수를 범하나, 이는 면접에 앞서 마인드 컨트롤로 원만하게 극복할 수 있다."고 했습니다. 물론 초등학교 시절부터 토의·토론 학습을 충실하게 한 사람이라면 '떨리거나 작은 목소리'로 인하여 면접에서 떨어지는 경우가 극히 드물 것입니다. 토의와 토론수업에 앞서서 그리고 계속해서 발표 방법에 대하여 꾸준히 노력해야하는 것은 매우 중요한 사실입니다.

지금부터 토의와 토론을 수준 높게 할 수 있는 발표 방법에 대하여 알아보겠습니다. 각 단계를 통과한 사람만이 다음 단계로 넘어갈 수 있으므로 각 단계의 내용을 충분히 연습하여 습관화되도록 노력하기 바랍니다.

제 1단계 : 자신 있게 말하자.

(교사) 맨 처음 여러분이 배울 내용은 '자신 있게 말하는 태도'인데 주의를 기울여 잘 듣고 그대로 해봅시다.

첫째는 '목소리' 입니다. 선생님으로부터 지적을 받으면 가장 멀리 있는 친구에게까지 명확하게 들릴 수 있는 큰 소리로 '네!' 하고 대답해야 합니다.

둘째는 '자세' 입니다. 대답소리와 함께 의자 소리가 나지 않도록 옆으로 빠지면서 재빨리 일어서서 친구들이 가장 많이 있는 쪽을 향하여 바르게 서야 합니다.

셋째는 '3초' 입니다. 바로 '3초' 안에 무엇인가 말을 해야 한다는 것입니다.

만약 이미 이야기한 3가지 규칙 중 한 가지라도 미달하는 사람에게는 벌칙이 있는데 선생님에게 지적을 받으면 즉시 옆으로 나와서 앉았다 일어서며 '네!' 하고 큰 소리로 대답하는 연습을 세 번 해야 합니다.

그러면 선생님이 먼저 벌칙 시범을 보이겠습니다.

교사가 앉았다 일어서며 '네!' 하고 큰 소리로 대답하는 자세를 세 번 과장해서 시범을 보인다.

다같이 따라 해 봅시다. '목소리, 자세, 3초!' 학생들이 큰 소리로 따라하게 한다.

그러면 대답하고 일어서는 자세를 연습해보겠습니다.

김주미! 학생 1 이름을 부릅니다.

(김주미) 예~~목소리 작음

(교　사) 목소리!

(김주미) 옆으로 나와 서서 – 앉았다 일어서며 '네!' – 3번 반복함.

(교　사) 합격!

(김주미) 자리로 들어가 앉는다.

(교　사) 김다빈! 학생 2 이름을 부릅니다.

(김다빈) 네! 일어선다구부정하게 서서 책상에 손을 짚고 섭니다.

(교　사) '자세!'

(김다빈) 옆으로 나와 서서 – 앉았다 일어서며 '네!'

　　　　 – 3번 반복하나 목소리가 작습니다.

(교　사) 불합격! 목소리가 작아요. 다시!

(김다빈) 벌칙을 다시 3번 반복합니다.

(교　사) 합격!

(김다빈) 자리로 들어가 앉습니다.

(교　사) 자, 그러면 사람들이 귀신을 만났을 때 무서움을 느끼지 않

　　　　 을 방법은 무엇인지 답변해 보도록 하겠어요.

　　　　 김지영! 학생3의 이름을 부릅니다

(김지영) 작은 소리로 네~~ 대답하며 주저주저 일어서서 고개를 숙이

　　　　 고 서 있습니다.

(교　사) 3초!

(김지영) 벌칙을 3번 반복합니다.

(교　사) 합격! 생각이 나지 않을 때는 '모르겠습니다.' 라도 좋으니까 3초 내에 반드시 무슨 말이든 해야 합니다. 알겠지요?

(아동들) 네!

(교　사) 자, 그러면 선생님이 지적하는 사람은 아침에 먹은 반찬 이름을 한 가지만 대답해보도록 하겠어요. '김대화! **김대화 이름을 부릅니다.**

(김대화) '네!' 하고 큰 소리로 대답하여 의자 옆으로 빠지면서 재빨리 일어서서 가장 친구들이 많은 쪽을 바라보고 바르게 서서 '개구리 반찬입니다.' 하고 크게 대답합니다.

(교　사) 3가지 규칙 모두 합격이예요. 아주 잘했습니다.

제 2단계 : 끝나는 말투를 연습하자.

(교　사) 그러면 다음 2단계를 연습해 보도록 하겠습니다. 이번에는 끝나는 말투를 반드시 'ㅇㅇㅇ입니다.' 또는 'ㅇㅇㅇ입니까?' 로 끝나도 록 발표하는데 선생님에게 지적받은 사람은 일어서서 벌레 중에서 가장 징그럽다고 생각하는 벌레 이름을 한 가지만 발표해보도록 하겠습니다. 김지수! **김지수 이름을 부릅니다.**

(김지수) 네! **바르게 일어서서 친구들이 많이 있는 쪽을 바라보고** 털이 숭글숭글난 송충이 입니다.

(교　사) 아주 발표를 잘했습니다. 그러면 지금 발표한 친구에게 질문을 해 보도록 하겠습니다. 박예은! **박예은의 이름을 부릅니다**

(박예은) 네! **벌떡 일어서며 많은 친구 쪽으로 바르게 서서** 송충이가 색깔이
　　　　얼마나 예쁜데 무엇이 징그럽습니까?
(김지수) **일어서서** 송충이는 꿈틀거리며 움직일 때 털이 흔들리는 모
　　　　습이 너무나 징그럽습니다.

제 3단계 : 시작하는 말투를 연습하자.

(교　사) 그러면 이번에는 선생님 지적을 받지 않고, 자기 스스로 발
　　　　표하고 싶을 때 '제가 발표하겠습니다.' 하고 일어서서 발표
　　　　하거나, 질문할 때 '질문하겠습니다.' 하고 일어서며 질문하
　　　　도록 해보겠습니다.
　　　　아프리카에 사는 마사이족이 집을 짓는 방법에 대해서 누가
　　　　발표해 봅시다.
(우연의) 제가 발표하겠습니다. **많은 친구들 쪽으로 바르게 서서** 쇠똥으로
　　　　집을 짓습니다.
(박민우) 질문 있습니다. **소리 없이 벌떡 일어서서 발표한 친구를 바라보며**
　　　　물컹물컹한 쇠똥으로 어떻게 집을 짓습니까?
(우연의) **벌떡 바르게 일어서서** 갈대 같은 풀대로 벽을 만들고 그곳에 쇠
　　　　똥을 발라서 집을 짓습니다.
(교　사) 두 사람 모두 발표를 아주 잘했습니다.

제 4단계 : 시작과 끝나는 말투를 연습하자.

(교　사) 그러면, 지금부터 시작하는 말투와 끝나는 말투를 잘 맞춰

토의와 토론을 잘하기 위해서는 말하기 훈련이 필요하다.

서 발표 해보도록 하겠습니다. 다른 사람이 발표한 내용에 대해서 보충 할 때는 '제가 보충하겠습니다.' 하고 일어서며 발표하면 좋겠습니다.

임진왜란이 일어난 원인에 대하여 알고 있는 사람은 일어서서 발표해 보도록 합시다.

(유성선) 제가 발표하겠습니다. 그 당시 조선은 당파싸움에 매달려 나라의 힘이 매우 약해졌기 때문입니다.

(유새나) 제가 보충하겠습니다. **가장 친구가 많은 방향으로 서서** 그 당시 대신들은 서로 자기의 이익을 챙기느라 나라 발전에 별 관심이 없었다고 생각합니다.

(유현진) 질문 있습니다. **유성선을 바라보고 서서** 당파 싸움이라는 것은 어느 나라 어느 시대나 있는 일이 아닙니까? 오히려 조선의 산업이 발달하지 못하고, 군대의 장비가 허술해서 나라의 힘이 약해졌다고 생각합니다.

제 5단계 : 내 생각과 비교하며 듣자.

(교   사) 여러분의 발표하는 태도가 많이 발전하였습니다. 그러면 지금부터는 친구의 발표 내용을 정확하게 잘 듣기 위하여 질문하거나 보충 설명할 때 먼저 발표한 친구가 발표한 내용을 간단하게 반복해서 말하고 질문이나 보충설명을 해 봅시다. 그러면 과일가게에서 딸기를 살 때 어떻게 골라 사는 것이 좋겠는 지 발표해 봅시다.

(윤나영) 제가 발표하겠습니다. 색깔이 빨갛고 깨끗한 것으로 골라

　사면 됩니다.

(윤이운) 질문 있습니다. 윤나영이가 빨갛고 깨끗한 것으로 사면 좋다고 했는데 빨갛고 깨끗하면 값이 아무리 비싸도 괜찮다는 것입니까?

(이동욱) 질문하겠습니다. 윤이운이가 값이 아무리 비싸도 괜찮냐고 질문 했는데 윤나영이가 언제 값에 대해서 이야기했습니까? 오히려 공연한 트집을 잡는 것이 아닙니까?

(이지은) 보충 설명을 하겠습니다. 앞에서 색깔과 가격에 대해서 발표했는데 딸기를 살 때는 깨끗하고 신선해 보이는 것을 가능하면 싼 값에 사는 것이 좋다고 생각합니다.

(교　사) 여러분이 발표하는 모습을 보니까 수준이 높아진 것 같습니다.

제 6단계 : 근거를 제시하며 발언하자.

(교　사) 그러면 이제는 발표할 때 반드시 타당한 근거를 제시하며 발표하도록 하는 데 '○○○입니다.' 하고 발표하면 그 다음에 '왜냐하면 ○○ 이기 때문입니다.' 하고 이유를 붙여보도록 하겠습니다.

　봄이 되면 변화하는 자연 현상에 대하여 발표해 봅시다.

(이희재) 제가 발표하겠습니다. 나비나 벌 같은 곤충들이 활발하게 활동하기 시작합니다. 왜냐하면 꽃들이 마음이 좋아서 곤충들에게 먹이를 많이 줄 수 있기 때문입니다.

(정윤재) 제가 발표하겠습니다. 이희재가 꽃이 마음이 좋아서 곤충에

게 먹이를 많이 준다고 했는데 옳지 않다고 생각합니다. 왜
냐하면 꽃들은 자신들이 살기 위해서 꿀을 만드는 것이지 절
대로 곤충들을 위해서 꿀을 만드는 것이 아니기 때문입니다.

제 7단계 : 상대방 발언에 반드시 반응하자.

(교 사) 이제 여러분은 발표할 때 시작하는 말투와 끝나는 말투를 잘
맞춰서 할 수 있게 되었고, 근거를 제시하며 발표하는 연습
을 했습니다. 그런데 토의를 활발하게 하려면 무엇보다 앞
사람이 발표한 내용에 대해서 반드시 질문하거나 보충 설명
할 수 있도록 하는 것, 다시 말해서 앞 사람의 발표에 대해서
반드시 반응하는 것이 필요합니다. 그러면 '멋지게 성장하
는 방법'에 대해서 자유롭게 발표해보도록 하겠습니다.

(주희수) 제가 발표하겠습니다. 밥 먹는 양을 줄이고 적당하게 운동
을 하면 멋진 모습으로 자랄 수 있다고 생각합니다. 왜냐하
면 적당한 운동을 하면 몸 안에 지방이나 노폐물이 쌓일 염
려가 없기 때문입니다.

(최민정) 질문 있습니다. 주희수가 밥 먹는 양을 줄이고 적당한 운동
을 하면 멋진 모습이 된다고 했는데 유전적으로 키가 작은
사람도 밥을 적게 먹고 적당한 운동을 하면 키가 커질 수 있
습니까?

(이효희) 최민정에게 질문 있습니다. 주희수는 많은 사람이 인정할
수 있는 방법을 발표했다고 생각합니다. 주희수가 발표한
내용은 특별한 경우에만 해당하는 내용인 것 같습니다. 공

연히 트집을 잡아 질문하는 것은 아닙니까?

(최선경) 저도 이효희가 발표한 내용에 찬성합니다. 특별한 경우보다 일반적인 내용을 발표하는 것이 옳다고 생각합니다. 밥을 적게 먹고 적당한 운동을 하는 것은 물론 좋은 책도 많이 읽어서 정신과 마음도 멋지게 만들어가야 한다고 생각합니다.

(교　사) 자, 이제 그만! 이제까지 여러분이 배운 토의 방법을 잘 기억해서 앞으로 여러분의 토의활동이 활발하고 논리적인 내용으로 이루어지길 바랍니다.

열심히 잘 했습니다.

디베이트 학습이 추구하는 목적이 있다.

디베이트 학습의 목적은 논제를 철저히 분석하고**철학적**, 다양한 방법으로 정보를 수집하며**정보 수집 및 활용능력**, 많은 정보 중에서 신뢰도와 타당도가 높은 것을 선택 하게 합니다**판단력**. 그리고 이치에 맞게 자신의 의견을 재구성하여**논리력 및 창의적 문제해결력**, 상대방에게 효과적으로 전달하는 능력**발표능력**과 과정을 통하여 자신의 생각을 넓혀줍니다**유연성**. 위에서 언급한 목적들과 더불어 디베이트 학습을 하게 되는 가장 중차대한 목적이 있습니다. 그것은 '무엇이 우리 인간들을 움직이게 하는 것인가' 에 대하여 생각하는 자세일 것이라고 생각합니다. 소위 '가치' 에 대한 탐구태도입니다. 즉, 무엇이 나 자신과 이웃, 우리사회의 구성원들이 더불어 행복할 수 있게 해주는 것일까요? '참된 가치' 를 찾아서 그 가치들의 위계를 정해보고 나름대로 무게중심을 찾아서 건강한 삶을 영위하게 하는 것이 디베이트 학습의 참된 목적이라고 생각합니다. 여러 가지로 나누어서 모색되는 참된 가치의 정점에 위치한 것이 바로 '생명' 과 '사랑' 이 아닐까요? 그 아래 단계에서 반드시 염두에 두어야 할 것들이 '공정한 과정'과 '무형의 추억, 보람' 같은 것들이라고 할 수 있겠지요. 또한 디베이트 학습을 통하여 상대측의 논제에 합당한 의견을 받아들이는 태도가 자연스럽게 내면화됨으로써 바람직한 민주 시민의 자질이 길러지게 되는 것이 또 다른 수확입니다.

디베이트 학습이 추구하는 목적이 있다.

디베이트 학습을 하면 학생들이 스마트하게 변한다.

디베이트 학습은 학생들 개인 뿐만 아니라 학급이나 가정의 분위기를 확 바꾸어 주는 데 놀라운 효과를 가져다줍니다.

첫째, 올바른 가치를 탐구할 수 있는 논제를 가지고 디베이트 학습을 함으로써 가치탐구 능력이 신장 됩니다. 교과서 내의 교육과정을 분석하거나 사회에서 이슈가 되고 있는 것들을 가지고 학생들 및 자녀들과 협의하면서 우정, 사랑, 생명, 건강, 행복 등과 같이 영원한 가치가 담겨 있는 논제들을 정하면 좋습니다. 디베이트 학습을 함으로써 내가 살아가는 데 무엇이 진정으로 나의 인생을 행복하게 할 것인지에 대하여 탐구하는 능력을 현저히 신장시켜 줍니다.

둘째, 한 가지 논제를 가지고 찬성측과 반대측의 의견을 들어 보게 되면 '그 입장에서는 그러한 생각과 행동을 할 수 밖에 없겠구나.' 하는 태도가 형성되어서 친구들이나 주변 사람들의 의견과 인격을 존중하는 태도가 내면화 됩니다.

셋째, 입장과 의견이 같은 친구들끼리 논제에 대하여 힘을 합쳐서 각종 정보와 지식을 교환하고 디베이트 학습 과정에서 서로 양보하며 같은 팀 친구들의 의견에 대하여 동조함으로써 협동의 귀함을 절실히 깨닫는 기회가 됩니다.

넷째, 정해진 시간 안에 각 측에 배당된 입론, 반론, 최종변론 단계에서 정해진 순서와 시간을 지켜야 하므로 규칙과 질서를 준수하는 태도가 자연스럽게 형성됩니다. 이러한 태도는 어린 시절의 특징인 '자기중심적 사고'나 부정적인 형태인 '이기적인 행태'를 수정시켜 줄 수 있습니다. 자연스러운 과정을 통하여 영향을 행시히는 기회를 제공해 주기 때문에 현대 사회에서 약해지기 쉬운 '인성교육' 측면에서도 예상 외로 큰 효과를 거두게 되는 것을 확인할 수 있습니다.

다섯째, 논제에 대한 자료를 준비하거나 디베이트 학습을 하는 가운데 창의적인 문제해결력을 기를 수 있습니다. 논제에 대하여 연구를 하고 자기 측에 유리한 자료를 준비하다 보면 인터넷 정보, 신문, 잡지, 어른들이나 학생들에게 하는 인터뷰, 비디오 편집 등의 방법을 이용하게 됩니다. 이렇게 하는 가운데 정보를 수집하고 분석하면서 문제를 해결하는 능력이 자연스럽게 길러지게 됩니다.

디베이트 학습의 논제는 대부분의 경우에 우리 생활에서 갈등을 많이 겪는 내용들인 가치중립적인 것들입니다. 이러한 논제에 대하여 나름대로 문제의 성격을 파악하여 그 문제에 대하여 찬성하는 입장이면 찬성 찬성을, 반대하는 입장이면 반대측의 입장에서 상대측과 더불어 진지한 자세로 가장 이상적이고 합리적으로 해결하는 과정에서 문제를 정확하게 파악하고 해결하는 능력이 증진됩니다.

여섯째, 반론 과정에서 상대측에서 발표하는 내용들을 잘 듣고 자기가 생각한 것과 다른 경우에 그것에 대하여 집중적으로 물어보고 진실을 찾아가는 과정에서 원칙이나 진실의 기준에 비추어 차이를 구별해 보는 능력인 비판적 사고력이 형성됩니다.

일곱째, 일반적인 학습이나 토의 학습과는 달리 디베이트 수업의 성패는 자기가 속한 팀이 논제에 대한 자기측의 의견을 얼마나 설득력 있게 주장하여 승리하느냐, 아니면 패배하느냐 달려 있습니다. 따라서 학생들이 가지고 있는 선의의 승부욕을 최대한으로 자극해서 그들이 가지고 있는 각종 정보나 지식을 통해서 본인들의 생각을 상대방에게 설득하는 능력을 계발시켜 주는데 초점을 맞추어야 합니다.

여덟째, 각종 정보활용 능력을 길러줍니다. 디베이트 논제에 대한 다양한 자료들을 탐색하고 분석하며 종합하는 것은 아무래도 인터넷을 사용하는 것이 가장 적절할 것입니다. 학생들도 자료의 바다에 숨어 있는 내용들을 자기가 사용하는 정보를 만들면서 인터넷에서 검색하는 수준이 매우 높아질 것입니다. 또한, 프리젠테이션으로 재구성하거나 각종 음향 효과를 이용한 에니메이션으로 발표하는 능력도 생겨날 것입니다. 사진 자료나 그림 자료 등을 이용하여 상대측을 설득할 때 실물화상기의 줌 기능을 자유자재로 활용할 수 있게 됩니다. 또한 전문가의 의견을 직접 녹음하여 들려주는 오디오를 편집하거나 각종 영상 매체를 이용하여 편집하는 영상 매체 편집 기능도 향상됩니다. 뿐만 아니라 각종 통계자료를 분석하여 원그래프와 같은 그래프 등을 활용하여 일목요연하게 정리하고 발표하여 상대측과 판정인들에게 설득력을 발휘합니다. 논제를 해결하면서 각종 자료를 정리할 때, 인터넷에서 찾아낸 자료들을 그냥 복사해서는 제대로 발표를 할 수 없기 때문에 정보들을 자기의 지식으로 만드는 연습을 치열하게 해야 합니다. 그렇게 하기 위해서는 그 내용들을 자신의 수준에 알맞게 변형시켜야만 합니다. 이렇게 하는 과정에서 자신도 모르게 워드 작성 요령과 속도, 문장력이 더욱 세련되게 됩니다.

아홉째, 토의 기본 기능을 향상시켜 토론 문화를 활성화시켜줍니다. 상대측에서 자기들이 주장하는 내용들을 정확히 설득하기 위해서는 발표하는 능력이 매우 뛰어나야 하므로 디베이트 학습 시간에 다음과 같은 세부적인 기능들이 현저하게 향상 되는 것을 볼 수 있습니다.

- 자기 생각을 말로 잘 표현합니다.
- 바른 자세로 서서 듣는 사람을 바라보며 발표합니다.
- 말의 속도나 크기를 모든 사람이 다 들을 수 있도록 발표합니다.
- 반드시 이유나 예를 들어가며 발표합니다.
- 많은 사람들 앞에서 자신있게 발표합니다.
- 말하는 내용과 어울리는 제스처와 표정 등을 자연스럽게 발표합니다.

상대측의 입론 과정에서 그 내용을 정확히 듣지 않고서는 반론단계에서 상대측의 내용에 대하여 그 부족한 점이나 오류들을 찾아낼 수 없기 때문에 다음과 같은 듣기 능력이 현저히 향상됩니다.

- 요점을 메모하면서 듣는 습관이 생겨납니다.
- 말하는 사람을 똑바로 쳐다보면서 듣게 됩니다.
- 발표하는 것을 들으면서 질문할 것을 생각하게 됩니다.

- 자신의 생각과 비교하면서 듣습니다.
- 상대측의 발표 내용에 대하여 오류가 있는지 생각하면서 듣습니다.
- 상대측의 발표 내용 중에서 타당도와 신뢰도에 맞지 않은 것들을 파악하면서 듣습니다.

디베이트 학습은 생각하는 수준을 높여준다.

디베이트 학습은 토론 준비 과정에서 학생들의 자기주도적 학습력이 신장되고 토론과정을 거치면서 보람과 성취감을 얻을 수 있을 뿐만 아니라 학습 의욕과 자신감을 갖게 하여 고등사고능력을 극대화 할 수 있는 가장 훌륭한 학습 방법 중의 하나입니다.

디베이트 학습이 가져다주는 효과를 세 가지 영역으로 나누어서 설명할 수 있습니다.

첫 번째로 인지적 영역에서의 효과입니다. 디베이트 학습을 통해 언어사고력이 향상되고, 이해, 적용, 분석, 종합, 평가 등 고등 사고력이 신장됩니다. 논리적으로 생각하고 주장하는 능력이 향상되고, 비판적 사고력이 증진 됩니다. 그리고 지식이 풍부해지고, 그 결과 학업 성취도가 제고됩니다.

두 번째로 정의적 영역에서의 효과입니다. 학생의 마음속에서 우러나오는 학습 동기가 유발되며, 가치의 높고 낮은 정도를 분석하고 탐구하며 올바른 가치관을 형성하는 능력을 신장시켜 줍니다. 타인의 의견과 인격을 존중하는 마음과 생활태도도 함양됩니다. 그리고 자신과 타인의 의견에 심사숙고하는 태도가 늘어나고, 책임감이 증진되며, 타인을 배려하는 습관이 정착됩니다. 뿐만 아니라 학습에 대한 흥미와 자신감을 지니게 해주고 바람직한 인성 및 태도를 지니게 해 주는 효과가 있습니다.

세 번째로 기능적 영역에서의 효과입니다. 민주주의 사회에 참여하는 기본 능력을 함양시켜주고, 합리적인 의사 결정 방법을 터득시켜 주며, 여러 사람과의 의사소통 능력을 신장시켜 줍니다. 그리고 민주적인 리더십을 길러주는 동시에 타인을 설득하는 능력을 발전시켜 주는 데 그 효과가 매우 큽니다. 말하기는 토론 효능감을 높여줍니다. 말하기에 대한 불안은 자신만의 문제가 아닙니다. 자기가 말은 한다는 것은 자기가 다른 사람들에게 잘 보이기 위한 것이 아니라 자기가 생각하고 있는 것을 상대방에게 전달하는 것입니다. 오히려 다소 긴장된 상태에서 말할 때 더욱 진정성이 있을 수 있고 박수를 많이 받을 수도 있습니다. 평소에 말을 하기 매우 꺼려했던 학생이 디베이트 학습에서 떨리는 상태에서 말을 했을 때 많은 점수를 얻게 되는 것입니다. 소통의 첫 번째 대상은 바로 자기 자신이고 설득의 첫 번째 대상 또한 자기 자신이기 때문입니다.

유치원이나 초등학교 시절에 꼭 해야 할 것으로 주목해야 하는 것들이 있습니다. 우리 사회의 분위기는 자신이 의도한 분야에서 너무도 성급하게 그 열매를 얻으려는 조급증이 있습니다. 그래서인지 어린 시절부터 인지적 영역에 힘을 쏟아서 그 영역에 관련된 외국어와 한자, 수리 영역의 학습을 암기 위주로 교육하여 많은 무리를 주고 있습니다. 세계 각국의 유치원 단계에서 글자를 지도하는 사례는 거의 찾아볼 수 없습니다. 초등학교 1학년 담임교사들의 의견을 들어 보면 많은 경우에 정의적 영역의 학습이나 생활 경험을 경시한 나머지 영어나 한자, 수리 분야에 집중적인 학습을 한 아이들은 '학급에서 돌아다니는 아이'로 인식되고 있다는 것입니다. 아동 심리학 이론에 의하면 아동의 발달단계에서 '결정적인 시기'가 있는 데 그 시기에 경험하지 않으면 장애로 남게 되는 경우가 있게 된다고 합니다. 어린 시절에는 친구들과 함께 놀이하면서 이해하고 양보하며 때로는 손해도 보는 경험을 해야 합니다. 소위 사회성을 터득시켜가는 것이지요. '공존'보다는 '경쟁을 통한 비교우위'를 강조하는 몇몇 욕심쟁이 학부모님들은 너무도 소중한 것들을 잃어가고 있는 것이라고 생각합니다. 그래서 초등학교 현장에서는 점점 더 '과잉행동장애'라든지 '성격 혹은 사회성 장애'를 가진 아이들이 증가하여 자신과 친구들, 교사들, 학부모님들과 같은 소위 교육공동체 구성원 모두가 피해를 입게 되는 현상을 찾아볼 수 있습니다.

앞으로도 계속 언급되겠지만 일반적인 교수학습방법으로는 학생들이 터득하기 어려운 것들을 해결해 주는 마법이자 왕도王道가 있습니다. 그것은 디베이트 학습 시간에 다양한 '가치논제'를 통해 자신의 소질과 적성을 발견하는 것입니다. 자신이 평생에 걸쳐서 즐기면서 종사하게 될 직업까지도 염두에 두고 스스로 열심히 공부하게 하는 소위 '내발적 동기부여'를 가능하게 해 주는 것입니다. 이렇게 하기 위해서는 위에서 언급한 '정의적 영역'에 남다른 관심을 기울여야 합니다. 각박한 사회에서 따뜻한 인정과 공정한 질서의식이 체화된 인재를 키워내고 그러한 리더들이 선도하는 이상적인 사회를 만들어 나가야 하겠습니다. 정의적 영역이 안겨다 주는 효과 중의 핵심요소가 바로 '학습에 대한 흥미와 자신감'이 아닐까 생각합니다. 우리 교사와 학부모님들이 해 주어야 할 가장 중요한 급훈이자 가훈이 되어야 한다고 생각합니다. '나는 어떠한 분야의 공부가 흥미 있고 잘 할 수 있다.'라는 의식과 다짐이 중요합니다. 또한 학생들을 '무한 경쟁' 사회에서 '무한 신뢰를 받고 무한 책임'을 질줄 아는 진실하고 당당한 선진 시민으로 성장하도록 힘껏 도와주어야 합니다.

추리와 논리, 오류를
제대로 알고
토론에 적용하자.

추리

생각은 추리를 통해 만들어집니다. 추리란 무엇인가를 근거로 생각을 만들어 내는 것을 말합니다. 예를 들면 "구름이 끼면 비가 올 것 같다."는 추리를 하게 되는 것이지요. 디베이트 학습에서는 논제에 대한 상대측의 주장을 경청하면서 자기 나름대로의 생각과 비교합니다. 그러한 가운데 상대측이 주장하는 내용들의 오류를 찾아서 '반박' 하고 자신의 의견을 제시하는 '반론' 을 하게 됩니다.

먼저 귀납추리에 대하여 알아보겠습니다. 귀납추리란 우리들이 자주 겪는 어떤 비슷한 사례들을 묶어 하나의 판단으로 일반화해내는 것입니다. 다리가 쑤실 때마다 비가 왔습니다. 그러면 '다리가 쑤시면 비가 온다.' 는 믿음을 갖게 되는 것이 그 예입니다.

첫째, 귀납추리 중에서 유비추리는 이미 알고 있는 비슷한 상황에 빗대어 판단하는 것으로써 우리의 일상생활에서도 유비추리는 많이 쓰입니다. "엄마, 잔다르크가 누구야?" "응, 프랑스의 유관순이야." 또는 "이태석 신부님이 누구야?", "한국의 슈바이처 박사야." 이러한 귀납추리를 통해서 이이들은 긴 설명이 필요 없이 알아듣습니다.

둘째, 귀납추리 중에서 인과추리는 관찰된 정보 혹은 가지고 있는 정보들의 원인을 알아보거나 그 결과를 예측해 보는 추리입니다.

셋째, 귀납추리 중에서 가설입니다. 가설은 가능성에 불과하더라도 원인 혹은 결과를 추측한다는 것이 문제를 이해하고 해결하는 데 도움을 주는 것을 말합니다. 대학이나 대학원에서 석사 혹은 박사 논문을 쓸 때 연구문제에 어울리는 가설을 세워서 다양한 연구방법을 사용하여 검증을 한다음 이론을 만들어 내게 됩니다.

다음으로 연역추리를 알아보겠습니다. 실제적인 경험이 없이 이미 알고 있는 지식이나 신념들만을 엮어서 새로운 판단을 만들어 내는 것입니다. 귀납추리는 개연적인**그럴 수도 있는** 참을 주는데 반해서 연역 추리는 절대적인 참을 줍니다. 수학의 정답처럼 100% 라는 말입니다. 예를 들어 모든 사람은 죽는다. 나는 사람이다. 그러므로 나는 ~~ 하다. 와 같은 것입니다.

위의 예에서 '모든 사람은 죽는다.' 와 같은 것을 '대전제' 라고 하고 '나는 사람이다.' 와 같은 것을 '소전제' 라고 합니다. 그리고 '그러므로 혹은 따라서 ~~ 한다.' 는 것은 결론에 해당합니다. 연역추리는 반드시 믿을 만한 전제들을 근거로 해야 합니다. 그런 믿을 만한 전제들이 일정한 포함관계에 따라 하나의 판단을 만들어 내는 것입니다. 이러한 전제들의 포함관계가 어울리지 않았을 때 그것을 '오류' 라고 합니다.

논리

추리로 만들어지는 결론은 항상 옳은 것만이 아닙니다. 즉, 우리들의 생각이나 판단이 항상 옳은 것만이 아니라는 것입니다. 추리가 가야할 제대로 된 길이 논리입니다. 귀납논리의 기준은 항상 정확성과 충분성, 그리고 강력성입니다. 연역논리의 기준은 건전성과 타당성입니다. 건전성은 대전제가 참이어야 한다는 것이고, 타당성은 연역추리의 공식을 잘 따랐다는, 즉 대전제와 소전제 및 결론이 서로 어울리는 포함관계에 어긋나지 않게 추리했다는 말입니다.

오류

논리를 어겼을 때 우리는 그것을 오류라고 합니다. 오류는 대개 연역논리를 어긴 형식적 오류와 귀납논리를 비롯한 일상적인 우리들의 상식적 논리를 어긴 비형식적 오류가 있습니다. 형식적 오류 중에서 가장 흔하고 중요한 오류는 '후건긍정의 오류' 와 '전건부정의 오류' 입니다.

형식적 오류 중 '후건긍정의 오류' 와 '전건부정의 오류' 는 삼단논법 중 반가언적 삼단논법의 오류에 해당합니다. 반가언적 삼단논법이란 대전제를 전건과 후건으로 구성되는 가언판단인 'A이면**전건**, B이다**후건**' 으로 하여, 소전제에서 전건과 후건을 긍정 또는 부정하여 결론을 얻는 논법을 말합니다. 아래의 예는 소전제에서 대전제의 전건을 긍정하여 결론에서 후건을 긍정하는 결론을 얻은 전형적인 반가언적 삼단논법의 예입니다.

- 독약을 먹으면**전건** 죽는다**후건**. – 대전제
- 독약을 먹었다**전건 긍정**. – 소전제

추리와 논리, 오류를 제대로 알고 토론에 적용하자.

- 그러므로 죽는다후건 긍정. – 결론

그러나 동일한 대전제를 두고 소전제에서 대전제의 전건을 부정하여 결론에서 후건을 부정하는 결론을 얻을 경우에는 오류가 발생합니다. 그 오류를 전건부정의 오류라고 부릅니다. 예를 들면 다음과 같습니다.

- 독약을 먹으면전건 죽는다후건. – 대전제
- 독약을 먹지 않았다전건 부정. – 소전제
- 그러므로 죽지 않는다후건 부정. – 결론

위 논법은 논리적으로 오류입니다. 내용적으로 따져보아도 오류라는 것을 알 수 있습니다. 왜냐하면 독약을 설사 먹지 않았다고 하더라고 다른 이유로 죽을 수가 있기 때문입니다. 이러한 오류는 소전제에서 대전제의 전건을 부정하여 후건을 부정하는 결론을 내렸다는 점에서 '전건부정의 오류' 라고 부르는 것입니다.

소전제에서 대전제의 후건을 긍정하여 결론에서 전건을 긍정하는 결론을 얻는 경우도 오류를 발생시키는데 그것 역시 소전제에서 후건을 긍정하여 생긴 오류이므로 '후건긍정의 오류' 라고 부릅니다. 이러한 예를 들어 보면 다음과 같습니다.

- 독약을 먹으면전건 죽는다후건. – 대전제
- 죽었다후건 긍정. – 소전제
- 그러므로 독약을 먹었다전건 긍정. – 결론

죽었다고 해서 반드시 독약을 먹었다는 결론은 안 나옵니다. 다른 원인으로 죽었을 수가 있기 때문입니다. 그러나 소전제에서 후건을 부정하여 전건을 부정하는 결론을 얻으면 그것은 타당한 추론이 됩니다.

예를 들면

- 독약을 먹으면전건 죽는다후건. - 대전제
- 죽지 않았다후건 부정. - 소전제
- 독약을 먹지 않았다전건 부정. - 결론

죽지 않았다면 독약을 먹지 않은 것은 분명한 것이므로 위의 논법은 타당한 논법입니다. 결국 반가언적 삼단논법을 펼칠 경우에는 대전제의 전건을 소전제에서 긍정하여 후건을 긍정하는 결론을 내리거나, 대전제의 후건을 소전제에서 부정하여 전건을 부정하는 결론을 내릴 때 오류 없는 타당한 논법이 성립합니다. 그 밖에도 위에서 오류로 예를 든 논법처럼, 소전제에서 대전제의 전건을 부정하여 후건을 부정하는 결론을 얻거나 소전제에서 대전제의 후건을 긍정하여 전건을 긍정하는 결론을 얻으면 각각 '전건 부정의 오류', '후건 긍정의 오류'에 빠지는 것입니다. 디베이트 수업에서 학생들이 주장하는 의견들을 경청하다보면 위에서 예를 들었던 것과 같은 오류들을 범하는 경우가 있습니다. 이러한 오류들을 찾아내어 지적하고 해명하는 가운데 학생들의 논리적 사고력은 한층 신장되게 됩니다. 토론 수업의 막바지에 학생들이 했던 예들을 가지고 교사가 이러한 오류의 예들을 설명해 주면 학생들이 매우 흥미 있어 하고 지적인 활동이 주는 깊은 기쁨을 맛보게 되는 계기가 마련되는 것을 알 수 있습니다.

추리와 논리, 오류를 제대로 알고 토론에 적용하자.

그 외에도 학생들이 자주 범하는 오류는 다음과 같습니다.

오류의 이름	오류의 내용	예
인신공격의 오류	의견 자체보다는 상대방을 공격한다.	여자가 뭘 안다고 그래?
대중에 호소하는 오류	많은 사람이 그렇게 한다는 것을 내세워 주장하거나 대중을 선동하여 주장을 관철한다.	나만 그런게 아니에요. 다 그래요.
피장파장의 오류	다른 사람의 잘못을 들어 자기의 잘못을 정당화하려고 한다.	선생님도 못하면서 우리보고 잘하라고 그러세요?
흑백사고의 오류	흑 아니면 백이라고 주장한다.	신을 믿지 않는다니 무신론자군요.
공포에 호소하는 오류	동의를 얻기 위해, 논쟁하기 보다는 위협을 사용한다.	너 자꾸 그러면 맞는다.
인과의 오류	원인이 아닌 것을 원인이라고 주장한다. 특히 시간적으로 먼저 일어났다고 원인이라고 주장한다.	성적이 안 좋은 것은 분명히 오락을 너무 많이 해서야.
성급한 일반화	적절한 증거가 부족했음에도 불구하고 성급하게 결론을 내린다.	그 사람이랑 하루 같이 지내 봤는데 믿을 만한 사람이에요.
잘못된 유비추리의 오류	별로 비슷하지도 않은 두 관계를 비유해서 추리한다.	엄마는 TV 보는데 왜 난 안돼요?

디베이트 학습의 논제는
분명한 기준을 가지고 있다.

디베이트 학습에서 가장 중요한 것이 논제를 정하는 것입니다. 중요한 공개수업의 논제를 정할 때 교장이나 교감 선생님, 여러 선생님들의 의견을 묻고 아래의 내용들이 들어 있는 논제로 정해서 수업을 진행하면 좋습니다. 디베이트 수업의 성공 비율을 100으로 볼 때 논제가 차지하는 비중은 얼마만큼이나 될까요? 최소한 50 퍼센트 이상이 된다고 생각합니다. 디베이트 학습을 많이 해 보면 볼수록 논제가 학습을 준비하는 단계에서나, 수업을 진행하는 과정에서 디베이트 학습의 목적과 교육적인 효과를 기대하는 데 절대적인 독립변인으로서의 역할을 하고 있다는 것을 절실하게 느낄 수 있게 됩니다.

교육적 효과를 극대화할 수 있는 찬반대립형 논제는 어떻게 구성되어야 하는지에 대하여 알아보겠습니다.

첫째, 논쟁성을 지녀야 합니다. "초등학교에서의 경시대회는 필요하다."라는 논제는 경시대회의 필요성 여부가 논쟁이 될 수 있습니다. 논쟁성이 있기 때문에 타당성이 있는 논제라고 할 수 있습니다.

둘째, 하나의 중심 생각을 나타내야 합니다. "생태계 보전이 우선이냐 4대강 유역개발이 우선이냐?"와 같은 논제는 생태계 보전이라는 관점과 4대강 유역개발이라는 관점으로 중심생각이 둘입니다. 따라서 토론과정에서 생태계 보전에 대한 찬반의견과 4대강 유역개발에 대한 찬반의견이 서로 섞여서 당사자는 물론이고 판정인이 혼란을 겪을 수도 있습니다. 이런 경우에는 "4대강 유역을 개발해야 한다."와 같이 하나의 중심 생각을 나타내는 논제로 변경한다면 만족할만한 디베이트 학습이 전개될 수 있습니다.

셋째, 논제를 구성하는 단어의 개념이 명확해야 합니다. "학교에서의 경시대회는 권장 되어야 한다."라는 논제에서 '학교'라는 개념의 용어정의가 불분명한 것을 알 수 있습니다. 초등학교인지 중학교인지, 고등학교인지, 애매어의 오류로 인하여 토론에서 혼란이 빚어질 가능성이 높습니다.

넷째, 논제는 가치중립적인 용어를 사용해야 합니다. "짝은 선생님이 정하는 것이 바람직한가?"라는 논제에서 '바람직한가?'라는 것은 전제가 바람직한 심리적인 복선을 깔고 있습니다. 따라서 중립적으로 균형이 잡혀 있는 논제라고 할 수 없습니다.

다섯째, 논제는 찬성측이 바라는 긍정적 진술로 이루어집니다. "공립학교의 교복을 폐지하지 말아야 한다."고 주장하는 것은 반대측입니다. 토론 수업을 하다보면 찬성측과 반대측의 의견이 서로 혼동을 빚게 됩니다. 따라서 판정인들이 공정한 판정을 할 수 없게 됩니다.

여섯째, 논제는 평서문으로 진술하나 초등학생들이나 토론을 처음으로 시작하는 사람들에게는 의문형으로 기술하는 것이 허용 됩니다. '~~ 해야 한다.' '~~ 하다.' '~~해야 하나?' 원칙은 긍정평서문으로 해야 하나, 의문문인 경우 대답을 하려고 하는 아동의 심리적인 측면을 활용하여 저학년 또는 처음 토론을 시작하는 경우에는 사용하여도 무방합니다.

일곱째, 좋은 논제는 토론자는 물론이고 판정인, 심사자, 청중 모두가 관심, 필요와 목적을 고려해야 합니다. "중학교에서 통신언어를 사용해도 좋다." 라는 논제는 컴퓨터가 없거나 통신언어와 관련하여 전혀 문제가 되지 않는 상황에서 이런 논제를 제기하는 것은 맥락석인 의미에서 효과가 떨어집니다. 굳이 이러한 논제로 디베이트 학습을 할 이유가 없기 때문에 토론에 참여하는 주체들이 모두 토론을 할 이유를 찾지 못하는 경우입니다.

디베이트 학습의 논제 유형은 다양하다.

대립형 토론은 PMI Plus, Minus, Interesting 기법 – 주어진 논제에 대한 장점, 단점, 흥미로운 점을 분석해 본 후 평가하는 기법으로 하나의 논제에 대해 집중적으로 분석해 보는데 효과적인 기법 – 을 활용한 토론, 찬반대립 토론, pro-con 토론 등이 있습니다. 대립형 토론은 견해가 나뉘는 논제를 다루고 어느 한쪽으로 의사를 결정해야만 하는 토론 유형으로서 다음과 같이 세 가지로 나누어 볼 수 있습니다.

첫째, 정책에 관한 논제는 자주 토론에서 거론되는 것으로서, 사실과 가치 판단에 기초하여 어느 정책을 취해야 한다고 하는 것입니다. 현재의 정책이나 제도에 대한 제안을 둘러싸고 논쟁을 벌이는 경우라고 하겠습니다. 예를 들면 "초등학교에서도 한자를 가르쳐야 한다."와 같은 논제가 이에 해당합니다.

둘째, 가치판단에 관한 논제는 어떤 사실에 대한 가치 판단이 토론의 대상이 되는 것으로 사실 논제에 가치를 부여할 경우 가치 논제가 됩니다. 학교나 가정에서 가장 쉽게 많이 시도해 볼 수 있는 것으로서 예를 들면 "친구의 잘못을 고자질하는 것은 나쁜 일이다."와 같은 것이 있습니다.

셋째, 사실에 관한 논제는 과거, 현재, 미래의 어떤 사건이나 현상의 존재 유무에 관한 사실을 다루는 것으로 주로 원인과 결과라는 인과관계에 얽힌 논제를 말합니다. 그러한 논제의 예로써는 "담배는 사람의 몸에 해롭다."라는 것이 있을 수 있습니다.

토론 수업을 처음 시작할 때에는 정책 논제나 가치 논제로 토론을 시작하는 것이 바람직한데 그것은 학생들이 찬성이나 반대의 입징을 선택하기 쉽기 때문입니다. 디베이트 수업의 핵심 사항인 논제에 대하여 보다 자세하게 알아보겠습니다.

정책논제

정책 논제는 사실과 가치 판단에 기초하여 행동의 변화를 추구하는 것을 대상으로 합니다. 주로 새로운 정책을 계획하는 단계에서 '어떤 것에 대하여 ~을 할 것인가?' 또는 '~을 하지 말 것인가?'를 묻는 형태의 논제입니다. 학급이나 학교, 나아가서 시민으로서 취해야 할 정책에 대한 진술로 이루어집니다. 요즘 "학생들이 휴대폰을 교내에 가져와 사용하는 것을 허용할 것인가? 규제할 것인가" 등과 같은 형태의 논제라고 할 수 있습니다. 정책논제를 다룰 때는 자신이 제 3자의 입장이 되어 토론을 하게 되므로 정체성과 인격을 보호 받을 수 있으며 동시에 반박을 날카롭게 해도 상대측의 인격이나 감정을 해치지 않게 되는 장점이 있습니다. 또한 근거나 예 등의 자료를 찾을 수 있어 학교토론에서 많이 다루어지고 있는 것입니다.

정책논제의 필수 쟁점에는 세 가지가 있습니다. 첫째, 정책도입의 배경입니다. 정책 도입의 취지나 배경, 역사 등에 대해 조사하여 발표하는 것입니다. 둘째, 개념 정의입니다. 정책의 정확한 개념이나 의미, 적용 대상과 범위 등을 확립하는 것입니다. 셋째, 정책이 미치는 영향입니다. 정책이 미치는 긍정적 영향과 부정적 영향 등을 제시하는 것입니다.

정책논제의 예시로는 "학교급식을 해야 한다.", "북한에 쌀과 비료를 지원해야 한다.", "일본은 강제로 빼앗아간 우리의 유물을 돌려주어야 한다.", "초·중학교 학생들에게 전면 무상급식을 실시해야 한다."와 같은 것들이 있습니다. 환경문제에 대하여 쟁점이 되는 여러 가지 논제를 가지고 토론을 할 때에도 주로 정책논제에 해당되는 것을 이야기하게 됩니다. 환경관련 논제의 경우에 많은 사례들이 정부가 강력히 개입하는 경우와 시민들이 자발적으로 할 수 있다는 믿음을 가지는 시장의 자율적 기능에 맡기는 경우로 나누어서 토론이 진행됩니다.

찬성측에서 주장하는 정책에 대하여 반대측은 크게 세 가지 논점을 가지고 반박할 수 있습니다. 그 세 가지 중심 기준은 필요성, 현실성, 이익이 될 수 있습니다. 즉 좋은 정책이란 필요성, 현실성, 이익이 모두 들어 있는 정책을 말합니다.

첫 번째로 정책을 세울 때에는 그 정책이 '꼭 필요한가?' 를 먼저 고려해 봐야 할 것입니다. 디베이트 논제를 가지고 '왜 이 주제가 나왔을까?' 에 대해 깊이 생각해 보면 어렵지 않게 필요성을 알아낼 수 있습니다. 정책의 필요성을 논증하려면 반대로 이러한 정책이 실행되지 않아서 해를 입고 있는 긴박한 문제의 경우를 생각해서 이야기 하면 됩니다. 정책의 필요성에 관하여 자세히 고찰해보면 대부분의 경우는 사례의 가치와 많은 관련이 있다는 것을 알 수 있습니다. 예를 들면 논쟁의 영역에 해당하는 인종이나 성별, 권력의 상하에 따른 인권침해, 기아와 빈곤, 테러와의 전쟁 등이 정책의 이유나 필요가 될 수 있을 것입니다.

이러한 것들과 관련시켜서 생각할 때, 만일 찬성측에서 정책의 필요성을 증명해 보이지 못하면 어떠한 일들이 벌어질까요? 반대측에서 쓸데 없는 일에 돈과 인력을 쏟아 붓는다고 공격해 올 것이 불 보듯 뻔할 것입니다. 예를 든 정책의 이익이 매우 클지라도 필요성이 없으면 반대측에서 해로운 점들에 대하여 몇 개만 예를 들어서 공격하면 그 정책은 물거품이 되고 말 것입니다. 지금 한창 문제가 되고 있는 '4대강 유역 개발'의 경우가 좋은 예가 될 듯합니다. "4대강 유역을 개발함으로써 인근 주민들에게 경제적인 이득을 가져다주고 홍수피해를 최소화하여 실질적인 이득을 안겨준다."라고 주장할 때 반대측에서는 "4대강 유역을 개발하는 과정이나 공사가 끝난 후에도 지속적으로 강 유역에 수 천 년 동안 형성된 생태계를 파괴하게 된다."고 하면서 정책실현의 결과에 대해서 강한 회의와 비판을 하게 됩니다. 이 때 찬성측에서는 정책의 이익 뿐만 아니라 그 정책이 "그것은 무엇을 위해 반드시 필요하다."라고 강조해야 하는 데 이것은 이익에다 가치를 부여하는 작업입니다. 즉, "4대강을 개발함으로써 생겨나는 경제적 이득은 지역주민들의 경제적인 풍요만을 위해서 쓰여질 것이 아니라 4대강의 생태계가 개발 이전과 동등하게 유지되고 이러한 생태계의 보전을 통해 오히려 인간의 생명까지도 연계되기 때문에 더욱 개발의 필요성은 증대된다."고 강조해야 합니다. 정책의 이익과 더불어 그 이익으로 인하여 훼손될

디베이트 학습의 논제 유형은 다양하다.

지도 모르는 가치들의 진정성이나 절박성을 더하면 단순하게 이익의 차원을 넘어서 '필요한 것'으로 변신할 수 있습니다.

두 번째로 어떠한 정책이라도 그것이 매우 필요하다고 할지라도 '현실성'이 없으면 의미가 없을 것입니다. 즉, 하고 싶어도 실현할 수가 없어서 못하는 것입니다. 그렇기 때문에 정책을 찬성하는 측에서는 자신들이 주장하는 정책이 실현가능하다는 것을 설득하는 것이 자신들이 해야 할 가장 큰 임무입니다. 어떻게 현실적이라는 것을 알 수 있을까요? 다음과 같은 것들이 현실성을 판단할 수 있는 구체적인 기준이 될 수 있을 것입니다. 모든 정책에 뒤따르는 것 중에서 정책의 실현을 가능하게 하는 '재정'이나 '예산'입니다. 정책이 아무리 훌륭하더라도 예산이 지나치게 많으면 좋지 않은 정책일 것입니다. "아마존 강 유역의 밀림 벌목을 전면적으로 금지해야 한다."는 정책이 있을 때 그렇게 하기 위해서는 천문학적인 비용이 소요되기 때문에 실현하기가 어려운 정책이 됩니다. 비용 다음으로 '정책의 규모'가 기준이 될 수 있습니다. 필요성이 크기 때문에 그 문제를 거의 완벽하게 해결하기 위해서 지나치게 큰 규모의 정책을 세우는 경우가 있습니다. 예를 들면 "북한에 전기 공급을 해주기 위해서 부족한 만큼의 전력을 생산해 내는 원자력 발전소를 몇 개라도 세워야 한다."는 주장은 실현하기에 어렵고 설득하기는 더욱 난해한 것입니다. 그렇지만 정책의 규모를 너무 작게 세워놓고 문제를 다 해결할 수 있다고 하는 것 또한 좋지 않은 해결책일 것입니다. 정책의 현실성을 가늠하는 기준으로써 비용, 규모에 이어서 '실질적인 이익'입니다. 세상의 모든 개인이나 단체, 국가들은 자신들의 이익을 위해서 움직일 때가 많습니다. 따라서 모든 정책은 그 정책에 관련된 개인이나 단체들의 이익과 맞아떨어져야 현실성이 있다고 생각됩니다. 미국의 경우 현재에는 흑인계열 대통령이 당선되었지만 1900년대 초반에서 흑인의 인권이 신장되지 못한 이유는 미국 사회에서 흑인의 인권이 향상되는 것이 그 사회의 이익에 부합하지 않는다는 까닭으로 그 사회 대부분 구성원들의 이익과 무관했다고 볼 수 있습니다. 미국의 남북전쟁 또한 흑인 노예를 필요로 하는 남부와 흑인의 노동력이 크게 도움이 되지 않는 북부의 이익사이에 갈등이 심화된 예라고 할 수 있을 것입니다. 즉, 제 아무리 훌륭한 가치를 가지고 있는 정책일지라도 대부분의 사람들은 자신들의 이익과 무관한, 혹은 이익을 침해하는 정책은 반대하게 되어 있습니다. 현실성의 마지막 기준으로서 '시간' 즉, 타이밍을 들 수 있습니다. 정책이외의 모든 것들은 적당한 시간 안에 이루어져야 합니다. 만약 정책이 멀리 그리고 넓게 바라보는 거시적 시각이 없이 너무 눈앞에 있는 문제만을 해결하려고 한다든지, 또는 어떤 정책이 지나치게 거시적인 나머지 당장 눈앞에 펼쳐진 긴박한 일들의 불조차 끄기 힘든 경우도 있을 수 있습니다. 예를 들면 북한의 빈곤을 구제하기 위해서 비료나 식량을 한 번에 많이 지원해준다고 하는 정책은 북한 가난의 근원인 기술 및 교육의 부족이나 체제의 문제를 함께 해결할 수 없기 때문에 비현실적인 정책이라고 할 수도 있습니다. 또는 현재 북한에 강력한 태풍으로 농작물들이 크게 피해를 입었는데 태풍방지용 농법을 북한 농부들에게 가르쳐야 한다는 것은 현재 일어난 절박한 기근을 해결하지 못합니다.

세 번째로, 어떤 정책을 강력하게 주장하는 팀은 위에서 언급한 정책의 필요성과 현실성을 보여주는 것 이외에도 그 정책이 사회나 국가에

디베이트 학습의 논제 유형은 다양하다.

어떤 '이익'을 가지고 올 수 있는지도 반드시 증명해 보여주어야 합니다. 그리고 이익도 가능하면 많은 분야에서 보여주는 것이 좋습니다. 댐건설을 했을 때 전기에너지를 생산하니까 경제적인 이익이 있고, 주변에 사업들을 모이게 하니까 지역 사회 발전의 효과가 있으며, 또 생활 시설들도 개선함으로 건강 증진 등의 이익이 있다는 등 다방면에서의 이익을 증명해 주는 것입니다. 정책에서 이익은 매우 넓은 개념입니다. 이익이 있는 만큼 정책의 단점도 많은 것은 당연한 일입니다. 그래서 정책의 가치를 판단하려면 정책의 장단점을 잘 비교해야 합니다. 이것을 '비용-효과 분석cost-benefit analysis'이라고 합니다. 정책을 찬성하는 입장에서는 정책의 장점을 되도록 많이 강조하고, 반대하는 측에서 지적하는 단점을 반박하면서 비교하는 토론을 전개해 나가야 합니다. 반대로 정책을 반대하는 입장에서는 어떻게 토론을 진행해 나가야 할까요? 그렇습니다. 가능한 장점의 모순을 지적하여 깎아내리고 단점을 부각시켜서 극대화하면서 비교하며 토론을 전개해야 합니다.

가치논제

가치논제는 무엇에 대하여 자신의 가치 판단 즉, 가치를 검증하는 논제를 말합니다. "초등학생들이 조기유학을 가는 것이 바람직한가?"와 같이 옳고 그름이나 가치가 있는지의 여부를 묻는 형태입니다. 가치논제는 토론자의 인격과 매우 밀접한 관계가 있기 때문에 교사가 임의로 입장을 정해 주기보다는 학생 스스로 자신의 가치 판단에 의한 선택이 바람직합니다. 토론을 통해 자기 신념을 수정하거나 다지고 유지하며 발전시켜 민주시민을 육성시키는 기회가 되도록 해야 할 것입니다.

　　가치논제의 필수 쟁점에는 크게 세 가지로 나누어볼 수 있습니다. 첫째, 개념정의입니다. 논제에서 다루는 용어의 개념과 범위를 명확하게 정의해야 합니다. 둘째, 가치관의 차이입니다. 쟁점이 안고 있는 가치관의 차이를 드러낼 수 있어야 한다는 것입니다. 셋째, 가치 판단의 기준입니다. 어떤 관점에서 볼 것인가 하는 판단 기준을 다루어야 하는가입니다.

　　가치논제는 학생들에게 매우 유익한 생각거리들을 제공해 줍니다. 그 예들은 매우 많습니다. 학교에서나 가정에서 가치논제를 가지고 디베이트 학습을 많이 해 보면 학생들이 생각하고 행동하는 모습이 놀랍게 변해가는 것을 확인할 수 있습니다. "소중한 가치는 마음을 움직인다."라는 말처럼 무엇이 귀중한 가치인가를 터득하게 되면 학생들의 인성도 크게 변화되고 있는 것을 발견하게 됩니다. "테러를 막기 위해 테러리스트를 고문해도 좋다."라는 논제 대하여 찬성측은 '민주주의'라는 가치를 주장한 반면, 반대하는 측은 '인권의 소중함' 이라는 가치를 주장하게 될 것입니다. 디베이트는 증명의 과정입니다. 모든 것을 증명해야 합니다. 어떤 정책이 사회와 우리가 소중이 여기는 것들을 보호할 수 있는지를 증명해야 합니다. 즉, '인권' 처럼 아주 당연해 보이는 가치도 그것을 증명해 보이지 않으면 가치로서 인정받기가 힘듭니다. 어느 쪽도 자신들의 정책이 인권이나 민주주의를 저버린다고 인정하고 싶어 하지 않습니다. 인권이나 민주주의는 소중한 가치이기 때문에 그것을 저버린다고 인정하는 것은 자기 쪽에서 내세우는 가치가 소중함과는 거리가 멀다고 스스로 인정하는 꼴이 되기 때문입니다. 따라서 디베이트 수업에서는 상대가 주장하는 긍정적인 가치를 부정하기

보다는 오히려 자신들의 정책에 상대측의 가치를 부합시킬 수 있을만한 조항을 포함시켜버릴 수 있습니다. 즉 상대가 주장하는 가치가 우리 편이 주장하는 가치 안에 포함되어 있다고 주장하는 것입니다.

"과학기술의 발달은 인간을 행복하게 만들었다.", "흥선대원군과 김옥균 중 누가 진정한 애국자인가?", "조선은 청나라와 전쟁을 해서 나라를 지켜야 한다.", "어른들의 생활이 어린이들의 생활보다 더 행복하다.", "흥선 대원군의 쇄국정책은 잘 펼친 것이다", "나폴레옹은 침략자이다.", "일본문화를 전면적으로 받아들여야 한다.", "PC게임은 자주해도 된다.", "발렌타인데이 같은 기념일들은 학생들에게 필요하다.", "전철의 노약자석이 비었더라도 앉지 말아야 한다.", "텔레비전 시청은 일상생활에 많은 도움을 준다.", "국산품을 사용해야 한다.", "초등학생은 휴대폰을 휴대해도 된다.", "초등학생은 전쟁놀이게임를 자주해도 된다.", "초등학생은 머리 염색을 해도 된다.", "더러워진 자동차는 즉시 세차해야 한다.", "동물원의 원숭이는 야생의 원숭이보다 더 행복하다.", "아파트에서 애완견을 키워도 된다.", "남자가 여자보다 살아가기에 더 유리하다.", "주 5일제 근무에 따라 어린이날을 토요일로 바꿔야한다.", "인간복제는 인류사회에 도움이 된다.", "착한 사람은 다 복을 받는다.", "즉석 식품은 우리 생활에 꼭 필요하다.", "선의의 거짓말은 꼭 필요하다.", "초등학생들에게 학원이나 과외는 필요하다.", "친구들의 별명을 불러주는 것이 친구관계에 도움이 된다.", "통일을 위해 북한을 도와주는 일은 계속되어야 한다.", "짝은 선생님이 정해주는 것이 좋다.", "선행을 한 사람에게 반드시 칭찬을 해 주어야 한다." 등 위에서 예로 든 것들 이외에도 가치논제는 무수히 많을 것입니다. 가치논제를 가지고 디베이트 수업을 할 때, 어느 측에서 승리했는지의 여부를 떠나서 토론학습이 끝난 후 감상문을 쓰는 순서 전에 교사나 학부모님들은 무엇이 자신이나 사회에 올바른 가치인지 확실하게 바로 잡아주는 것이 중요합니다. 즉 무엇이 가치로운 것인가에 대한 확고한 태도를 형성하도록 강하게 도와주어야 합니다.

사실논제

사실논제는 어떤 사실의 존재 유무를 다루는 형태로서 토론과정에서 복잡한 인과 관계를 전문가의 증언과 과학적 실험결과 등을 동원해야 합니다. "인터넷으로 인하여 현행 학교교육의 구조적인 변화가 있을 것이다." 처럼 현재나 과거, 미래의 사실에 대하여 토론을 하기 위해서는 너무도 많은 정보와 사실여부를 확인해야 하고 귀납적인 추론을 과학적으로 해야 합니다. 법정 토론심문 과정에서 많이 다루어지며 교육토론에서는 어려움이 많습니다. 하지만 학생들의 정보를 검색하는 능력과 사실을 인정하는 힘을 길러주기 위해서 초등학교 고학년 이상이나 중등학교 학생들에게는 권하고 싶습니다.

사실논제의 예시로는 "UFO는 존재한다.", "2009년도의 자살자수가 교통사고 사망자수 보다 더 많다.", "학교의 담을 허물기 전 보다 허물고 난 후 성추행사건이 더 많아졌다." "조기영어 교육은 모국어 습득에 방해가 된다.", "체육수업 감축은 초등학생들의 체력을 저하시킨다." 등과 법정에서 다루어지고 있는 것은 모두가 사실논제에 해당합니다. 특히 이와 같은 사실논제를 가지고 디베이트 수업을 실시할 때에는 논제를 최소한 일주일 전에 제시하여 학생들로 하여금 자료들을 찾아서 토론을 준비할 수 있는 시간적 여유를 주어야 합니다. 왜냐하면 사실논제에 대하여 찬성측과 반대측에서 의견을 주장하려면 뒷받침할 수 있는 자료들이 필요한데 즉석에서 자료를 제시할 수 없고 또 제시할 수 있다고 해도 자신들 상상력에 의한 것이기 때문에 자료로서의 신뢰도나 타당도가 떨어지는 것들이기 때문입니다.

디베이트 학습 논제에 따른 찬성측, 반대측, 판정인을 성공적으로 나누자.

디베이트 수업에서는 학생들의 관심과 흥미가 많고 자료들을 쉽게 찾을 수 있으며 수준에 알맞은 논제를 정하는 것이 매우 중요합니다. 그 다음 해야 할 일은 디베이트 수업의 성공을 위해 학급의 학생들 모두가 즐겁게 최선을 다해 열심히 탐구하고 활동하도록 역할을 정하는 것입니다. 1999년 3월 말경에 디베이트 수업의 첫 번째 논제로, "흥선 대원군의 쇄국정책은 잘 펼친 것이다."라는 것으로 수업을 실시하면서 매우 큰 어려움을 겪었습니다. 그 당시 6학년 5반 학생들이 총 33명 이었고, 사회자는 교사가 보기로 했으며 판정인은 3명, 찬성측 6명, 반대측 24명의 학생들이 디베이트 수업을 했습니다. 얼마나 황당한 구성입니까? 연구 초창기였기 때문에 가치논제인 만큼 학생들이 자신이 옳다고 생각하는 측에 배정되는 것이 당연하다고 생각했습니다. 반대측이 찬성측에 비하여 거의 4배 정도로 많은 상태에서 디베이트 수업을 진행했습니다. 교실에 배열된 책상의 구조부터 균형이 맞지 않았으며 발표하는 내용 또한 찬성측이 현저하게 열세를 보였고 반대측은 너무나 많은 학생이 배정되어 발표기회가 적어서 지루해 하는 학생들도 꽤나 많았습니다. 매우 긴장된 시간을 보냈고 수업도 균형이 없는 상태에서 진행이 되어서 모두들 '이렇게 구성하면 안 되겠구나!' 하는 명확한 반성을 하게 되었습니다.

학생들과 함께 수많은 고민에 고민을 거듭했습니다. 그 당시 우리 나라초등교육분야에서는 디베이트 수업에 대한 관심과 필요성이 그다지 절실하게 요구되지 않는 분위기여서 그런지 초등학교 분야에서 디베이트 수업에 대한 매뉴얼 같은 책들을 거의 찾아볼 수 없었습니다. '궁즉통窮卽通' 이라는 말이 맞는 것 같습니다. 코너에 몰려서 실의와 좌절에 빠져서 돌파구를 모색하고 있을 때, 번뜩이는 인스피레이션영감-靈感이 쏴악 뇌리를 스치고 지나갔습니다. 법정에서 이루어지는 형사재판에서 피의자의 변호인, 민사재판에서 원고 또는 피고를 변호하는 변호사들이 떠올랐던 것입니다. 변호인이나 변호사들은 그들이 직접 범죄를 저질렀거나 민사사건의 당사자들이 아닌 데에도 불구하고 도움을 필요로 하는 사람들의 '입장' 이 되어 그들의 이익을 위해 변론을 하는 것이라는 생각이었습니다. 그렇습니다. 디베이트 수업에서 찬성측이나 반대측의 주체 학생들 또한 마찬가지의 경우일 것입니다. 아무리 가치논제를 가지고 디베이트 수업을 한다고 하더라도 지혜로운 사람들일수록 자신이 주관적으로 동의하는 생각보다는 자기 스스로는 옳다고 생각하지 않지만 주어진 논제에 대한 찬성이면 찬성, 반대이면 반대측의 '입장' 에서 합당한 자료와 증거를 제시하며 자신의 의견을 펼쳐서 상대측을 설득하게 됨으로써 편벽된 사고가 아니라 균형 있고 조화로우며 완벽한 의사결정을 하게 되는 것이라는 사실을 철저하게 깨달았던 것입니다.

천군만마**千軍萬馬**를 얻은 것 같이 솟구치는 자부심과 희망이 너무도 큰 희열과 보람을 안겨주었습니다. 하지만 학교 현장에서 어떻게 학생들을 설득하고 조직하느냐가 관건이었습니다. 두 번째 고민이 시작되었습니다. 학생들에게 위에서 깨달은 논리대로 설득을 한다고 할지라도 주어지는 논제에 따라서 어느 한쪽으로 많은 학생들이 몰릴 것이라는 어쩔 수 없는 현장성을 알고 있었기 때문입니다. "디베이트는 일종의 토론게임이다."라는 기본적인 관념이 머릿속을 꽉 채웠습니다. 또한 학생들이 점심시간이나 체육시간에 축구경기를 하기 전에 서로 비슷한 실력을 가진 친구들끼리 편을 나누는 모습이 눈에 아른거렸습니다. 학생들을 설득할 수 있는 시나리오를 정교하게 구성하였습니다. 드디어 균형 잡힌 인원수와 비슷한 학력을 가진 학생들로 찬성측과 반대측으로 나누는 시간을 갖게 되었습니다. 학생들은 디베이트 수업이 하고 싶어서 안달이 난 상태였고 역시 자신이 관심과 흥미가 많고 자신 있는 입장으로 좌정하여 토론을 하려는 기세가 등등했습니다.

이제부터 전개되는 이야기는 실제로 있었던 일화였고 지금도 그 상황을 생각하면 온몸에 전율이 일어날 정도로 감동적입니다. 찬성측과 반대측 그리고 판정인을 정하는 것은 논제 결정과 함께 디베이트 수업을 성공적으로 이끄는 데 근간이 되는 아킬레스 근육이자 쌍두마차입니다.

"자, 여러분, 앞으로 1주일 뒤에 '과학기술의 발달은 인간을 행복하게 했다.' 라는 논제를 가지고 디베이트 수업을 하기로 하겠습니다."

"선생님이 생각하기에 여러분들 중 많은 학생들이 이 논제에 대하여 찬성측과 반대쪽 어느 한쪽으로 몰릴 것으로 예상됩니다."

이러한 말을 할 때 학급의 회장단을 위시하여 학력이 우수한 학생들을 노려보고 손가락질을 하면서 얼굴은 엄격한 표정으로 말을 이어갔습니다.

"지난 번 우리가 했었던 디베이트 수업은 '흥선대원군의 쇄국정책은 잘 펼친 것이다.'라는 것이었습니다. 그 수업을 할 때 여러분들도 느꼈겠지만 반대측에 너무도 많은 학생들이 몰려 있어서 성공적인 디베이트 수업이 되지 못했습니다. 그렇게 된 까닭은 논제 자체가 지닌 특성도 있었지만 그러한 요소보다는 선생님과 여러분들이 디베이트 수업을 성공적으로 하는 방법을 정확하게 몰랐기 때문이었다고 생각합니다."

"우리 현명한 회장 ○○○는 지난 번에 자신이 주관적으로 하고 싶은 쪽에 했었지요?"

"예, 그렇게 했습니다."

"성공적인 디베이트 수업을 하기 위해서는 내가 원하지 않지만 다른 입장에서 자료를 준비하여 의견을 제시하고 반론을 해 보는 것도 중요한 것이라고 선생님이 매우 강조했던 것을 기억하나요?"

"예, 선생님. 기억하고 있습니다."

"오늘은 어떠한가요?"

이 때, 나머지 부회장들이나 공부를 열심히 하는 학생들을 매우 엄격한 모습으로 여러 번 응시하면서 다소 윽박지르듯이 질문을 던졌습니다.

"선생님께서 변호사의 역할에 대해서 말씀해 주셨고 제가 그 뜻을 정확히 이해했기 때문에 친구들이 몰리지 않는 쪽에 의도적으로 들어가서 친구들과 함께 의견을 펼치도록 하겠습니다."

"역시 우리 학급의 회장답구만, 우리 모두 회장에게 크게 박수를 보내 줍시다."

"우리 학급에서 축구를 제일 잘하는 친구가 누구지요?"

"네, 임도엽입니다."

"도엽이는 찬성과 반대 중 어느 쪽에서 토론을 하고 싶나요?"

물론 자신은 반대측을 하고 싶지만 논제의 성격상 찬성측에 지원을 많이 하지 않을 것이라는 생각을 할 것이라고 예상했습니다.

"선생님, 저는 잠시후에 찬성측과 반대측을 정할 때 양측의 친구들의 수준이 잘 안 맞을 때 다소 힘이 약한 측으로 정하겠습니다. 왜냐하면 제가 축구 경기를 해 보면 양측의 힘이 차이가 날 때 경기가 흥미가 없기 때문입니다."

"역시, 우리 도엽이는 운동도 잘하고 판단력도 뛰어난 훌륭한 학생이라는 것이라는 것을 알 수 있겠어요."

"우리 도엽이에게 박수 보내줍시다."

"나머지 학생들도 선생님이 제시한 논제에 대하여 인원수와 비슷한 실력의 소유자들이 골고루 배치되도록 협조할 수 있겠지요?"

디베이트 학습 논제에 따른 찬성측, 반대측, 판정인을 성공적으로 나누자.

"예"

"대답이 뭐 이렇게 작지?"

의도적으로 시큰둥하고 다소 냉소적이며 강압적인 분위기를 조성했습니다.

"우리 6학년 5반 학생들은 모두 선생님의 뜻을 정확하게 파악하고 있는 것 같구나, 자 모두 교실 뒤쪽으로 나가서 서 보세요."

학생들은 찬성측과 반대측 그리고 판정인을 정하기 위해 교실의 뒤쪽에 나가서 옆으로 늘어섭니다.
이윽고 또 다른 멘트를 계속했습니다.

"그런데 어째 표정들이 별로 못마땅한 학생들이 많이 있는 것 같은데 '올해는 여러분들하고 디베이트 학습을 하지 말까' 하는 생각이 들기도 하네."

이러한 말을 들은 학생들의 표정들은 살펴보나마나 매우 크게 놀란 모습입니다.

"다시 한 번 물어 보겠는데, 정말 인원수도 비슷하고 실력도 비슷하게 찬성측과 반대측을 정할 수 있겠어요?"

분위기를 확실하게 다지기 위해서 한 술을 더 떠서 이렇게 이야기했습니다.

"지난 번 체육선생님이 수업하시는 체육시간에 축구경기 하기 전

계속해서 엄격함을 넘어서 다소 무서운 목소리로 일부 학생들이 옆으로 빠지려는 이기적인 기운을 꺾는 데 안간힘을 쏟았습니다. 왜냐하면 이렇게 찬성측과 반대측의 균형이 이루어질 때 학생들 스스로 대견스럽게 생각될 수 있고 성공적인 디베이트 수업이 이루어질 수 있기 때문이라고 생각했습니다. 학생들의 얼굴을 보면 이제는 안도할 수 있을 만큼 학생들이 선생님의 의도에 크게 적응이 되었다는 느낌을 가질 수 있었습니다.

학생들은 '선생님께서는 찬성측과 반대측을 나누는 데 왜 이렇게 뜸을 들이시나.' 라고 생각하면서도 지난 디베이트 수업 때의 실패에서 우리 선생님이 얼마나 안타깝게 생각하셨고, 어느 누구보다도 열정을 다해 디베이트 수업을 성공시켜 보겠다는 의지가 남다르다는 것을 깨닫고 있는 것 같았습니다. 학생들은 성공을 체험하고 싶어 하고 그러기 위한 현명한 실천을 해보려는 의지가 담긴 눈치가 엿보였습니다. 드디어 결정의 순간이 도래했습니다. 학생들이 숙연해졌습니다. 그들도 보통 때와는 달리 결연한 의지를 발휘해야 할 순간이 다가 온 것이었습니다. 여러 번에 걸쳐서 파상공세에 가까운 선생님의 협박성 발언의 대세를 거스를 수 없는 운명을 지니게 된 것입니다. 선생님도 그 어느 때 보다도 매우 긴장되었습니다. 우리들이 살아가면서 '해야 할 것'과 '하고 싶은 것'의 사이에서 어떤 것들을 어떻게 선택을 해 왔는지 돌이켜 보면 '하고 싶은 것'에 더욱 많은 손을 들어 주면서 살아왔기 때문이라는 생각이 듭니다.

"자, 여러분 이제 우리 모두 함께 승리하여 기뻐하는 순간을 맞이할 때가 왔습니다."

"논제에 찬성하는 입장에서 연구를 해 보고 싶은 학생들은 운동장 창문쪽 벽 앞에 서고, 반대하는 입장에서 연구를 해 보고 싶은 학생들은 복도 창문 쪽 벽 앞에 서 주기 바랍니다."

"선생님은 여러분이 현명하게 판단할 것이라고 굳게 믿습니다."

"자, 모두들 멋진 의사표시를 하는 줄을 서 주세요."

이 때 선생님은 학생들의 긴장된 마음이 흩어지지 않도록 지속적으로 눈에 온 힘을 주고 엄격한 표정으로 학생들을 바라보면서 있었습니다. 와! 정말 한 편의 걸작 드라마와 같은 동영상이 교사의 눈앞에서 펼쳐지고 있는 것이었습니다. 학생들이 서로가 눈치를 주어가면서 찬성측과 반대측의 균형을 맞추는 것이 아닙니까? 숫자가 맞지만 실력이 차이가 난다고 생각하면 서로 밀어내고 양보하며 순식간에, 그야말로 비호처럼 재빠르게 찬성측과 반대측을 오가며 학생들이 이동하는 것이었습니다. 공든 탑이 탐스럽게 완성되는 순간이었습니다. 숫자를 세어 보았더니 찬성측에 16명, 반대측에 17명으로 총 33명의 학생들이 도열해 있는 것이었습니다.

"역시 우리 6학년 5반 학생들은 위대하구나! 모두 크게 박수를 보내서 자기 스스로와 친구들에게 격려해 줍시다."

"선생님은 감격했습니다. 여러분들이 이렇게 해 주었다는 것은 단순히 찬성측과 반대측의 균형을 잘 맞추었다는 것을 넘어서, 앞으로 있게 될 모든 디베이트 학습도 성공을 거둘 것이라는 강한 확신이 생겼기도 합니다. 와, 선생님 기분 정말 좋습니다. 여러분들은 어떤가요?"

"선생님, 저희들도 정말 기분 좋습니다."

"그러면 찬성측과 반대측 중에서 각 그룹을 지도하고 도와 줄 리더인 조장을 여러분들이 선출해 보세요." 학생들은 학기 초이기 때문에 학급의 회장과 부회장을 각 그룹의 조장으로 선출해냈습니다.

"이어서 우리가 할 일이 무엇인지 아는 사람?"

"예, 판정인을 뽑는 것입니다"

"그렇습니다. 제 1회 때에는 그냥 남자와 여자 학생들 중에서 제일 앞 번호와 제일 뒷 번호 학생들을 선출했는데 이번에는 선생님이 특별히 지명해서 가장 효율적인 판정을 하게 하도록 하겠어요."

"혹시 자기가 판정인을 하고 싶은 사람?"

학생들은 판정인이 재판정에서 판사처럼 여기고 있어서 서로 하겠다는 의지를 담아서 그 어느 때 보다도 강렬하고 애원하는 눈빛으로 선생님을 향하여 간절히 손을 들고 있었습니다.

"좋아요. 선생님이 뽑겠어요. 여러분들이 다소 의아해 할지도 모르지만 선생님은 이런 학생들을 이번 디베이트 수업의 판정인으로 뽑아서 훈련시킬 예정이예요."

디베이트 학습 논제에 따른 찬성측, 반대측, 판정인을 성공적으로 나누자.

"어떤 학생인데요?"

"제가 꼭 하고 싶습니다."

"저는 잘 할 수 있어요. 선생님 저 좀 시켜주세요."

학생들은 서로 판정인을 해 보겠다고 계속해서 애원했습니다.

"선생님이 지켜본 결과 5학년 때 까지는 공부를 제대로 안 했지만, 앞으로는 누구보다도 열심히 할 것이고 머리도 매우 좋은 친구들을 판정인으로 임명할 것이니, 지금 이름을 부르는 친구들은 수업이 끝나면 약 5분 정도만 선생님을 만나고 가세요."

학생들은 매우 어리둥절한 표정으로 웅성거리고 있었습니다.

"그리고 선생님이 지명한 학생들에 대하여는 판정결과가 끝나고 그 학생들이 어떠한 지 판단해 주길 바랍니다. 알겠지요?"

1학년에 입학해서 6학년 3월까지 온갖 설움과 아픔, 무시를 한 몸에 받아온 그야말로 학력이 아래에서 1,2,3위인 학생들의 이름을 불렀습니다. 이러한 일을 대비해서 할인 마트에서 그들을 위해서 낱장파일을 각각 10매씩 사서 선물로 준비해 두었고 포장된 선물 속에 격려와 사랑이 담긴 편지도 넣어두었습니다.

"그동안 우리 ○○이, ○○이, ○○이 정말 수고 많이 했지? 공부를 열심히 하는 습관이 안 되어서 그렇지 앞으로는 점점 더 나아질 거야. 선생님이 주는 판정인 기준표를 함께 보자. 입론에서 반론, 최종

변론에서 여러분들이 점수를 줄 때 기준이 되는 사항들이 잘 나와 있지? 일단 내일 학교에 와서 찬성측과 반대측 조장에게 학생들의 이름을 물어 봐서 각 측에 배정된 친구들의 이름을 적어보렴. 그리고 실제로 디베이트 수업을 하는 날, 각 학생들의 발표 횟수와 자료를 얼마만큼 어떻게 강한 효과를 주도록 이용했는지, 또 발표하는 친구들의 말을 제대로 경청했는지 등의 횟수를 적어 보렴. 그리고 세 사람 중에서 한 사람은 입론과 반론 점수를 발표하고, 또 한 사람은 최종변론과 총점을 발표하렴. 마지막 한 명은 찬성측과 반대측에서 가장 발표를 잘하고 자기측 뿐만 아니라 상대측 학생들의 발표를 잘 경청한 사람을 가가 2명씩 4명을 베스트 디베이터로 뽑아서 발표하렴. 물론 이러한 것들은 혼자서 해야 할까? 아니면 서로 협의해야 할까?"

"예, 저희 판정인들끼리 협의도 하고 작전타임 시간에 선생님의 의견도 여쭈어 보겠습니다."

"역시 선생님이 정확히 판단했다는 생각이 드는구나. 우리 멋지게 공부하고 자신 있게 생활해 보자. 응? 자, 이것들은 선생님이 너희들을 너무도 믿고 사랑하는 뜻에서 주는 선물이야."

목이 메인 목소리로 가볍게 등을 토닥여주면서 이야기 했습니다.

학생들은 누구보다도 그동안 설움을 많이 받아오면서 살아왔기 때문인지 눈물을 삼키고 있었습니다. 선생님도 함께 울먹였습니다. 디베이트 학습을 통해서 학생들에게는 긍정적인 자아개념을 일깨워주고 선생님과 따뜻한 인간관계래포가 형성되는 순간이었습니다. 그렇게 하고 난 뒤 어느 누구보다도 판정인으로서 인정받으려는 노력이 돋보이도록 노

디베이트 학습 논제에 따른 찬성측, 반대측, 판정인을 성공적으로 나누자.

력을 많이 하였으며, 평소에 친구들이 예상했었던 것과는 다르게 디베이트 수업시간에 판정인을 맡은 학생들이 찬성측과 반대측의 학생들을 깜짝 놀래키도록 공정하게 판정을 했습니다. 그 학생들 뿐만 아니라 다른 친구들도 그릇된 편견이나 선입견을 말끔히 없애고 모든 친구들의 가능성을 열어두고 일단 이해하고 인정하는 습관을 가지기 시작하는 역사의 순간이 펼쳐지는 것이었습니다.

"판정인 조장은 누가 할까?"

판정인 3명의 학생들이 자발적으로 추천 했습니다.

"좋아, ○○가 하렴."

"판정인 조장의 인사말은 내일 찬성측과 반대측 조장 인사말을 지도할 때 함께 지도해 줄게."

판정인들을 이렇게 선출해 내고 교육을 시켜서 훌륭하게 판정인 역할을 해내게 도와줌으로써 학교 현장에서 뜨거운 감자로 부각되고 있는 '집단따돌림 현상' 은 학급 내에 발을 붙이지 못하게 됩니다. 담임선생님이 소외되기 쉬운 학생들을 품어 주면서 그들을 인정하기 때문에 다른 학생들도 자연스럽게 서로 이해하고 인정하는 심성을 지니게 되었습니다. 이렇게 한 편의 드라마처럼 디베이트 수업의 주체인 찬성측, 반대측, 판정인을 선정하는 것을 함께 공유하게 되면 그 다음부터는 학생들이 자동적으로 인원수와 실력의 균형을 맞추게 되어 서로가 즐겁고 만족한 디베이트 학습이 펼쳐지게 됩니다.

"칭찬은 고래를 춤추게 한다."는 교육계의 격언이 있듯이 학생들은 장점을 인정받게 되면 자신도 예상하지 못했던 특유의 초능력이 물분수가 솟아 나오듯이 콸콸 넘치게 되면서 매우 빠른 시일 내에 학습태도와 생활습관이 향상되는 것을 발견할 수 있습니다. 물론 담임교사가 평소에 학생들을 공평하게 대하면서 교육활동을 실시하고, 학생들이 인정하고 따르는 진정한 힘이며 학급에서 가장 중요한 변인인 '교육자로서의 권위'가 있을 때 한결 무리 없이 그 목적을 달성할 수 있습니다.

매년 3월 2일 학생들을 처음 만났을 때 강조하는 것 첫마디가 이렇습니다.

"선생님은 공부도 잘하고 생활태도도 모범적인 학생들노 사랑하지만, 그동안 공부를 제대로 안 해왔고 생활태도도 좋지 않은 학생들을 위해 더욱 많은 배려를 하고 싶습니다. 특히 여러분들을 괴롭히거나 눈살을 찌뿌리게 하는 학생들을 위해 여러 가지 방법으로 그들을 변화시켜 보고 싶은 것이 선생님의 제 1차적인 소망입니다. 사실 훌륭한 선생님은 스스로 잘 알아서 하는 학생들을 잘 교육시키는 것도 좋지만, 변화하기 어려운 학생들을 올바르게 이끌 수 있는 열정과 실력을 가지고 있어야 하지 않겠어요? 여러분들의 생각은 어떤가요?"

이렇게 결연한 교육자로서의 의지가 담긴 말을 할 때면 마음 깊은 곳에서 솟아나는 진정한 눈물로 목이 메입니다. 그것은 아마도 마음 깊은 곳에 위치한 교사로서의 소명의식이 표출되어 스스로 마음이 움직이는데 대한 응답이라고 생각했습니다. 교사로서 근무하다보면 정말이지 너무도 좋지 않은 생활태도로 인해 수차례 교육을 해도 변화하지 못할 것 같은 안타까운 학생들을 자주 만납니다. 해마다 그러한 학생들과 함께 생활하는 축복(?)을 받아오고 있고 또 대다수의 교사들이 다양한 유형의 어려움을 간직한 학생들을 지도하고 있을 것입니다. 그 학생들은 정말이지 가장 낮은 수준의 상식만 있어도 하지 않을 말과 행동을 하여 학급의 분위기를 어지럽게 만들어 갑니다.

초등학생이나 중등학생들에게 지능지수인 I.Q와 더불어 감성지수인 E.Q가 우리 생활이나 사회 전반에 걸쳐서 얼마나 중요한 것인지 일어나는 상황마다 감성지수의 요소를 곁들여서 설명을 해 주려고 노력합니다. 학생들은 감성지수에 대해 어렴풋이 알고 있는 것 같았습니다. 얼마 전 미국의 카아네기 재단에서 연구한 결과 미국 내 성공한 사람들 중 80% 정도가 지능지수가 뛰어난 사람보다는 감성지수가 우수한 사람들이었다는 것을 발표한 적이 있습니다. 비단 미국 뿐만 아니라 어느 나라 어느 사회에서든지 통용될 수 있는 결과라고 생각합니다. 바로 이러한 이론을 근거로 하여 학생들을 설득하기에 이릅니다.

"여러분, 우리 학급에 ○○라는 친구가 있는 데 그 친구를 여러분들의 수준으로 이해해서는 그 친구를 변화시킬 수 없고 그 친구 이외의 친구들도 행복한 학급의 분위기를 만들 수 없어요. 선생님이 강조하고 싶은 감성지수는 쉽게 표현하면 네 가지 요소로 구성되어 있어요. 나를 이해 하고 나를 발전시키며, 상대방을 이해하고 상대방이 올바르게 변화시키 도록 도와주는 것이지요. 따라서 오히려 우리들은 우리 학급의 ○○라는 친구 덕분에 그 친구의 성격을 파악하고 여러분 자신들이 그 친구와 더불어서 무리없이 생활하는 힘을 기르게 되는 것이지요."

물론 이 때에는 화제가 되는 학생에게 심부름을 보내 놓고 그 친구가 교실에 없는 상태에서 그 친구의 장점과 상황을 애정이 깃든 시각으로 설명하는 것이 좋습니다. 이렇게 '사람들 사이의 관계에 대한 철학과 적응 방법'에 대하여 여러 차례 강조하고 디베이트 주체를 정할 때에도 이와 같이 '약자 우선 배려의 원칙'을 적용합니다. 어느 덧 학생들의 심성과 학급의 분위기가 변화하여 담임교사에게 뿐만 아니라 예체능을 비롯한 여타의 교과담임교사들로부터 '친구들끼리 서로가 서로를 이해하고 이끌어 주는 마음이 따뜻하고 명랑한 학급'이라는 평가를 받게 됩니다.

교육 일선 현장에서도 경험을 통해 터득한 진실이 있습니다. 학생들은 더불어 살아가야 한다는 사실을 알고 있습니다. 소위 이론적인 윤리가 갖추어져 있다는 것이지요. 하지만 그러한 윤리를 생활현장에서 상황마다 특히 갈등상황마다 어떻게 판단하고 행동해야 하는지 제대로 알지 못하는 경우를 수시로 목격합니다. 실천 윤리인 '도덕'이 제대로 갖추어져있지 않았다는 것입니다. 우리 사회에서 오래도록 성공과 행복을 유지하는 비법인 '도덕적인 삶'을 가꾸어야 한다고 생각합니다. 학생들에게도 강조합니다. 가장 중요한 교과목이 바로 '도덕'이라고 말입니다. 후배 선생님들이나 학부모님들에게 말씀드립니다. 아이들은 올바르고 바람직한 행동에 대하여 한 번 말했다고 실행에 옮겨지는 것이 아니라 수시로 구체적으로 인정과 격려, 꾸중이 필요하다는 것을 말입니다. 일관된 생활지도와 훈련을 통해 확고하게 기본이 바로 된, 기초가 튼튼한 '사람'이 양육된다는 사실을 강조하곤 합니다.

디베이트 학습 주체를 정한 후 학생들을 적극적으로 도와주자.

디베이트 수업의 주체들이 정해지고 나면 학생들은 조장을 중심으로 성공적인 토론수업이 이루어지도록 자료를 찾으면서 의견을 나누는 작업들이 활발하게 진행됩니다. 물론 교사는 논제와 관련된 교과 과목, 토론수업일자와 수업시간대, 찬성측과 반대측, 베스트 디베이터, 판정 점수, 새롭게 느끼거나 알게 된 점 등의 항목이 적혀 있는 디베이트 학습지를 미리 나누어 줍니다. 학생들은 의견과 그 의견을 뒷받침하는 근거와 자료들을 학습지에 기록을 하면서 약 일주일에서 열흘의 기간 동안 각자가 또는 각 측 팀별로 활발하게 의견을 교환하고 자료를 준비합니다.

교사는 국어시간이나 도서관에 가는 시간을 이용하여 각 팀별로 모여서 의견을 교환하는 시간을 갖도록 해 줍니다. 컴퓨터 시설이 갖추어져 있는 학교라면 담임교사가 함께하는 가운데 논제에 알맞게 찬성측이면 찬성측에 해당하는 의견과 자료 검색, 반대측이면 반대측에 해당하는 의견과 자료를 검색하는 분위기를 조성해 주면 너무 좋아합니다.

그리고 도서관에 있는 각종 문헌들을 펼쳐놓고 자료를 검색하여 나름대로 재구성하는 모습을 보고 있노라면 교사로서 마음이 매우 뿌듯합니다. 학생들 스스로도 이제 공부하는 방법을 터득하고 스스로 학습주체로서의 자부심과 보람을 가지는 계기가 마련되고 있기 때문입니다.

사실 본격적으로 디베이트 학습을 시작하기 전에는 학생들의 대부분이 의외로 인터넷을 이용하여 자료를 검색하는 것을 즐기는 경우가 드물었다는 것을 알고 놀랐습니다. 학부모님들의 기본적인 인식이 인터넷은 학습활동의 보조도구로써 보다는 오락기능이 더욱 많은 것으로 알고 있는 것 같았습니다. 대부분의 경우에 학생들은 컴퓨터로 게임을 하는 깃으로 많이 이용하였기 때문에 각 가정에서도 학부모님과 갈등이 많았다고 합니다. 가정에서 자녀들이 토론 논제와 관련된 자료를 검색한다고 그다지 신뢰를 보내주시지 않았기 때문이지요. 하지만 시간이 흐르면서 자녀들이 인터넷을 이용하여 검색한 자료들과 그러한 자료들을 이용하여 나름대로 정리한 학습지를 보시게 되고 나서부터는 학부모님들도 함께 자료를 찾는 데 협조를 아끼지 않으시고 논제에 대하여 자녀들과 의견을 교환하는 우호적인 디베이트 파트너로 변화하게 됩니다.

"모든 길은 로마로 통한다."라는 말이 있듯이 "모든 공부는 디베이트 학습으로 통한다."라는 말도 성립된다고 생각합니다. 왜냐하면 디베이트학습을 통해서 하워드 가드너가 주장한 다중지능이론에 의한 다방면의 지능이 계발되기 때문입니다. 학생들 스스로가 대견스럽게 느낄 수 있도록 학생들의 조련사인 교사는 디베이트 학습을 앞두고 학생들의 준비과정에서부터 세심한 수고를 아끼지 말아야 합니다.

논제에 대한 이해가 끝나면 찬성측과 반대측에 속한 학생들은 모두 자기측에 속한 의견과 자료들 뿐만 아니라 상대측이 주장할 것으로 예상되는 의견과 자료들도 함께 준비해야만 합니다. 왜 그렇게 해야만 할까요? '디베이트의 꽃'이라고 일컬어지는 '반론 단계'에서 상대측에게 공격을 해야 하고 상대측의 공격에 대하여 멋지게 방어를 해야 하기 때문입니다.

교사는 각 팀의 조장으로 하여금 입론과 반론, 최종변론 단계에서 발표해야 할 학생들을 배정한 것을 확인해야합니다. 그리고 각각의 학생들에게는 각 단계에서 발표할 의견과 자료들을 준비하게 합니다. 학습지에는 여러 가지 논점에 걸친 의견들이 기록되어 있어야 합니다. 그 중에서 자기가 속한 팀의 조원들과 모여서 조정을 할 때 발표할 의견들이 겹치지 않도록 해야 하는 것이 필요합니다. 근거나 이유 등을 제시하면서 의견을 발표할 때, 최소한 15초 정도 이상이 되도록 별도의 용지에 기록하게 하고 자기 스스로 자료를 제시하는 타이밍을 맞추도록 도와줍니다. 그야말로 학생들이 독립적인 멘트를 작성하도록 도와주는 것입니다. 그 내용을 가능한 이해하고 암기하여 상황에 알맞은 표정이나 신체언어를 이용하여 설득력 있게 발표하게 하는 것입니다. 소위 '총체적 언어학습'이 이루어지는 것입니다. 이 때 '메라비언의 법칙 The Law of Mehrabian'에 대한 설명을 충분히 해 줍니다. 미국의 심리학자 알버트 메라비언이 1971년에 처음으로 주장한 것으로 사람들 사이의 커뮤니케이션에는 말, 목소리, 태도라는 세 가지 요소가 있는데 호의나 반감을 나타낼 때, 말로써 이야기 하는 것과 목소리나 태도에 모순이 있으면 사람은 목소리와 태도를 신용하는 비율이 높다는 법칙입니다. 예를 들면, 좋고 싫음이라는 인상은 '말이 상대에게 주는 인상 7%', '말투나 목소리가 상대에게 주는 인상38%', '표정과 태도가 상대에게 주는 인상55%의 비율로 결정된다는 것입니다. 즉 말보다는 비언어적인 커뮤니케이션 쪽이 훨씬 더 강한 인상을 준다는 것을 알아낸 것입니다. 이러한 메라비언의 법칙을 최대한 응용하여 디베이트 수업에서도 자신의 의견을 발표할 때에는 내용과 더불어 말 뿐 아니라 말투와 목소리 및 표정, 태도를 주장에 알맞게 하도록 노력해야 한다는 것입니다. 디베이트 수업을 대비하여 국어 시간이나 아침자율학습 시간, 점심 시간, 가정학습 시간 등에 학습지와 자신이 발표할 내용들을 기록하면서 연습하는 모습은 서로에게 신선한 자극과 격려가 됩니다.

특히 각 팀의 조장에게는 입론을 5분이라고 한다면, 5분을 초단위인 300초로 환산하여 가능한 여러 명의 친구들이 의견을 발표하도록 격려하고 함께 의논하도록 훈련시킵니다. 입론에 주어진 5분 즉 300초에 한 학생당 20초를 할애한다면 대개의 경우 15명 정도가 발표할 수 있기 때문입니다. 시간도 시간이지만 논제에 대한 다양한 논점을 세부 논점으로 잘게 나누어서 의견과 그 의견을 뒷받침하는 근거나 자료들을 준비하게 하는 것이 중요합니다. 물론 각 그룹의 조장을 통해서 함께 논의하는 것이 좋습니다. 그래야만 주장하는 내용들을 학생들의 기호나 수준에 알맞게 분배될 수 있기 때문입니다. 이 때 세부논점들이 12개 정도로 나누어 지지 않는다면 발표내용을 강조하는 뜻에서 중복될 수도 있습니다. 앞의 학생과 중복된 내용들을 발표할 때에는 "앞에서 ○○가 발표한 내용과 같이 저도 ~~한 것이 매우 중요한 것으로 다시 한 번 강조하고 싶습니다." 왜냐하면 양측에 모두 중요한 논점들에 대하여 한 번 더 발표하고 듣게 된다면 토론이 더욱 활발하게 진행되는 순기능을 할 수도 있기 때문입니다.

디베이트 수업하는 장소가 마치 국제회의장의 분위기가 나도록 각자가 여러 가지 재료들을 이용하여 만든 삼각기둥에 자기의 이름을 멋지

디베이트 학습 주체를 정한 후 학생들을 적극적으로 도와주자.

게 써서 명패를 꾸미는 숙제를 내주거나 학교에서 제작합니다. 그것을 자신이 앉아 있는 책상의 앞부분에 놓고 토론 학습에 참여하게 되면 학생들 모두 보다 진지하고 자긍심이 넘치게 만들어 주는 분위기기 조성됩니다.

디베이트 학습을 하기 전에는 대부분의 경우 학생들이 수업시간에 학습 주체라기보다는 선생님들로부터 정보와 지식을 일방적으로 전달받아온 학습의 객체로서 지내온 것이 상례였을 것입니다. 하지만 디베이트 수업에서는 자신들이 학습의 주체가 되어 독립적인 인격체로서 당당하게 의견을 발표하고 자신과 다른 의견들에 대하여 반론을 제시해 보는 그야말로 황홀한 지적 체험을 경험하게 되는 것입니다.

디베이트 수업을 본격적으로 시작하기 전에 반드시 해야 할 일들 중의 하나가 디베이트 수업 장면이 담긴 것 중에서 모범적인 모델일 될 만한 동영상을 보여주면서 디베이트 수업을 하는 방법을 익히게 하는 것입니다. 이론으로써가 아니라 실제로써 익히게 하는 것이 효과가 훨씬 크기 때문입니다. 주의할 점은 디베이트 대회를 하는 모습이 아니라 학급 구성원 모두가 참여하는 수업 동영상을 보여주는 것이 훨씬 효과가 좋습니다. 디베이트 수업장면이 담겨있는 동영상을 학생들과 함께 보면서 가능하면 선생님이 단계별로 장면 장면 마다 학생들이 지녀야 할 태도와 발표 요령 등에 대하여 적절한 설명을 해 주면 이해가 빠릅니다.

"야, 저 학생들 좀 보세요. 듣는 모습이 어떠한가요?"

"발표를 할 때 의견을 읽고 있나요?, 아니면 말하고 있나요?"

"디베이트 학습은 의견을 듣고 자신의 생각이 적힌 메모를 읽는 것이 아니라 상대측을 바라보면서 딱 부러지게 말을 하는 것입니다. 그렇게 되기 위해서는 자신이 발표하고자 하는 의견을 완전히 이해하고 소화시켜서 암기가 되어 있어야 하고 반박을 당해도 정당하게 대답을 할 수 있기 때문이지요."

특히 공개수업을 앞두고는 상대측이 알지 못하도록 하기 위해 찬성측이 발표내용을 차례차례 발표할 때 반대측은 도서관에 가서 자료를 찾도록 합니다. 각 단계에 배당된 시간 내에 발표내용을 경청하고 지적한 사항들을 지저해 주며 준비가 잘 된 학생들은 칭찬을, 부족한 학생들에게는 이제까지 준비한 것으로 봐서 조금만 더 노력하면 최고로 잘할 수 있다는 위로와 격려를 아끼지 말아야 합니다. 처음 시작할 때 이러한 방법으로 교사가 안내해 주면 그 다음 부터는 학생들 스스로 척척 알아서 잘 해내고 교사는 각 팀의 조장들에게 진행사항을 점검하기만 하면 됩니다. 왜냐하면 교사가 너무 세세히 관여하게 되면 팀별로 협의하면서 문제를 해결하는 즐거움을 학생들로부터 빼앗아 올 수 있기 때문입니다.

의견을 발표하는 것 중에서 언어로 된 것과 더불어 앞에서 설명 드린 대로 어떠한 자료들을 준비하고 있는지에 대하여 최소한으로 점검합니다. 가능하면 각 그룹 당 5~6개 정도의 자료가 활용되면 디베이트 수업이 훨씬 입체적이 되고 흥미진진하게 전개되는 것을 볼 수 있습니다. 통계 자료나 사진 및 그림 자료 등을 활용할 때에도 가능한 정성껏 우드락이나 하드보드지에 붙이고 크기도 많은 학생들이 볼 수 있을 만큼 크게 확대하도록 제작할 것을 안내해 줍니다. 그렇지 않은 경우에는 학

디베이트 학습 주체를 정한 후 학생들을 적극적으로 도와주자.

급의 교사 책상 앞에 있는 실물화상기를 이용하게 합니다. 이때에는 자신이 발표할 차례 이전에 미리 나와서 준비하고 있다가 자신의 순서가 되었을 때 발표를 해야 시간이 절약됩니다.

교사도 디베이트 수업 순서도를 파워포인트를 이용하여 각 장면마다 세 단계 정도가 들어가게 만들어 놓고 수업시간에 마우스 포인터를 이용하여 다음 단계로 이동하게 하고 오프라인으로 순서도를 만들어서 칠판 앞에 붙여 놓고 토론 학습 분위기를 북돋워주면 디베이트 수업이 더욱 흥미진진하고 진지하며 열띤 분위기에서 이루어지게 됩니다.

토론 학습의 형태에 따라서 논제의 종류가 다르다.

대립형 토론에 어울리는 논제

대립형 토론은 PMI 기법을 활용한 토론, 찬반대립 토론, pro-con 토론 등이 있습니다. 대립형 토론은 견해가 나뉘는 논제를 다루고 어느 한쪽으로 의사를 결정해야만 합니다.

첫 번째 정책논제입니다. 사실과 가치 판단에 기초하여 행동의 변화를 추구하는 것을 대상으로 합니다. 주로 새로운 정책을 계획하는 단계에서 '~을 할 것인가?' 또는 '~을 하지 말 것인가?'를 묻는 형태의 논제입니다. 학급이나 학교, 나아가서 시민으로서 취해야 할 정책에 대한 진술로 이루어집니다. 제 3자 입장이 되어 토론을 하게 되므로 정체성과 인격을 보호 받을 수 있으며 동시에 반박을 날카롭게 해도 상대측의 인격이나 감정을 해치지 않게 됩니다. 또한 근거나 예 등의 자료를 찾을 수 있고 문제 해결을 위한 창의적인 대안을 얼마든지 제시할 수 있어서 학교토론에서 많이 다루고 있습니다. 이러한 정책논제의 예들은 다음과 같습니다.

- 학생들이 휴대폰을 교내에 가져와 사용하는 것을 허용해야 한다.
- 일본은 강제로 빼앗아간 우리의 유물을 돌려주어야 한다.
- 초 · 중학교 학생들에게 전면 무상급식을 실시해야 한다.

두 번째 가치논제입니다. 자신의 가치 판단 즉, 가치를 검증 하는 논제입니다. 옳고 그름이나 가치가 있는지의 여부를 묻는 형태입니다. 가치논제는 토론자의 인격과 매우 밀접한 관계가 있기 때문에 교사가 임의로 입장을 정해 주기보다는 학생 스스로 자신의 가치 판단에 의한 선택이 바람직합니다. 토론을 통해 자기 신념을 수정하거나 다지기, 유지하고 발전시켜 민주시민을 육성 시키는 기회가 되도록 해야 할 것입니다. 혹시 올바른 가치탐구에 어울리지 않는 입장의 학생들이 토론에서 승리했을 경우에는 토론이 끝난 후 감상문을 쓰는 순서 전에 교사나 학부모님은 무엇이 학생 자신이나 사회에 올바른 가치인지 확실하게 바로 잡아주는 것이 매우 중요합니다. 가치논제의 예에는 다음과 같은 것들이 있습니다.

- 초등학생들이 조기유학을 가는 것은 좋은 일이다.
- 짝은 선생님이 정해주는 것이 좋다.
- 선행을 한 사람에게 반드시 칭찬을 해 주어야 한다.

세 번째, 사실논제입니다. 어떤 사실의 존재 유무를 다루는 형태로서 토론과정에서 복잡한 인과 관계를 전문가의 증언과 사료의 고증, 과학적 실험결과 등을 총동원해야 합니다. 미래의 사실에 대하여 토론을 하기 위해서는 너무도 많은 정보와 사실여부를 확인해야 하고 귀납적인 추론을 과학적으로 해야 합니다. 법정 토론심문 과정에서 많이 다루어지며 교육 토론에서는 어려움이 많습니다.

- 인터넷으로 인하여 현행 학교교육의 구조적인 변화가 있을 것이다.
- 조기영어 교육은 모국어 습득에 방해가 된다.
- 체육수업 감축은 초등학생들의 체력을 저하시킨다.

수렴형 토론에 어울리는 논제

수렴형 토론에 어울리는 논제란, 의견을 하나로 모으려는 것이 목적인 토론에 알맞은 논제를 말합니다. 수렴형 토론에는 피라미드식 토론, 만장일치제 토론, 학급어린이회의, 최선안 선택을 위한 토론 등이 있습니다. 여러 의견이나 입장에 대하여 토론하고 나서 최종적으로 하나의 의견으로 귀결을 지어야 하는 논제입니다. 토론이기도 하지만 토의에 가까운 토론입니다. 예를 들면 다음과 같은 논제가 수렴형 토론에 어울리는 것입니다.

- 토끼들의 먹이창고를 어디에 짓는 것이 좋은가?
- 학예회에서 우리 반은 무엇을 할 것인가?
- 아침자습으로 가장 적절한 것은 무엇인가?

확산형 토론에 어울리는 논제

확산형 토론에 어울리는 논제란, 다양한 견해나 정보를 얻기 위한 토론에 어울리는 논제입니다. 확산형 토론에는 패널 토론, 원탁토론 등이 있습니다.

- 《우리들의 일그러진 영웅》에서 가장 큰 피해자는 누구인가?

토론 학습의 형태에 따라서 논제의 종류가 다르다.

- 어쩔 수 없이 죄를 지은 사람에게 용서와 법은 얼마큼씩 적용해야 하는가?
- 꿈을 이루기 위해 초등학생으로서 반드시 갖추어야할 태도는 무엇인가?

심화형 토론에 어울리는 논제

심화형 토론에 어울리는 논제는 논제 자체를 해결하는 것뿐만 아니라 그 이외의 목적을 위해 하는 토론의 논제입니다. 심화형 토론에는 개념 탐구를 위한 토론, 질문을 만들기 위한 토론, 사고 기술을 훈련하기 위한 토론, 연속질문 기법에 의한 토론, 소크라테스식 문답법 등이 있습니다.

- 아무 흔적도 남기지 않은 것이 올바른 삶일까?
- 《아낌없이 주는 나무》에서 나무는 정말 행복했을까?
- '자존심' 이란 무엇인가?

논제를 이러한
방법으로 제시한다.

디베이트 수업의 논제는 수업을 실시하기 전 일주일이나 열흘, 혹은 2주일 전에 제시해 주면 좋습니다. 그렇게 해야 학생들이 충분한 시간을 가지고 자신들이 주장하고자 하는 의견들과 그 의견을 뒷받침하는 근거 자료들을 찾을 수 있으며 같은 팀의 구성원들과 전략을 짜고 의견을 나눌 수 있는 시간을 확보할 수 있기 때문입니다. 학생들은 자기가 찾아가는 자료의 양과 질을 보고 많이 놀랍니다. 그야말로 널려있는 '자료'들을 관심을 갖고서 찾아서 알게 될 때 '정보'로 탈바꿈 하게 되는 것이지요. 지도교사는 학생들이 '정보'의 수준에 만족해서는 안 된다는 것을 강조합니다. 정보들을 잘 분석하고 종합하여 자기 자신이 자유자재로 이용할 수 있는 단계인 '지식'의 수준으로 끌어 올려야 한다는 것을 강하게 인식시켜 주어야 합니다. 흥미로운 사실은 디베이트 수업을 거듭할수록 평소에는 그다지 학습활동에 열정을 보이지 않았던 학생들이 한 명씩, 한 명씩 나누어진 학습지에 찾아낸 자료들로써 빼곡히 채워지고 그렇게 조사하면서 학습한 내용으로 자신도 놀라고 바라보는 친구들과 선생님들이 놀라서 마침내 베스트 디베이터로 변신한 사례를 수없이 볼 수 있다는 것입니다. 그러한 자신감이 다른 공부 방법으로 전이되어 주지 교과나 예체능 교과 전반에 걸쳐서 우수한 성적을 거두는 데 기반이 되었습니다.

초등학교 3학년 5개 반 전체 학생들과 선생님들 앞에서 모델이 될 만한 디베이트 수업을 끝내고 수업에 참여했던 학생에게 소감을 물어보았습니다. 매우 유머러스한 3학년 김준동 어린이가 유행가 가사를 인용해서 이렇게 발표하여 중강당에 수업을 보기 위해 참석해 있었던 5개 반 학생 전체를 웃음바다로 만든 적이 있습니다. "디베이트 학습은 한 마디로 죽여 줘요!"라고 말입니다. 이러한 과정을 여러 번 거치면서 학생들은 소화된 정보인 '지식'을 지닐 때 흥미진진한 디베이트 수업을 할 수 있게 됩니다.

그리고 다양한 논제를 가지고 디베이트 학습을 하게 되면 가장 높은 수준의 단계인 '지혜'를 터득하게 됩니다. 우리 인간과 생태계 구성원 모두가 행복한 지식으로써 과거와 현재 그리고 미래까지 펼쳐지는 종단적인 개념과 한국을 비롯한 전 세계인들에게 도움이 되는 횡단적 개념으로서의 지식인 '지혜'를 쌓아가게 됩니다. 사실 인류사회에서 크게 기여한 사람들은 이러한 지혜를 찾아내고 실천했었던 공통점이 있다고 생각합니다. 그래서 디베이트 수업은 자료와 정보를 지식과 더 나아가 지혜로 만들어 주는 마법과 같은 역할을 톡톡히 해 줍니다.

디베이트 수업을 수차례 하다보면 학생들은 어느 정도 디베이트 수업의 흐름과 방법을 알게 됩니다. 이렇게 학생들이 디베이트 학습에 대한 수준이 높아졌다는 확신을 갖게 될 때에는 논제를 1주일이나 열흘 전에 미리 제시하지 않고 수업이 시작하기 10분 전에 논제를 제시하고

수업을 해 보면 디베이트 수업이 그 나름대로 매우 흥미 있다는 것을
알 수 있습니다. 물론 사회자와 판정인, 찬성측과 반대측이 미리 정해
져 있는 것이지요. 외국의 디베이트 수업이나 대회의 사례들을 살펴보
면 두루마리에 적혀있는 논제들 중에서 그 수업이나 대회에서 비중 있
는 사람으로 하여금 직접 논제를 뽑아서 제시하고 디베이트 수업이나
대회를 실시하는 것을 볼 수 있습니다. 이러한 경우에는 그야말로 학생
들의 생생한 배경지식 수준과 핵심지식 수준이 여실히 드러납니다. 의
외로 재미있습니다. 다시 한 번 말씀드리지만 이럴 때에도 디베이트 학
습에 대한 충분한 소양과 훈련이 되어있을 때 가능한 것입니다. 가정에
서도 다양한 논제로 즉석에서 논제를 제시하여 식사시간이나 여행을
가는 차 내에서 디베이트를 해 보아도 좋을 듯합니다.

디베이트 학습의 초창기에는
이러한 논제들이 좋다.

설레이고 한편으로는 다소 부담되는 마음을 가지고 처음으로 디베이트 수업을 시작하게 된 학생들은 정해진 논제를 가지고 자신들이 스스로 말하고 들으면서 상대방을 설득하는 가운데 놀라운 희열을 만끽하게 됩니다. 학교에서는 한창 뛰고 놀아야 하는 학생들이 교실이라는 공간에 갇혀서 새로운 내용의 지식들을 이해하고 암기하는 힘든 노동에 시달리고 있다고 생각합니다. 그래서 학생들의 로망 중 제 1위에 랭크되고 있는 것이 소위 '자율체육'이라는 것입니다. 학생 자신들이 좋아하는 운동경기들을 직접 기준을 만들어서 경기를 하는 것인데, 남자 학생들은 대개 축구나 농구를 하고 여학생들은 피구나 줄넘기 등의 운동을 즐겨합니다.

디베이트 수업에 있어서 사회자인 선생님은 어느 쪽 편도 들지 않고 정해진 시간대로 진행을 하며 진행 순서와 각 단계별로 배정된 시간 정도만 알려주는 역할을 한다는 면에서 운동장에서 할 수 있는 최고의 인기 메뉴인 '자율체육'에서의 심판과 같다고 할 수 있습니다. 많은 학생들은 디베이트 수업을 알기 전에 해왔던 '자율체육'을 간절히 기대하듯이 디베이트 수업도 목을 쑥 빼놓고 기다리기도 합니다. 학부모님들과 상담을 해 보면 가정에서 나누는 대화의 내용들 중에는 학교에서 있었던 화제 거리 가운데 가장 많은 비중을 차지하는 것이 디베이트 수업이었습니다. 그리고 일기의 단골 메뉴로 등장하는 것이 바로 디베이트 수업 및 디베이트 수업 준비단계와 끝난 후 소감이었습니다.

교사 스스로 수업을 실행 해 본 경우와 주변 교사의 디베이트 학습에 대한 물음을 통해서 알게 된 것이 있습니다. 학교에서나 가정에서 디베이트를 경험했던 많은 분들이 이구동성으로 "동물원의 원숭이가 야생의 원숭이 보다 더 행복하다."의 논제가 최고였다고 이야기 합니다. 초등학교 1학년부터 중학교 아니 고등학교 학생들까지 논제를 설정하여 디베이트를 해 보아도 전혀 손색이 없을 것으로 확신하는 논제입니다. 이러한 논제는 물론 개개인의 주관적인 관점에 따라서 다양한 논점**이야기 거리**이 제시될 수 있는 가치논제에 해당합니다.

초등학교 1학년들을 대상으로 디베이트 수업을 해 보았습니다. 초등학교 1학년들에게는 입론이니 반론이니 최종변론과 같은 전문 용어는 가능한 나중에 이야기 해 주고, 동물원에서 생활하는 원숭이와 야생에서 생활하는 원숭이들 중에서 누가 더 행복한지에 대하여 편을 나누어서 한 쪽이 이야기 하면 다른 쪽에서 한 번씩 이야기 하는 식으로 진행을 했습니다. 물론 자기측의 이야기를 하는 가운데 소위 상대측 학생들이 말한 내용들 중에서 못마땅하다고 생각한 내용들에 대해서는 반론도 하는 학생이 있었습니다. 순수함의 극치인 1학년과 2학년 어린이들의 경우에는 감정조절이 제대로 되지 않아서 토론을 하는 도중에 논점에 따라 얼굴이 붉그락 푸르락 해 지면서 그들이 생각하고 경험해 온

디베이트 학습의 초창기에는 이러한 논제들이 좋다.

세계관과 가치관을 기반으로 하여 다양한 이야기들을 쏟아 놓습니다. 말하는 학생이나 듣는 학생 할 것 없이 모두 너무도 재미있어 합니다. 누군가가 지적했듯이 인간은 말하기를 즐기는 존재인가 봅니다. 이러한 장면을 목격하면서 떠오르는 생각은 인간은 아무래도 '호모 로쿠엔스'라고 지칭할 수 있겠다 싶었습니다. 3학년 학생부터는 디베이트 수업의 절차대로 진행해도 별 무리가 없었고, 특히 위에 제시한 논제는 시간을 꽉 채우고 만족 해 하며 디베이트 학습에 남다른 묘미를 느끼고 있는 것을 발견할 수 있었습니다. 디베이트 수업이 끝나고 감상문을 쓴 결과들을 살펴보면 아이들이 하나같이 "디베이트 수업이 이렇게 재미있는 줄 몰랐다. 다음에 또 다른 논제로 디베이트 수업을 빨리 했으면 좋겠다."고 합니다. 심지어 아빠의 직장이 이전되어 지방으로 전 가족이 이주하여 전출을 해야 할 상황인데에도 불구하고 디베이트 수업을 하기로 예정한 날이 남아 있으면 전출 예정 일자를 4~5일이나 미루고 디베이트 수업을 하고서 전출하는 학생이 있을 정도였습니다.

주로 6학년과 5학년 담임교사로서 고학년 학생들을 대상으로 디베이트 수업을 해 보았고, 중학년이나 저학년의 경우에는 논리적인 사고나 자신의 과거 경험과 비교하여 사리분별을 해 보는 '형식적 조작기'에 있지 않았기 때문에 디베이트 수업은 성공하기가 어려울 것으로 예상했었습니다. 그렇지만 그러한 예상이 빗나갔습니다. 3학년 담임교사가 되어 2시간 정도의 오리엔테이션을 통해서 디베이트 학습에 대한 개략적인 설명과 함께 학생들이 했던 동영상을 보여준 뒤 '기대 반 우려 반'으로 선생님들을 모셔놓고 공개수업을 실시해 보았습니다. 선생님들의 반응이 어떠했을까요? 조금도 과장해서 말씀드리지 않아도 "자신들이 발표하는 의견들이 고학년처럼 논리정연하거나 깊이는 덜하더라도 반 전체의 학생들이 모두가 흥미진진하고 그야말로 즐기면서 너무도 재미있게 참여하더라."고 평을 해 주었습니다. 두 번째로 권해드리고 싶은 논제는 "도시에서 생활하는 것이 시골에서 생활하는 것보다 더 행복하다."라는 것입니다. 자신들이 생활하는 공간의 다양한 속성들을 점검해 보고 잃어가고 있거나 부족한 점, 보완해야 할 점들을 정확하게 지적해서 여러 가지 자료들을 제시하면서 매우 흥미 있는 수업이 이루어집니다. 이 또한 가치논제의 하나입니다.

정책논제로서의 좋은 예시는 수업을 했을 때 생각의 폭과 깊이를 더해주는 흥미 있는 논제가 있습니다. "학교 급식은 학생들에게 꼭 필요하다."라는 것입니다. 개인의 기호를 크게 배려하지 않고 천편일률적으로 먹게 되는 학교 급식과 어머님의 따뜻한 정성이 깃들여져있는 도시락을 비교하는 것입니다. 학교 예산과 교육지원청 예산, 국가 예산 및 정치적인 관점까지도 고려해야 하는 논제입니다. 전체학생들에게 모두 무상으로 급식하는 논점까지도 고려하는 기회도 제공됩니다. 준비했던 자료의 종류와 분량이 학생들마다 매우 많았던 것으로 기억됩니다.

디베이트 수업 논제들의 예는 위에서 설명한 논제들 이외에도 무수히 많고 특히 처음에 하게 되는 논제는 학생들이나 자녀들과 여러 차례 상의하여 납득할 만한 상황에서 정한 뒤에 본격적으로 디베이트 수업을 진행하면 좋습니다. 디베이트 학습의 논제들을 각자가 생각하는 시간을 주고 포스트잇이나 다른 종이에 각자가 디베이트 학습의 논제로 했으면 좋을 것들을 5개 정도 씩 적어 내게 하면 학생들은 의외로 매우 유익하고 논점이 다양한 논제들을 적어 냅니다. 이 때 뿐만 아니라 수시로 선생님께 나와서 "선생님, ~~한 논제로 디베이트 학습을 해 보면

디베이트 학습의 초창기에는 이러한 논제들이 좋다.

어떨까요?" 와 같이 일상생활에서 논제를 떠올리는 습관이 형성되는 것을 찾아볼 수 있습니다. 사람들과의 관계에서도 첫인상이 중요하듯이 흥미 있고 처음 시도하는 디베이트 학습을 매우 흥미있게 진행하는 것이 좋습니다. 최초의 디베이트 수업장면이 이제까지의 학습형태와 다른 새로운 측면에서 자신들을 변화시켜주는 것으로써 오래도록 각인이 되어 많은 동기유발의 끈과 에너지를 제공해 줄 수 있기 때문입니다.

시사 및 논쟁문제의 영역과 탐색방법은 이렇다.

　논쟁 문제란 사회적으로 찬성과 반대의 의견이 나누어져 있고, 그 결정이 개인에게 영향을 주는 것으로 그치지 않는 것을 말합니다. 또한 논쟁문제는 사회의 다수에 관련되어 있으며 다수의 선택 가능한 대안 중에서 어느 하나를 결정해야 하는 문제를 말하며 '쟁점이 되는 문제', 또는 '공공문제'라고도 합니다. 이러한 쟁점들은 시사적인 분야 및 사회의 모든 영역에서 발생합니다.

　논쟁문제는 사람들이 서로 다른 가치에 근거를 두고 문제를 해결할 때, 그리고 우선순위를 달리하거나 해석을 달리할 때 발생하기 때문에 단순한 사실적인 정보를 모은다고 해서 쉽게 해결되지는 않는 특징이 있습니다. 이러한 논쟁문제는 몇 가지 단계를 거치게 되는데 이중에서 핵심적인 것이 토론의 단계입니다.

　논쟁문제를 일반적인 학교현장의 교육과정에 반영할 때 두 가지 절차를 통해 내용을 선정해야 합니다. 하나는 구체적인 논쟁문제 내용 영역을 어떻게 구성할 것인가 하는 것이며, 또 다른 하나는 논쟁문제를 학습내용으로 구성할 때 그 선정 준거에 관한 논의입니다.

여러 학자들이 논쟁문제 영역에 대하여 다양하게 정리하고 있습니다. 먼저 인권에 의해 야기되는 문제입니다. 이에는 노인문제, 기아, 아동학대, 인종차별, 소수집단, 여성해방 등과 같은 것들이 있습니다.

둘째, 경제적 불평등에 관련된 문제입니다. 빈곤, 취업과 실업, 불평등한 자원배분에 의해 야기되는 문제가 이에 해당합니다.

셋째, 소비 및 사회와 환경 관련 문제입니다. 지구온난화, 소비자 권리, 사형, 청소년범죄, 지방자치, 진화론, 안락사, 낙태, 피임, 성교육, 신흥종교집단, 공해 등과 같은 것들이 있습니다.

넷째. 전쟁 등의 문제가 있습니다. 핵문제, 평화문제, 테러리즘, 군비축소 등이 있습니다. 쟁점이 되고 있는 시사적인 문제들은 대부분 개인들이 일상생활 가운데 겪을 수 있는 작은 문제부터 전 지구적인 큰 문제에 이르기까지 골고루 퍼져 있습니다.

이러한 시사 및 논쟁문제들에 대하여 어떻게 탐색해야 할까요? 학교현장에서 유용하게 활용할 수 있는 방법이 있습니다. 얼핏 생각 해 보면 상식수준에 있는 것으로 여겨질 수 있지만 자칫하면 놓쳐서 후회할 수 있는 내용들입니다.

먼저, '이 논쟁문제가 학생들에게 관심이 있겠는가?' 를 고려해야 합니다. 교사들이나 학부모님들의 관심대상과 학생들의 관심대상이 항상 일치하지 않습니다. 지나치게 교사들과 학부모님들의 입장에서 '~을 해야만 한다.' 라는 당위當爲만을 주장하게 되면 학생들이 학습주체가 되어 하게 되는 논쟁문제의 토론수업을 시도하는 초반부터 실패하게 됩니다.

다음, 논쟁 문제가 학생들의 성숙도와 관련하여 충분히 탐구할 수 있는 수준이어야 합니다. 학생들의 학년이나 연령의 발달단계에 따라서 이해할 수 있는 수준이 다르기 때문입니다. 저학년으로 갈수록 구체적으로 경험할 수 있고 흥미가 많은 논제가 선정되어야 하고, 고학년으로 갈수록 너무 상식적이고 쟁점의 논의가 뻔한 것들 보다는 다소 추상적이면서도 논쟁거리가 되기에 어울리는 것들을 찾아내면 좋습니다.

그리고, 논쟁문제에 수많은 대안이 존재하여 학습자의 이해수준에 적절하고 충분한 학습 자료가 있는 것이어야 합니다. 논쟁문제가 가치관여적이거나 가치편향적인 경우에는 디베이트 수업을 시작하기도 전에 이야기 거리가 한쪽으로 편벽되어 있거나 문제해결책이 한쪽으로만 열려있게 되어 학습활동에는 어울리지 않습니다. 이러한 것들은 공통적으로 학습자료들을 찾기에 매우 궁색하여 학습자들에게 짜증을 불러일으키기 십상이기 때문입니다.

마지막으로 논쟁문제가 사회적으로 의미가 있고 실제 수업에서 다루어질 수 있어야 합니다. 논쟁문제가 지나치게 지엽말단적이어서 시간과 노력을 많이 할애하여 준비하는 데에도 불구하고 화제 거리로서 자격이 부족하거나 디베이트 수업에 참여하는 찬성측, 반대측, 판정인들에게 지루한 느낌을 주는 것들을 지양해야 합니다. 특히 우리 나라의 남북의 이념, 각 정당 간에 첨예하게 대립하고 있는 사안들은 가능한 학교 현장에서 논쟁문제로 다루는 데 매우 조심해야 합니다. 위의 네 가지 점들을 깊이 고려하여 논쟁문제를 선정해야 합니다.

특히 초등학교에서는 논쟁문제를 가르치는 것과 관련하여 학습자의 낮은 인지수준이라는 점을 고려해야 합니다. 이러한 수준에 적합한 기준들은 먼저 학생들이 그러한 논쟁문제에 대하여 '관심'이 있는 것이어야 합니다. 이러한 관심의 기준과 함께 채택되는 논쟁의 논제가 학습자의 발달수준에 적합한가라는 점과 학습 자료가 풍부한가 하는 점은 매우 중요한 준거기준이 됩니다. 디베이트 수업이 실시되기 전에 우선 가정에서 학부모님들, 주변에 있는 손위의 형제자매들과 더불어 논제에 합당한 의견들을 교환해 보는 것이 알찬 수업에 많은 도움을 줍니다. 학교에서 교육과정 설명회 때 학부모님들에게 디베이트 수업을 실시하기 전 논제에 대하여 가정에서도 활발하게 이야기 해 보는 것을 안내하고 디베이트 수업의 장점에 대한 의견을 나누는 것이 필요합니다. 이러한 활동들은 디베이트 수업을 더욱 활발하고 흥미 있게 진행하도록 만들어 주는 촉진제가 됩니다.

초등학교 사회과에서
토의 · 토론 관련
주제를 선정했다.

사회과에서 토의 · 토론이 중요시되는 이유는 고등사고능력을 길러주는 데 유용하기 때문입니다. 현대와 같은 지식기반사회에서는 정보와 지식을 어떻게 잘 활용하고 고급지식화 할 것인가가 핵심화두입니다. 설명식 수업은 교사가 설명하는 것을 들으면서 암기하고 이해하는 수준에서 끝나지만, 토의 · 토론학습은 다른 사람들의 의견을 경청하는 과정에서 '이해'의 사고를 사용하게 되고, 주어진 상황에서 자신의 생각을 발표함으로써 '적용'의 사고를 터득하게 해 줍니다. 또한 여러 가지 관점에서 바라본 의견을 듣고 그것이 주어진 논제의 어떤 요소적 위치를 사용하는지를 따져보는 '분석'의 사고를, 그리고 여러 의견들을 하나의 의견으로 '종합'하는 사고를, 또 여러 의견들을 '평가'하는 사고를 키워주게 될 것입니다.

이처럼 토의 · 토론학습은 고등사고능력을 자연스럽게 신장시켜줌으로 사회과에서 요구하는 목표에 도달하게 하는 데 큰 역할을 하게 됩니다.

초등학교 3학년에서 6학년까지 사회과 학습 단원을 살펴보면 많은 경우에 토의와 토론을 통해 학습할 수 있는 것을 쉽게 찾아볼 수 있습니다. 즉 '토의'는 어떤 주제에 대해서 여러 사람들이 서로 존중하며 경청하는 가운데 정보와 의견을 교환하여 그 주제에 대해 학습하거나 문제를 해결하려는 말하기·듣기 활동이라고 할 수 있습니다. '토의'보다는 좁은 의미의 개념인 '토론'은 토론 주제 즉, 논제에 대해서 서로 다른 주장을 하는 사람들이 논리적으로 자신이 옳음을 입증하는 것인 '논증'이나 자신이나 타인의 경험적 증거를 제시하여 입증하는 '실증'을 통해 자기의 주장을 정당화하여 다른 사람들을 설득하려는 말하기·듣기 활동입니다.

예를 들면 3학년 교육과정에서 나오는 우리 고장의 모습과 살기 좋은 우리 고장 단원에서 토의 주제를 추출해 보면 '내가 살고 싶은 고장과 그 곳에서 살고 싶은 이유'와 '2011년 우리가 살고 있는 고장에 설치되어 있는 시설과 직업들' 등과 같은 것들이 있습니다. 이러한 주제들에 대하여 토의해 보면 그 단원에서 요구하는 많은 학습 요소들에 대하여 토의학습을 통해 매우 흥미 있고 입체적으로 익힐 수 있을 것입니다.

4학년 사회과 교육과정에서 다루어지고 있는 새로워지는 우리 시·도 단원에서의 '쓰레기 처리장을 어느 곳에 지어야 하는 가?'와 같은 토의 주제로 학습을 해 볼 수 있습니다. 가정생활과 여가 생활 단원에서는 "학교 도서관에 만화책을 비치해도 학습활동에 도움이 된다."와 같은 논제를 가지고 토론 학습을 해 볼 수 있습니다. 위와 같은 논제를 사회과가 아닌 도덕과 및 국어과와 통합해서 확장된 "만화는 우리 사회에 매우 도움이 된다."라는 논제로 디베이트 수업을 해 보면 학생들이 몰입을 넘어서 중독되기 쉬운 만화읽기 현상에 대하여 다각적인 관점에서 생각할 수 있는 기회를 제공하게 됩니다. 이러한 논제들을 가지고 디베이트 수업을 하다보면 정말 신기하게도 자신이 하고 있는 여러 가지 행태들에 대하여 새로운 관점에서 바라보는 힘과 자신의 시간과 노력의 순위를 결정짓는 소위 '자기주도적 학습능력' 이 자연스럽게 향상되는 효과를 얻을 수 있게 되는 것을 확인할 수 있습니다.

5학년 사회과 교육과정을 살펴보겠습니다. 정보화 시대의 생활과 산업 단원에서는 "명절에는 한복을 입어야 한다."라는 논제와 "도시에서 생활하는 것이 농촌에서 생활하는 것 보다 더 행복하다."라는 논제로 디베이트 수업을 해 보면 무척 유익한 수업이 전개됩니다. 우리 겨레의 생활 문화 단원에서는 "점을 보는 것은 생활에 도움이 된다."라는 논제를 가지고 토론수업을 해 봄으로써 자연스럽게 우리나라 조상들의 생활모습과 현재 우리 사회의 모습을 나름대로 파악할 수 있고 올바른 가치관을 형성시키는 데 도움이 될 것입니다.

6학년 교과서에 소개된 '우리나라의 역사 교과' 에서 '우리 민족과 국가의 성립 단원' 에서는 "조선의 법은 어떻게 만들어 졌으며 현대 사회에서도 본받을 점들은 무엇인가?"라는 주제로 토의학습을 해 보는 것을 권하고 싶습니다. 더불어 '근대 사회로 가는 길 단원' 에서는 "흥선 대원군의 쇄국 정책을 잘 펼친 것이다." 라는 논제로 디베이트 수업을 해 보면 열띤 분위기에게 수업이 전개될 것입니다. 2학기의 '함께 살아가는 세계 단원' 에서는 "세계 여러 나라가 협력해서 해결해야 할 문제"라는 주제로 토의학습을 해 볼 수 있습니다. 그리고 "북한에게 비료를 지원해 주는 것이 평화통일에 도움이 된다."라는 논제는 도덕 교과와 주제 통합적인 요소가 있는 것으로써 수업을 해 보면 학생들이 한반도 통일에 대한 다양한 관점을 확인해 보는 기회를 가지게 됩니다.

또한 "일본의 문화를 전면적으로 받아들여야 한다." 라는 논제로 디베이트 수업을 해 보면 많은 경우에 일본 뿐만 아니라 세계 여러 나라의 정치, 경제, 사회, 문화, 교육, 컴퓨터, 지리, 기후, 역사 등에 대하여 많은 지식을 터득하게 되는 계기가 될 것입니다.

디베이트 학습 때 필요한 자료들은 이렇게 조사한다.

디베이트 수업을 위하여 필요한 자료를 조사하는 방법으로는 학생들이 가장 흔히 접하기 쉬운 것이 바로 인터넷을 이용한 자료 검색입니다. 인터넷을 이용하여 사진이나 그림, 속담, 격언, 명언 등을 검색하여 의견을 뒷받침하는 증거 자료를 손쉽게 제시할 수 있기 때문입니다. 그 다음은 문헌 자료 조사입니다. 집이나 도서관 및 서점에서 볼 수 있는 책이나 잡지, 신문 등을 통한 방법입니다.

디베이트 학습을 진행하다 보면 의외로 재미있는 일들이 다채롭게 펼쳐집니다. 고학년이나 중학년 할 것 없이 학생들이 자발적으로 큰 우드락이나 하드보드지에 논제와 그 해설을 적어 놓고 전교 학생들을 대상으로 찬성에 동의하는 지, 반대에 동의하는 지의 여부를 묻는 것이지요. 많은 학생들이 드나드는 현관 같은 곳에 스티커를 함께 놓아두고 직접 지켜서서 객관적인 의견을 알아봅니다. 이러한 설문 조사를 통해서 각종 그래프의 형태로 정리 된 통계 자료를 처리한 것을 보면 스스로 많이 놀랍니다. 그리고 디베이트 학습을 할 때 마다 그렇게 하다보면 학생들이 가장 많이 왕래하는 현관에 놓여진 논제를 통해서 학생들의 여론이나 비판적으로 생각하는 분위기 조성에 크게 기여하게 됩니다. 더 나아가서는 가정에서 가족들끼리의 단란한 대화를 유도하는 데 도움이 된다는 것입니다.

특히 디베이트 수업으로 인한 학생들의 능동적이고 적극적인 태도는 학교에서나 가정에서 구성원 모두 지적인 자극을 줍니다. 각 가족 구성원들이 생각하는 분위기와 참된 삶을 추구하는 가치 있는 계기가 될 수 있어서 그 파급효과는 매우 크고 폭발적인 영향력을 발휘하고 있습니다.

둘째, 국어과 교육과정에서 수차례 언급되는 면담과 인터뷰를 통한 자료 수집 방법을 활용하는 것이 좋습니다. 면담이나 인터뷰 자료와 비슷한 것으로 현장을 직접 촬영하여 자료로 제시한 한 예가 생생하게 기억이 납니다. 몇 년 전에 6학년 학생들이 디베이트 수업을 할 때의 전후에 발생했었던 일입니다. 그 때의 논제는 "만화는 우리 사회에 매우 유익하다."는 것이었고 김준경 학생은 반대측에서 자신의 주장을 펼쳤습니다. 그 학생은 부모님과 함께 만화방에 잠입하여 그 만화방의 환기 시설이나 만화책의 종류, 즐겨 읽는 만화책, 만화책을 읽을 때 손에 침을 묻혀서 넘기는 경우 등등을 세세하게 비디오로 촬영을 했고 CD에 저장해서 입론 단계에서 직접 보여주었던 것입니다. 그 학생에게 수업이 끝난 후 물어보았더니 만화로 인한 유해한 점들을 주장하는 근거 자료를 만들기 위해 부모님께서 100여 만원이나 되는 고급 캠코더를 직접 구입하셔서 함께 촬영하였고, 오랜 시간 동안 핵심장면들만 모으는 편집까지 하게 되었다는 것이었습니다. 나중에 알게 된 사실은 김 ○○

학생은 5학년 때 까지는 수업시간에 자신의 의견을 거의 발표하지 않았던 매우 소극적인 태도를 가지고 있었다는 것이었습니다. 하지만 디베이트 수업을 경험하게 된 이후로 친구들의 의견을 경청하면서 자신의 의견을 발표하는 즐거움과 자신감을 가지게 되었다고 합니다. 부모님의 말씀은 "우리 준경이가 이렇게 변화된 모습에 너무도 고마워서 온가족이 기쁘게 도우려는 목적으로 그와 같은 행동을 기꺼이 하게 되었다."는 것이었습니다. 디베이트 학습의 전도사로서 많은 소명의식을 가지고 있었기 때문에 동지를 만난 기분이었습니다.

셋째, 사실논세나 정책 논세에서 많이 하게 되고 가치논제 중에서도 필요하면 할 수 있는 현장 실태 조사를 통한 자료 조사 방법입니다.

넷째, 자료들 중에서 최고의 수준에 있는 것은 역시 '실물 자료' 입니다. 실물자료들을 적시적소에 활용했었던 좋은 예가 생각납니다. 수년 전에 "더러워진 자동차를 즉시 세차해야 된다."라는 논제를 가지고 디베이트 수업을 했을 때의 일입니다. 반대측에 있었던 김경동 학생이 준비한 자료가 기억에 생생합니다. 그 학생의 작은 아버지가 주유소를 경영하셨기 때문에 주유를 한 뒤에 자동 세차하는 경우를 여러 차례 눈여겨보았다고 합니다. 세차한 물들을 페트병에 담아 와서 그 더러운 물을 보여주면서 세차를 자주할 경우에 이렇게 오염된 물들이 된다는 것을 자료로 활용하였던 것입니다. 제대로 정화시키기 어려운 세제와 왁스가 포함된 물들이 발생하게 된다고 주장했습니다. 그러한 물들은 아무리 과학적인 방법으로 정화를 한다고 하더라도 하수처리장에서 강으로 바다로 흘러가게 되어 강과 바다가 오염되고 수생 생물들에게 좋지 않은 영향을 주게 됩니다. 결국에는 최종소비자인 사람들에게 농축된 상태로 건강을 해치게 된다는 것을 호소력 있게 주장하여 상대측의 사기를 꺾어 놓았습니다. 뿐만 아니라 아크릴판과 주유소에서 사용되는 자동세차 시설 중 일부인 굵은 플라스틱으로 된 실을 몇 가닥 잘라가지고 와서 아크릴판에 세차게 때려 보이는 것이었습니다. 왜 그렇게 했을까요? 물론 품질이 좋은 고급 세차시설은 아니지만 많은 경우에 이처럼 잦은 세차를 함으로써 차체에 흠집이 나고 페인트칠이 쉽게 손상되게 되어 차의 주인에게 경제적인 피해를 주게 된다는 것을 실증적으로 보여준 것입니다.

이렇게 실물자료를 제시하면서 자신들의 주장을 펼쳤던 반대측이 디베이트 수업에서 승리했고 이후에 많은 학생들도 의견을 뒷받침하는 실물자료를 많이 준비해서 수업시간에 활용하는 태도가 형성되었습니다.

디베이트 학습의 뿌리를 이해하자.

디베이트 학습 때 필요한 준비표를 작성해 보자.

토론 준비표는 토론 활동 1주일이나 10일 전에 나누어 주어서 학생들이 논제에 대하여 자기측과 상대측이 주장할 내용들에 대하여 양측 사고 논리적으로 표현할 기회를 갖는 데 도움이 됩니다.

입장	찬성측	논제	초등학생들에게 학원이나 과외공부는 필요하다.		
	의견		상대측의 예상되는 질문	반론	
1	학교에서 배우지 못하는 것들을 배울 수 있다.		그러한 것들이 어떤 것들인가?	음악이나 그림그리기, 각종 전문 운동들을 말한다.	
2	예습과 복습을 잘 할 수 있다.		꼭 학원이나 과외공부를 해야만 하는가?	혼자할 때 보다 더욱 효율적으로 할 수 있다. 부모님께서 안 계신 집에서는 정신이 산만해서 제대로 공부하기가 어렵다.	
3	독서시간을 많이 가질 수 있다.		오히려 독서시간이 줄어들지 않은가?	짧은 시간에 많은 공부를 하기 때문에 책을 읽을 시간이 오히려 많다.	

4	보다 깊이 있는 공부를 통해서 미래를 준비할 수 있다.	자기주도적학습을 하지 않으면 학습태도가 나빠져서 바람직한 미래가 되지 않을 수 있다.	학원이나 과외에서 공부하는 방법을 배울 수 있고 대부분이 심화학습을 하기 때문에 필요하다.
5	경제활동에 도움이 된다.	학원강사들을 방과후학교로 불러들이면 어떨까?	지원학생이 적고 과목도 세분화되어 있지 못하여 중복되게 된다.
6	스트레스를 풀 수 있다.	많은 숙제와 잦은 시험으로 오히려 스트레스가 많을 텐데?	학원선생님들이나 학원친구들과 대화를 통해 공부이외의 것들도 배움을 주고 받을 수 있다.

디베이트 학습의 뿌리를 이해하자.

입장	반대측	논제	초등학생들에게 학원이나 과외공부는 필요하다.		
	의견		상대측의 예상되는 질문	반론	
1		독서시간이 줄어든다.	짧은 시간에 많은 공부를 하기 때문에 책을 읽을 시간이 오히려 많지 않은가?	사교육이 끝나면 너무 늦은 시간인데 독서한다는 것은 무리이다.	
2		예습과 복습을 자기주도적으로 할 수 없게 된다.	학원이나 과외에서 공부하는 방법을 배울 수 있어서 자기주도적 학습에 도움이 될 수 있지 않은가?	말은 그렇게 하지만 사교육은 개념이나 원리보다는 기계적인 이해 강요나 암기위주로 점수를 중시하는 경향이 강하다.	
3		경제력이 없는 학생들에게 매우 불리하다.	정부에서 방과후학교 수강권 등을 제공하지 않는가?	학원이나 과외공부와는 수준이나 내용이 매우 다르다.	
4		사교육비가 많이 든다.	부모님들이 경제활동으로 자녀들의 사교육비는 벌어들이지 않은가?	비용이 드는 정도가 너무 지나치게 많다.	
5		많은 숙제와 잦은 시험으로 스트레스가 많다.	학원선생님들이나 학원친구들과 대화를 통해 공부이외의 것들도 배움을 주고 받을 수 있지 않은가?	실제로는 그러한 생활상담 같은 시간을 할 시간이 부족한 것이 현실이다.	
6		사교육 때문에 청소년의 자살자수가 증가하고 있다.	극소수에 해당하지 않은가?	그렇지 않다. OECD 29개 국가의 청소년 사망률이 한국이 1위인데 그것을 극소수라고 하면 무리이다.	

디베이트 학습 때 필요한 준비표를 작성해 보자.

디베이트 학습을
단계별로 안내한다.

토론을 할 때는 부드럽게 하면서도 논지를 분명히 밝히도록 노력하라.
상대방을 흥분시키지 말라.
토론의 목적은 상대방을 설복시키는 데에 있다.
- 윌킨스

디베이트 학습은
각 단계별 특색을
이해해야 한다.

    디베이트 학습을 하려면 수업이 실시되기 전 앞에서 설명된 것처럼 학생들과 협의하여 논제를 정합니다. 그렇게 한 다음 수업의 주체들인 사회자와 찬성측, 반대측, 판정인을 구성합니다. 교사는 각 측 조장들의 역할을 철저히 점검하고 조장들은 논제에 대한 자기측의 주장들에 대하여 세부적인 논점에 따라 나누어 친구들의 역할을 정하여 함께 의견과 자료들을 준비합니다. 준비가 충분히 된 다음 이제 본격적으로 디베이트 수업에 들어갑니다. 수업의 흐름은 크게 나누어 보면 사회자의 멘트에 맞추어서 지그재그 식의 순서로 입론, 반론, 최종 변론으로 나누어 볼 수 있습니다.

    먼저 디베이트 수업의 순서를 표를 통하여 개략적으로 살펴보고 각 단계별로 이루어지는 내용들을 깊이 있게 점검해 보겠습니다.

    다음은 디베이트 학습의 개략적인 순서입니다.

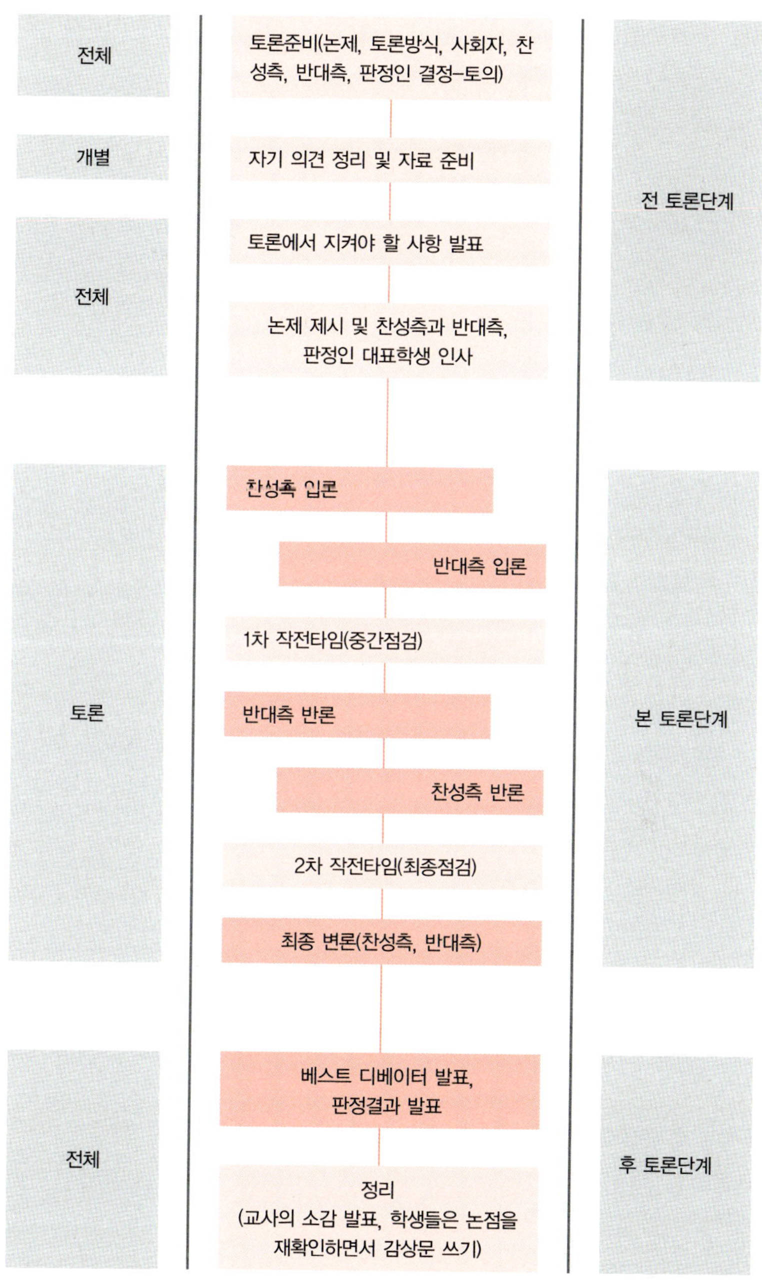

디베이트 학습은 각 단계별 특색을 이해해야 한다.

디베이트 수업의 단계별 활동과 참여자, 유의점, 및 시간 배정

수업의 단계	참여자 (주도권자)	시간	학습 내용 및 유의점
마음열기, 토론준비	지도교사	5 분	논제와 관련하여 자유발언을 유도하고, 학습목표와 문제를 확인, 토론의 규칙발표, 팀구성, 조장 인사말
입론(주장 펼치기)	찬 성 측	5 분	입론을 미리 써오도록 하는 것이 좋고, 다양한 자료를 제시하며 주장하기
	반 대 측	5 분	
협의(작전 타임)	양 팀	1 분	반론펴기의 목록 작성, 조장이 주도함
1차 반론(반론 펴기)	반 대 측	2 분	질문 없이 상대팀의 입론에서 발견되는 오류를 지적하는데 주력함
	찬 성 측	2 분	
협의(작전 타임)	양 팀	1 분	반론펴기의 내용을 듣고 반론꺾기의 목록 작성,
2차 반론(반론 꺾기)	찬 성 측	3 분	입론과 반론펴기에서 발견되는 모순과 불명확한 점에 대해 상대측을 심문함. 준비한 자료는 반복하여 제시해도 됨.
	반 대 측	3 분	
협의(작전 타임)	양 팀	1 분	반론을 통해 검증된 결과를 중심으로 상대의 모순을 부각시키고, 자신의 합리성을 강조하여 최종변론을 재구성함. 모순이 드러난 자신의 주장이나 근거자료는 과감히 버림
최종변론 (주장 다지기)	반 대 측	3 분	반론 내용을 반드시 반영하여야 하고, 체계의 일관성을 유지하면서 팀원이 나누어 발표함.
	찬 성 측	3 분	
베스트 디베이터 및 판정결과 발표	판정인	2 분	판정인들이 나누어서 발표
감상문 쓰기	지도교사	4 분	느낀 점이나 새롭게 알게 된 점 기록
계	지도교사	40 분	느낀 점이나 새롭게 알게 된 점 기록

디베이트 학습을 단계별로 안내한다.

디베이트 학습의 좌석을
유기적으로 배치하자.

전체 학생들이 모두 다 참여하는 전체 디베이트 수업을 진행할 때 학급의 전체 학생수가 28명 일 경우 사회자와 찬성측, 반대측, 판정인의 좌석 배치도입니다. 찬성측과 반대측 좌석의 뒷줄 중앙은 모둠장 좌석이고 작전타임 때에 이 자리를 중심으로 모여서 다음 단계를 대비합니다. 가운데 원은 토론학습장의 분위기를 높이기 위해 가능하면 제철 화분을 하나 놓아두면 좋습니다. 물론 꼭 필요한 것은 아닙니다.

앞면 칠판에는 논제와 디베이트 수업 흐름안내 그림이 있는 우드락을 붙여 놓고, 양 옆으로는 찬성측과 반대측 조장들이 적어 온 각 측의 주장 입론들을 5개 내외에서 개조식으로 적어서 붙입니다. 분위기를 더 뜨겁게 만들려면 디베이트 노래가 있는 적혀 있는 우드락을 붙여 놓습니다.

텔레비전 모니터에는 토론수업 순서도를 파워포인트로 만들어 장면별로 바꾸어 주면서 수업을 진행합니다. 물론 실물화상기를 사용하여 사진이나 그림, 각종 통계자료 등을 보여줄 때에는 모드를 잠시 변경하면 됩니다.

　총 28명 중 사회자 1명, 찬성측 12명, 반대측 12명, 판정인 3명으로 구성됩니다. 이 때 삼각기둥으로 된 도형위에 사회자, 찬성측, 반대측, 판정인이라 써서 각 측의 책상 가운데 앞 쪽에 놓고, 학생들은 자신의 책상 앞에 자기의 이름을 삼각기둥으로 된 도형위에 써서 놓고 토론수업을 하면 수업의 분위기가 차분하고 의욕이 높아지는 효과가 있습니다.

디베이트 학습을 단계별로 안내한다.

사회자는 이러한 멘트로 디베이트 학습 분위기를 이끌어 간다.

디베이트 수업을 할 때 처음 몇 번은 아래의 내용들을 참고하여 교사가 사회자를 맡아서 진행을 하고 어느 정도 익숙해지면 학급에서 학력수준이 그다지 높지 않은 학생들을 위주로 시키는 것이 좋습니다. 왜냐하면 사회자는 아래의 멘트와 시간 체크만을 해 주면 되는 생각보다 복잡하거나 어려운 작업이 아니기 때문입니다.

논제와 규칙 설명

지금부터 "(　　　　　　.)"라는 논제로 디베이트 학습을 시작하겠습니다. 이 논제를 선정한 이유는 ~~ 입니다. 앞에 제시된 수업흐름도에 적혀 있는 순서에 따라 정해진 시간 내에서의 발언을 해 주시면 고맙겠습니다. 먼저 디베이트 수업에서 지켜야 할 내용들을 발표해 주시기 바랍니다. 그리고 이어서 이번 디베이트 수업에 참여한 학생들을 대표하여 각 조장들이 인사말을 하겠습니다.

사회자는 이러한 멘트로 디베이트 학습의 분위기를 이끌어 간다.

입론(주장펼치기)

먼저 찬성측의 입론을 듣겠습니다. 여러 명이 힘을 합쳐서 하고 자료를 제시 해도 무방합니다. 규정시간은 각 측 5분입니다.

이어서 반대측에서 입론을 말씀해주십시오. 시간은 역시 5분입니다.

작전타임(반론협의)

이제 1분간 협의시간을 갖겠습니다. 팀별로 조장을 중심으로 반론을 준비해 주시기 바랍니다.

1차 반론(반론펴기)

상대측의 입론을 듣고 오류나 의문점, 불합리한 점을 지적하는 시간입니다. 반대측부터 2분 동안 발표해 주십시오. 시작! 이어서 찬성측의 반론을 2분 동안 듣겠습니다. 시작!

작전타임(반론꺾기협의)

1분간 반론꺾기를 위한 협의시간을 갖겠습니다. 각 팀의 조장을 중심으로 질문 목록을 결정하십시오.

2차 반론(반론꺾기)

이제 상대측에게 질문을 하여 진실을 밝히는 반론꺾기를 시작하겠습니다. 찬성측부터 3분 동안 상대측의 입론과 반론펴기의 내용을 중심으로 반론을 해 주십시오. 시작!

다음은 반대측의 반론을 시작하겠습니다. 시간은 3분입니다. 시작!

작전타임(최종변론협의)

최종변론을 위한 협의를 1분 동안 갖겠습니다. 반론을 통해 검증된 사실을 참작하여 입론을 재구성해 주시기 바랍니다.

최종변론

먼저 찬성측의 최종변론을 듣겠습니다. 시간은 3분입니다. 시작!

이어서 반대측의 최종변론을 듣겠습니다. 역시 3분입니다. 시작!

판 정

판정인들이 토론의 과정과 결론에 대해 논평과 함께 판정을 해 주겠습니다.

판정인 : 먼저 베스트 디베이터를 발표하겠습니다. 찬성측에서는 그림자료와 외국의 사례도 함께 제시하면서 의견을 펼쳤던 ○○○입니다. 반대측에서는 찬성측의 ~한 질문을 지혜롭게 반박하고 끝까지 경청하는 태도를 보여준 ○○○입니다. 축하드립니다. 다음으로 판정 결과를 말씀드리겠습니다. 오늘 "(.   .)"라는 논제로 찬성측과 반대측 모두 열심히

사회자는 이러한 멘트로 디베이트 학습의 분위기를 이끌어 간다.

해주었습니다. 입론에서는 ○○측의 논리가 돋보였고, 반론에서는 ○○측의 자료 준비, 근거를 들어가며 설득력 있게 주장한 점, 상대측의 오류를 정확하게 포착해서 지적하며 자신들 주장의 타당성을 입증한 점 등에서 ○○측이 우세하였습니다. 최종변론에서는 주장의 재구성 능력이 뛰어난 ○○측이 우세하였습니다. 따라서 전반적으로 오늘의 토론은 찬성측은 ○점, 반대측은 ○점으로 ○○측이 승리했습니다. 승패에 관계없이 오늘의 토론 수업을 위해 열심히 준비하고, 끝까지 이성을 잃지 않고 진지하게 참여한 친구들 모두에게 격려의 박수를 보냅니다. 이 모든 노력이 친구들과 여러분 각자에게 정말로 좋은 경험이 될 것입니다. 끝까지 최선을 다한 상대팀과 서로 악수하고 격려해주시기 바랍니다 (박수).

디베이트 학습을 단계별로 안내한다.

디베이트 학습의
처음 분위기 조성으로
학습의 열기를 달구자.

디베이트 학습을 실시하기 전에 위에서 언급한 다양한 배경과 중요성 및 앞으로 설명할 단계별 특징에 관하여 약 2차시(80분)에 걸쳐서 오리엔테이션을 할 필요가 있습니다.

그러면서 학생들에게 디베이트 수업에 대한 흥미를 유도하기 위해서 디베이트 학습에 관련된 다양한 용어가 들어 있는 '디베이트 노래'를 공모하면 좋습니다. 곡은 짧고 리드미컬한 것으로 학생들이 쉽게 익히며 신나는 것을 선정하여 들려줍니다. 그 당시에 유행하는 유행가나 그 학년에 어울리는 곡, 광고 음악도 좋습니다. 어릴 때부터 익숙한 'B 콘' 노래의 곡을 들려주었습니다. 꼭 교사가 들려주는 곡에 맞출 필요는 없고 각자가 선택한 곡에 맞추어서 디베이트 학습에 관련된 내용이 담겨있는 노래이면 됩니다. 해마다 창의성이 넘치는 곡에 알맞은 내용의 작사를 해 와서 매우 크게 놀라고 만족했습니다. 공모에서 선정된 학생들은 뛸듯이 기뻐합니다. 이러한 가사 공모는 단순히 디베이트 노래를 공모한다는 차원을 넘어서 학생 각자가 디베이트 수업에 대한 관심과 친근감을 가지게 되는 계기를 마련하는 데에도 많은 도움을 줍니다. 공모에 선정된 학생에게는 담임교사나 학교장 명의로 상장을 만들어서 수여하기도 합니다. 공모에 당선된 가사를 우드락을 이용해서 만든 후 앞 칠판에 붙여놓고 수업을 진행하며 본격적인 수업을 시작하기 전에 분위기를 조성하는 단계에서 힘차게 박수를 치면서 노래를 부릅니다. 학생들이 얼마나 좋아하는지 모릅니다. 그야말로 수업분위기를 활기차게 만드는 역할을 톡톡히 합니다. 이러한 디베이트 노래는 해마다, 학년마다, 시대 상황에 어울리는 곡에 맞추어서 디베이트 학습의 장점이 들어 있는 내용으로 개사를 하게 해서 국어과 수행평가에 반영하겠다는 의지를 밝히면, 온 가족이 하나가 되어 참으로 멋진 가사를 가지고 노래를 만들어 발표하는 것을 볼 수 있습니다.

한 마디로 학생 자신과 가족 구성원 모두가 디베이트 가족화家族化하는 데 크게 일익을 담당하는 작업이라고 생각합니다. 노래의 가사를 함께 연구하면서 디베이트 학습이 어떤 속성을 지닌 것이라는 것을 확인하게 되니까요. 특히 대화가 부족한 요즈음 가정의 식탁에서, 여행 중, 차내에서 온 가족들이 논제를 가지고 생각을 나누어 보면서 사회의 다양한 문제들을 함께 점검해 보고 올바른 가치를 공유하면서 보다 행복한 가정을 가꾸어 가게 되는 촉매제 역할을 하리라 믿습니다. 이제까지 디베이트 수업을 준비하는 과정에서 가족들이 더욱 단란하게 되었고 때로는 진지하고 학구적으로 변화하게 된 계기가 되었다는 이야기를 많이 들었습니다.

가장 인상적인 디베이트 노래를 소개하겠습니다. 몇 년 전 이예은이라는 학생이 '열두시에 만나요 B 콘' 이라고 시작하는 광고음악에 맞추어서 창작한 디베이트 노래의 예입니다.

디베이트 학습을 단계별로 안내한다.

디베이트 노래

작사 이예은

친구의견 잘 들어요. 디베이트!

비판적 사고 ~ 력 발 ~ 표력

가치판단 ~ 길러주는 ~

창의적 문제해 ~결 디베이트!

디베이트 수업을 시작히기 전에 분위기를 조성하는 방법은 이와 같이 노래를 부르는 방법이외에도 다양한 브레인스토밍을 하는 것도 좋습니다. '~~~은 ~~~ 이다.'와 같은 네모 퀴즈 라든지, 신호등 토론 등 여러 가지 방법을 시도해 보았지만 역시 노래를 부르면서 디베이트 수업을 여는 것이 가장 효과적이라는 것을 확인했습니다.

두 번째로 디베이트 학습은 일종의 토론게임이기 때문에 게임의 규칙을 토론에 시작하기 전에 서로 공유하고 그것을 어겼을 경우에는 판정인들이 감점을 하고 잘 지켰을 경우에는 점수를 더해 주도록 합니다.

사회자는 참여한 학습주체들이 스스로 규칙과 예절을 점검하도록 하기 위해 다음과 같은 발문을 합니다. 이러한 사회자의 발문에 맞추어서 디베이트 수업의 오리엔테이션 때 익혔던 내용과 일반적인 상식을 바탕으로 발표를 합니다. 이 때에는 거수를 하게하고 각 팀별로 같은 수의 학생들에게 발표의 기회를 주도록 해야 합니다.

"오늘 ~~~한 논제로 디베이트 수업을 하기에 앞서서 어떠한 점들을 주의해야 하는 지 발표해 볼까요?"

디베이트 학습의 처음 분위기 조성으로 학습의 열기를 달구자.

라고 사회자가 발문을 하고 디베이트 수업의 학습 주체들인 찬성측, 반대측, 판정인들을 대상으로 각각 2명 정도씩 발표의 기회를 줍니다. 학생들은 아래와 같은 내용으로 힘차게 발표를 하고 의욕을 뽑냅니다.

"상대측의 의견과 내 의견을 비교하면서 듣습니다."
"말하는 사람은 듣는 사람을 바라보며 발표를 합니다."
"화가 난 감정을 담아서 이야기하지 않습니다."
"아무리 좋지 않은 의견일지라도 존중하는 태도를 갖습니다."
"속담이나 격언, 명언 및 각종 통계자료를 인용합니다."
"전체가 들릴 수 있도록 목소리를 최대한 크게 발표합니다."
"여러 친구들이 발표할 수 있도록 서로 양보하면서 돕습니다."
"메모를 하면서 듣습니다."

디베이트 학습을 단계별로 안내한다.

각 팀 구성 및 팀원들의 역할 분담이 디베이트의 승패를 좌우한다.

교실에서 이루어지는 토론학습은 대부분 면대면 토론이기 때문에 여러 사람이 각자의 역할을 정하여 협력하는 경우가 많습니다. 팀원의 수에 따라 1인, 소집단2~5명, 대집단5명 초과 토론학습으로 나눌 수 있고, 토론에서의 역할은 사회자, 토론자, 판정인으로 크게 나누어 볼 수 있습니다. 토론자들끼리는 모든 과정에서 토론을 통해 긴밀하게 협조하게 됩니다. 정보수집 담당, 제시자료 제작 담당, 입론작성 및 발표 담당, 최종변론구성 및 발표 담당, 반론에서 쟁점별 담당 등을 따로 둘 수 있습니다.

다양한 토의·토론 수업형태는 4장에 자세히 설명되어있습니다. 수업형태에 따른 팀구성과 역할분담의 요령에 대하여 살펴보겠습니다.

첫째, 피라미드토론 수업에서는 각자가 모든 역할을 해야 합니다. 즉, 준비과정에서 토론 수업시간까지 혼자서 감당해야 한다는 것입니다. 혼자서 논제를 분석하여 자료를 수집하고, 쟁점별로 신뢰도와 타당도가 높은 정보를 선택하여 입론을 작성하며, 예상되는 상대방의 반론을 찾아 대응방안을 다각적으로 모색해야 합니다.

둘째, 대표토론 수업의 경우 두개의 소집단이 대표로 토론을 하고 나머지 학생은 사회자와 판정인을 담당하는 형태로서 가장 일반적인 형태라고 할 수 있습니다. 저학년의 경우에는 5명 정도로 구성하고, 고학년일 경우에는 3명 정도로 팀을 구성하면 좋습니다. 팀 안에서의 역할은 토론을 통해 각자의 특성을 살릴 수 있도록 정하는 것이 원칙이지만 가능하면 끊임없이 토론을 하면서 해결해 나가도록 하는 것이 바람직합니다.

셋째, 소집단별토론 수업은 대표토론 수업과 유사하나 별도의 판정인이 없이 두 소집단에서 스스로 판정하는 형태입니다. 피라미드토론 수업의 중간단계와 질적 의사결정토론 수업 등에서 볼 수 있고, 팀의 구성과 역할 분담은 대표토론 수업과 유사합니다.

넷째, 전체토론 수업의 경우 학급 전체가 찬성측과 반대측, 판정인으로 나누어 벌이는 토론입니다. 학생들의 학력수준을 기준으로 볼 때 상위에 있는 학생들은 주로 반론 단계에서 활발하게 활동을 하는 것을 볼 수 있습니다. 왜냐하면 상대측으로부터 어떤 내용으로 공격을 해 올지 정확하게 예상할 수 없기 때문에 반론 단계에서 순발력 있게 방어를 하기 위해서는 문제해결력, 비판적 사고력이 절실히 필요하기 때문입니다. 또한 상대측이 예리하게 오류를 지적했을 때 적절한 이유와 근거를 제시하면서 상대측의 공세를 막아내고 자기측의 주장을 설득시킬 줄 아는 고도의 지식이 요구되기 때문입니다. 학력이 중간 수준의 학생들은 최종변론에서 많은 활동이 필요하고, 학력이 낮은 수준의 학생들은

디베이트 학습을 단계별로 안내한다.

입론 단계에서 적절하게 활동을 하도록 도와주어야 합니다. 물론 각 단계마다 각 측의 학생들은 조장과 함께 긴밀하게 협의하여 쟁점이 되는 내용을 세부항목으로 나누어서 여러 학생들이 근거를 들어서 의견을 제시하면 됩니다. 학급의 모든 학생들이 참여하는 전체토론 수업은 학교 현장에서 가장 많이 요구되고 활용도가 높은 토론수업 방법입니다.

각 팀 구성 및 팀원들의 역할 분담이 디베이트의 승패를 좌우한다.

각 측 조장들은
인사말로 팀원의 사기를
한껏 높인다.

본격적인 디베이트 수업에 들어가기 전에 전열을 정비하고 각 팀의 사기를 진작시키는 뜻에서 각 팀의 대표인 팀장의 인사말을 듣습니다. 조장에 따라서 인사말을 창의적으로 하도록 지도해야겠지만 아래와 같은 방법으로 각 팀장이 인사말을 지도해 보았더니 흥미진진하고 만족할만한 수업이 진행되었습니다.

"안녕하세요? 14명의 찬성측 조장을 맡은 홍길동입니다. 저희들은 오늘 제 ○회 디베이트 수업에서 만화는 우리사회에 어떤 점에서 유익한지 중점적으로 주장해 보려고 합니다. 모두가 생각을 넓혀가는 귀한 시간이 되길 바랍니다. 감사합니다."

찬성측, 반대측, 판정인, 사회자 모두 힘차게 박수를 보내줍니다.

"안녕하십니까? 15명의 반대측 조장을 맡은 홍길순입니다. 저희들은 그동안 기대가 많았던 오늘 제 ○회 디베이트 수업에서 만화는 좋은 점들이 있지만 어떠한 점에서 우리 사회에 부정적인 영향을 주고 있는지에 대하여 집중적으로 살펴보고자 합니다. 서로에게 도움이 되는 멋진 시간이 펼쳐지길 바랍니다. 감사합니다."

모두 열렬하게 박수를 보내줍니다.

"안녕하세요? 3명의 판정인 조장을 맡은 오길동입니다. 저희들은 오늘 여러분이 열심히 준비한 내용들을 가지고 힘차게 발표하며 의견을 교환하는 디베이트 수업을 하는 동안 최선을 다해 공정하게 판정을 하겠습니다. 판정 기준은 여러분이 판정인일지라도 그렇게 하는 것과 같이 가능한 많은 친구들이 발표하는 것, 자료들을 최대한 많이 사용하여 상대방을 설득 하는 것, 무엇보다도 상대측의 의견을 존중하며 듣는 경청하는 태도 등을 중점적으로 살펴볼 것이며 그러한 기준을 가지고 점수를 많이 주도록 하겠습니다. 그리고 최고로 배점이 많은 단계는 여러분들이 아는 바와 같이 '디베이트의 꽃' 이라고 불리는 반론단계입니다. 반론 단계에서 치밀하게 시간을 안배하여 공격하고 방어하는 가운데 자기측이 주장하는 내용들로서 상대측을 어떻게 설득하는 가에 중점을 두어서 평가할 것입니다. 감사합니다."

각 측 조장들은 인사말로 팀원의 사기를 한껏 높인다.

디베이트 입론(立論)에서
자기측 주장의
밑그림을 확실하게 하자.

입론은 토론을 하기 위해 논제에 대한 입장을 주장하는 것입니다. 입론의 '입' 자는 들어간다는 '들입入' 자가 아니라 세운다는 '설립立' 자입니다. 입론단계에서 이야기 되어지는 내용들은 토론의 꽃이라 할 수 있는 반론펴기와 반론꺾기의 토대가 되며 최종변론의 기본 골격이 됩니다. 입론의 내용과 구성에 따라 반론펴기에서 반박을 당할 수도 면할 수도 있기 때문입니다.

입론단계에서 논제에 대한 자신들의 의견을 발표하는 방법은 다음과 같습니다.

우리 팀은 논제 ~~에 대해서 찬성**반대**합니다. 그 이유는 (   )가지 있습니다.

첫째, (   )입니다. ○○에 의하면 ·····

둘째, (   )입니다. 신문자료 ○월 ○일자 ○○신문에 의하면 ·····

셋째, (   ) 입니다. ○○ 조사 통계에 의하면 ·····

입론단계에서 자신들의 의견을 뒷받침하기 위해 사용될 자료들은 어

디베이트 학습을 단계별로 안내한다.

떤 점들에 유의하며 준비해야 할까요?

첫째, 역사적 배경입니다.

역사적 배경이란 논제가 생성된 맥락과 논제에 대한 이해 정도입니다. 입론을 작성할 때 간략하게 쓰는 것이 좋습니다. 하지만 디베이트 대회 때에는 사회자가 양측의 역사적 배경을 대신하여 읽어주는 경우도 있습니다. 교실 상황에서는 생략하는 경우가 있는데 이는 논제를 만드는 과정에서 전체 아동이 직접 참여하여 활동을 하였기 때문입니다.

둘째, 용어의 정의입니다.

용어의 정의는 도론이 겉돌지 않게 하는 장치 중의 하나입니다. 그 일례로 "초등학생의 한자경시대회는 권장되어야 한다."라는 논제에 대하여 찬성측에서는 '초등학생'을 '원하는 초등학생'이라는 정의로써 토론을 풀어나가고, 반대측에서는 '모든 초등학생'이라는 정의로써 토론을 풀어나간다고 해봅시다. 서로 반박을 할 수도 없고 반박 당하지도 않습니다. 아무런 발전을 하지 못하고 토론은 헛수고가 되고 맙니다. 따라서 학급에서 논제를 정할 때는 용어 정의가 합의하에 내려지는 것이 좋습니다. 그 밖에 모호성의 오류를 범할 가능성이 있거나 어려운 용어는 발표하는 측에서 정의를 내리고 사용해야 합니다.

셋째, 의견에 대한 근거입니다.

근거란 주장을 뒷받침할 수 있는 타당한 이유를 말합니다. 따라서 논제와 근거 사이는 밀접한 논리성이 확보되어야 합니다. 그렇지 않으면 오류를 범하게 될 수도 있기 때문입니다.

근거는 가짓수가 많다고 좋은 것은 아닙니다. 시간이 제한되어 있기도 하지만, 쟁점을 만들지 못하는 근거는 토론을 무의미하게 만들 수도

디베이트 입론(立論)에서 자기측 주장의 밑그림을 확실하게 하자.

있기 때문입니다. 또한 가짓수가 여러 가지인 경우에는 더 큰 범주로 개념들을 묶어서 상위의 개념으로 추상화된 근거를 제시하는 것이 효과적입니다. 예를 들어 "다세대주택에서의 애완견 사육을 허용해야 한다." 라는 논제에 대한 반대 근거로 "첫째, 소음공해에 시달립니다. 둘째, 나쁜 냄새에 시달립니다. 셋째, 오물로 지저분해집니다. 넷째, 알레르기가 생깁니다." 라고 했다고 해봅시다. 모두 네 가지나 되는 근거를 제시했지만, 결국 오염과 공해라는 근거로 압축될 수 있습니다. 정보의 양이라는 판정기준에 의하면 감점을 당하게 됩니다.

어떤 이유가 더 좋은 이유인가를 판정할 수 있는 방법 중의 하나는 그 이유에 대한 상대방의 반론꺾기가 어려운가 혹은 쉬운가를 보고 판정하는 방법일 것입니다. 구체적으로 살펴보면 각 토론자가 제시한 이유를 상대방이 꺾지를 못하거나 딴소리를 해서 사실상 피해가면, 그 이유는 반론에 강한 이유일 것입니다. 그렇지 않고 상대방이 타당한 반론을 쉽게 펼 수 있는 이유이면 반론에 약한 이유라고 할 수 있습니다.

넷째, 설명입니다.

토론은 상대측과 싸우는 것인 동시에 결국은 심사자인 판정인을 설득시키는 것을 목표로 한다고 할 수도 있습니다. 따라서 아무리 타당한 근거를 제시했다고 하더라도 미흡합니다. 반드시 근거가 타당하다는 설명을 해야 합니다. 설명에 해당하는 내용은 다음과 같은 것들이 유용합니다.

경험 중에서 지극히 예외적인 경험이나 소수의 경험인 경우에는 성급한 일반화의 오류에 걸립니다. 설문 조사 결과, 전문가의 의견, 통계 자료, 매스미디어 자료, 인터넷, 사전, 사진, 녹음, 실제 사실, 연구 결과 등이 경험을 구성하는 것입니다. 상상이나 추측 및 주관적인 내용은 타당성을 잃게 됩니다. 즉 설득력이 약해진다는 것이지요. 이는 상대측으로부터 반박을 당할 여지를 남겨두게 됩니다. 또한 분명하게 인용하거나 자료화한 것에 대하여 출처를 밝혀야 합니다.

예를 들면 귀납적 추리, 연역적 추리, 삼단논법, 유비추리 등의 사고 방법에 알맞게 설명을 구성하면 좋습니다. 그래야 논리적인 설득력을 높이고 오류에 빠지지도 않게 됩니다.

다섯째, 결론입니다.

각각의 근거와 설명 간에는 두괄식이 성립됩니다. 즉 근거는 중심 문장이고 설명은 보조 문장으로 하는 하나의 문단은 두괄식이 됩니다. 이는 미괄식 문장보다 주장을 강하고 확실하며 단호하게 하는데 효과적입니다. 또한 모든 근거와 설명이 끝났으면 논제에 대한 입장을 다시 한 번 주장하는 것이 좋습니다. 예를 들면 "저희 측에서는 위와 같은 근거를 들어 다시 한 번 찬성측의 입장에서 주장합니다."

디베이트 수업에서 각 팀의 팀장은 축구나 야구경기를 이끌어가는 감독과도 같은 존재입니다. 이제까지 팀장으로서 팀을 훌륭하게 이끌어서 승리를 했었던 조장들은 모두가 자기가 원하는 대학에 입학했을 정도입니다. 왜 그렇게 되었을까요? 학급에서 회장이나 부회장이 되면 실질적인 방법으로 리더십을 키워나가기 위해서 많은 노력을 하게 됩니다. 학생들을 대표해서 인사말을 하거나 심부름을 한다든지, 친구들이 추천해서 뽑아주었다는 자부심을 갖는 일종의 명예를 쌓아가는 특징이 있다는 것이지요.

학급의 회장이나 부회장과 마찬가지로 디베이트 수업에서의 찬성측이나 반대측의 조장은 입론과 반론, 최종변론 과정에서 10여명의 친구들을 실질적으로 이끌게 되고 승리하거나 패배했을 때 소위 '권한위임과 책임의 원칙'에 충실하게 됩니다.

입론단계에서는 일단 5분을 초단위로 환산을 하게 되면 300초가 됩니다. 조원들이 13명이라면 발표력을 포함한 학력수준을 상, 중, 하의 3단계로 구분했을 때 하 단계에 속하는 학생들과 중단계의 중간 아래 단계에 해당하는 학생들을 입론단계에 배정하는 것이 좋습니다. 한 학생들이 20초 내외로 하여 발표를 하게 됩니다. 만약 한 학생에 25초씩 배정이 되어있다면 최소한 10명에서 12명 정도의 학생들이 발표를 할 수 있습니다. 이렇게 시간 안배를 한다면 조별 협동수업에서 발생할 수 있는 무임승차하는 학생들이 발생할 여지가 없습니다.

더욱 더 중요한 것이 있습니다. 논제에 대하여 각 측 입장에서 연구한 논점들을 크게 나누고 세부내용들을 여러 학생들에게 나누어서 발표하게 하는 것입니다.

논제의 예를 통해서 논점별로 세부내용들을 나누는 방법은 이렇습니다. "만화는 우리사회에 매우 유익하다."라는 논제가 제시되었을 때 찬성측에서 어떻게 입론을 구성하고 논점에 따라 몇 명이 나누어서 발표를 하게할까요? 찬성측에서 주장할 논점들은 크게 5가지 정도 있고 이러한 논점들을 10명의 학생들이 나누어서 발표하게 할 수 있습니다.

첫 번째 논점은 만화는 일상에서 실행하기 어려운 무한한 상상력을 발휘하게 해 주어서 현실세계에서 지친 사람들에게 긍정적인 환상의 세계로 인도해 준다는 것입니다. 이러한 논점을 2명의 학생들이 나누어서 이렇게 발표할 수 있습니다.

"만화는 지루하고 너무나도 뻔한 현실사회에서 탈출하여 환상의 세계를 체험하게 함으로써 삶의 활력소를 만들어 주는 역할을 합니다."

"만화는 줄글들에서 찾아내기 어려운 상상력이 풍부한 그림들로써 사람들에게 행복감을 가져다줍니다."

두 번째 논점은 만화는 독서습관을 길러 준다는 점입니다. 이러한 논점들을 나누어보면 다음과 같습니다.

"줄 글로 된 책을 읽다보면 일단 독서하다가 쉽게 지치게 되고 책을 읽는 것이 힘이 든다는 편견을 가지게 되어 책을 읽는 것이 부담스럽게 여겨집니다."

"만화가들이 장면 장면 마다 내용에 어울리는 그림들로써 설명을 해가기 때문에 책을 읽는 시간이 너무도 즐겁고 시간이 어떻게 흘러갔는지 모르게 되며 자기 스스로 책을 오래 읽게 되었다는 성공체험과 함께 지속적인 독서습관이 형성되게 됩니다."

세 번째 논점은 만화는 종이로 만들어진 것 뿐만 아니라 애니메이션으로도 만들어 진 것들도 있기 때문에 경제활동을 하는 사람들에게 일자리를 제공함으로써 경제생활에 긍정적인 영향을 줍니다.

"만화를 그리는 사람들과 애니메이션을 제작하는 사람들에게 새로운 일자리를 만들어 주어서 실업률을 낮추고 경제활동이 원활하게 이루어지도록 돕습니다."

"만화방이나 영화산업 근무자, 만화 속에 등장하는 캐릭터를 이용한 각종 상품들을 제작하고 판매하는 사람들에게 소득을 가져다주어서 경제의 전반적인 흐름을 활발하게 합니다."

네 번째 논점은 정보와 지식을 받아들이고 전달하는 데 탁월한 효과를 가지고 있습니다.

"줄 글로 된 것들로 다양한 계층의 사람들에게 계몽적인 내용을 전달하는 것은 매우 어렵습니다. 하지만 만화를 이용하면 전달하고자 하는 것들을 쉽게 받아들이게 되어있습니다."

"일반인들이 전문적인 제품의 사용법이 담긴 매뉴얼이나 역사적인 내용이 담긴 것과 기계공학적인 것들, 수학적인 것들이 만화로 표현된 것들을 쉽게 익힐 수 있습니다."

다섯 번째의 논점은 만화는 스트레스 해소에 도움을 준다는 것입니다.

"갖가지 시험일정에 지쳐있는 학생들에게 재미있는 캐릭터와 스토리가 들어 있는 만화를 읽게 됨으로써 웃음거리를 찾게 되어 자연스럽게 스트레스가 해소되게 해 줍니다."

"게임동영상과 같은 소프트웨어들이 발달함으로써 학생들이나 직장인들이 경쟁하느라 지친 심신을 달래게 해 주는 게임을 하게 하여 억압 된 자연 본성을 되찾게 해주는 데 지장을 초래하는 스트레스를 해소하게 하는 데 크게 기여합니다."

여섯 번째의 논점은 만화산업의 발달로 인해서 전쟁방지용 시뮬레이션이나 각종 컴퓨터그래픽의 발달에 기반이 되게 해주는 역할을 하게 해 준다는 것입니다.

　이러한 방법으로 각 측에서 주장하고자 하는 논점들을 잘게 나누어서 가능한 많은 학생들로 하여금 발표하게 하면 디베이트 학습을 할 때 가장 어려운 골칫거리를 해결 할 수 있습니다. 즉 발표하는 학생들만 발표하고 논제에 대한 발표거리를 제대로 준비가 안 된 학생들은 발표를 못하게 되는 어색한 분위기를 없앨 수 있다는 것입니다. 물론 이 때 선생님이나 학부모님들이 학생들의 발표할 논점들에 대하여 물어보고 함께 의논하면 학생들의 관점이 넓어지고 깊어지는 기쁨을 맛볼 수 있습니다.

정보의 수집과 분석,
증거자료를 효율적으로
만들어 보자.

디베이트 수업의 논제에 대하여 자신의 입장을 설득력 있게 주장하려면 근거가 타당해야 합니다. 근거에는 논리적 근거와 실증적 근거가 있습니다. 논리적 근거는 생각에 의해 얻을 수 있지만 실증적 근거는 각종 매체나 자료를 통해 얻을 수 있습니다. 토론학습에서는 두 가지 모두가 중요합니다. 다만 실증적 근거는 주로 인터넷에서 찾으려는 경향이 있는데 너무 인터넷에만 매달리지 말고 다양한 매체를 이용하며 설문과 탐방을 겸하는 것이 바람직합니다. 효율적인 증거자료가 갖추어야 할 구체적인 요건과 그러한 자료를 만드는 방법을 잘 알아두면서 실천에 옮길 때 디베이트 수업에서 상대측을 적절하게 설득하여 만족할만한 결과를 거둘 수 있습니다.

먼저 증거자료로서의 역할을 다하기 위해서는 다음의 요건을 구비하도록 해야 하고 가능한 팀장을 중심으로 팀원들끼리 유기적인 의견교환 속에서 만들어내면 다양하고 깊이 있는 자료가 만들어 집니다.

첫째, 상대측이나 방청인, 판정인에게 잘 보이도록 만들어야 합니다. 잘 보이지 않게 작은 글씨로 썼거나, 색이 흐려서 식별하기 힘든 사진자료나 도표 등을 제시하면 전달효과가 떨어져 역할을 다할 수 없게 됩니다. 오히려 상대측으로부터 불필요한 질문이나 요구를 받게 되는 빌미를 제공하게 될 수 있기 때문입니다.

둘째, 신뢰도가 높은 자료이어야 합니다. 소수가 응답한 설문자료이거나, 지명도가 낮은 인터넷사이트에서 인용한 자료는 신뢰도가 떨어질 수 있습니다. 신뢰도라 함은 현재 뿐만 아니라 과거와 미래에도 일관성이 있어서 믿음을 주는 것을 말합니다. 따라서 자료들을 찾거나 제작할 때에는 시간적인 상황에 언제나 통용되도록 노력해야 합니다.

셋째, 가장 최근의 자료이어야 합니다. 현실에 가장 합당한 자료는 같은 조건이라면 최근에 제작된 자료일 것입니다.

넷째, 출처를 밝힐 수 있는 자료이어야 합니다. 출처도 모르는 자료를 인용하는 것은 아주 위험한 일입니다.

다섯째, 휴대가 간편하고, 신속히 제시할 수 있어야 합니다.

위에서 제시한 유익한 증거자료의 요건을 갖춘 자료들을 만드는 방법을 살펴보겠습니다.

첫째, 제시할 자료는 가급적 선명하고 깔끔하게 제작되어야 합니다. 그래야 잘 보이고 전달능력도 높아지기 때문입니다. 또한 자료를 너무 많이 만들 필요는 없습니다. 간혹 프리젠테이션 파일로 만들어서 빔으로 제시하는 경우가 있는데 증거자료를 제시하는 시간도 발언시간에 포함되기 때문에 신속하게 제시할 수 있도록 만들어져야 합니다.

둘째, 권장할 만한 것으로는 가볍고 비교적 견고한 압축 스티로폼을 이용하여 만든 자료입니다. 가지고 다니기도 용이할 뿐만 아니라 크기도 다양하여 크기조절이 쉽습니다. 인쇄는 컴퓨터와 프린터를 이용하는 것이 좋습니다. 연속된 자료가 많은 경우에는 스케치북을 이용할 수도 있습니다. 토론 장소는 대부분 실내이기 때문에 그리 큰 것이 필요 없는 경우가 대부분입니다. 그러나 공청회와 같은 넓은 장소에서 토론을 할 경우에는 방송장비와 빔프로젝터를 이용하여 대형 화면에 비출 수 있는 자료를 제작하는 것도 바람직합니다.

셋째, 많이 만들기보다는 결정적인 것을 만들어야 합니다. 유도경기에서 상대측을 단 한 번에 때려눕히고 승리하는 것이 바로 '한판승' 입니다. 이렇게 한판승을 거둘 수 있는 결정적인 자료를 만들어서 의견을 뒷받침하면 상대측의 기가 꺾이고 판정인들로부터 많은 점수를 받게 됩니다.

넷째, 사진이나 도표를 만들 때에는 꼭 필요한 일부분만을 만들어도 됩니다. 가시성을 높이고 주제에 적합한 효과를 높이기 위해 필요한 일입니다. 물론 토론구성원의 수준에 알맞은 도표가 좋습니다.

디베이트 학습을 단계별로 안내한다.

디베이트 학습에서
증거를 성공적으로
제시하자.

　디베이트 수업에서 논제에 대한 자기측의 주장을 뒷받침하기에 적합한 증거의 종류로는 우리 주변에서 흔히 찾아볼 수 있는 사례와 일목요연하게 정리된 통계, 그리고 주장에 대한 근거자료로써 누구나가 수용할 가정이나 비유를 통한 자료가 있습니다.

　증거자료의 첫 번째인 '사례 연구'를 가지고 주장과 어울리게 자세히 설명하는 것입니다. 즉, 주장에서 일어날 것이라는 결과를 실제 상황에서 사실로써 미리 보여주는 것입니다. 예를 들면 사형 제도에 대하여 반대하는 입장에서는 "어느 나라에서 사람이 많이 죽었다."는 것을 말하는 것 보다는 사형 제도가 우리 사회에서 부정적인 영향을 많이 주고 있다는 것을 증명하기 위해서 "그 사람들이 사형으로 인하여 많이 죽었고 그 피해가 심각하다."고 설명하는 것이 중요합니다.

　증거자료로서 막강한 영향력을 행사할 수 있는 두 번째 것으로서 '통계'입니다. 이러한 통계는 하나의 예가 아니라 여러 가지 예들의 경향을 보여주는 것입니다. 통계 또한 '사례 연구'처럼 통계 속에 들어 있는 내용들을 자세하고 설득력 있게 설명해야 하는 것은 당연한 일입니다. 통계는 상대측이나 판정인들에게 좋은 인상을 주는 데 매우 유용한 것입니다. 왜냐하면 구체적인 자료들이 어울어져 어느 누구도 함부로 반대할 수 없는 사실이기 때문입니다. 기아선상에 있는 사람들의 숫자나 절박함을 설명할 때에는 다음과 같이 하면 더욱 설득력이 있을 것입니다.

> "세계에서 기아선상에 있는 20억 명의 사람들을 설명할 때에도 20억 명은 우리나라, 일본, 중국의 인구를 합친 숫자보다 더 많습니다. 전 세계 인구의 3분의 1입니다."

똑같은 숫자를 몇 번 반복하는 것도 강조의 효과는 있지만, 같은 숫자라도 통계를 여러 가지 측면에서 다르게 해석하여 표현하는 것이 더욱 효과적입니다.

증거자료로서 위에서 예로든 사례 연구 자료나 통계 자료가 없을 때에는 어떤 증거자료가 필요할까요? 증거자료의 세 번째로 주장을 뒷받침해 줄 또 다른 증거인 귀납적이거나 연역적인 추리로 이루어진 '가정'이 필요합니다. 이때에는 증거를 '가정' 해야 합니다. 즉, 이야기 하고자 하는 상황과 유사한 또 다른 상황을 가상으로 만들어서 증명을 해내는 것입니다. 이라크 군을 공격하는 것을 구석에 몰린 쥐에 비유하는 것이나 미국과 영국의 국력을 독재자에 비유하는 것도 가정하는 유추의 한 예가 됩니다. 그러나 가정하는 유추는 어쩔 수 없이 사용하는 최후의 수단임을 알아야 합니다. 토론에서 인정받고 설득력을 얻게 되는 중요한 목표인 진실에 입각한 증거가 아니라, 가상 세계에서 토론자가 만들어낸 허구이기 때문에 상대측으로부터 반박을 당하기도 매우 쉽습

니다. 실제 있었던 일은 없애기가 불가능하지만 지어낸 것은 다른 사람
이 또 다르게 가상의 것을 만들어내면 쉽게 뒤엎어버릴 수 있기 때문입
니다.

디베이트 학습에서 증거를 성공적으로 제시하자.

논증(論證)은
디베이트 학습의
핵심이다.

토론은 논제에 대해서 서로 다른 주장을 하는 사람들이 논리적으로 자신이 옳음을 입증하는 '논증'이나 경험적 증거를 제시하여 입증하는 '실증'을 통해 자기주장을 정당화하여 다른 사람들을 설득하려는 말하기 · 듣기 활동입니다. 논증을 잘하기 위한 방법은 다음과 같습니다.

첫째, 실제 자신이 경험한 예나 다른 사람의 예를 활용합니다. 디베이트 수업에서 가장 흥미있는 장면은 바로 학생들이 자기의 의견을 펼칠 때 예로 든 자신이나 다른 사람들의 실제적인 경험을 인용할 때입니다. "만화는 우리 사회에 매우 유익하다."라는 논제를 가지고 찬성측에서 의견을 펼치는 학생이 이러한 예를 들었습니다.

"독서를 장시간 동안 하지 못했으나 재미있는 만화책을 읽다 보니 시간가는 줄 몰랐고 이렇게 되는 동안 줄글로 된 책들을 읽을 때에도 오랜시간 동안 앉아 있어서 부모님께로부터 칭찬을 받은 적이 있었습니다."

　반대측의 학생들 중에서 동생의 행태에 대한 예를 들어서 이렇게 논증을 했습니다.

　"제 동생은 만화 영화에 나오는 캐릭터에 관계된 인형이나 각종 기념품 등과 같은 것을 부모님들에게 사 달라고 조르다가 혼 난 적이 많습니다. 이렇게 만화는 분별력이 부족한 어린이들에게 돈을 낭비하는 생활태도를 지니게 함으로 우리 사회에 해로움을 준다고 생각합니다."

　둘째, 권위에 의한 논증인 책과 같은 활자매체 속에 나오는 예를 활용합니다. 찬성측이나 반대측의 입장에서 의견을 내세울 때 활자매체를 인용하지 않고 일상적인 예를 들어 근거를 제시하면 너무나 평범하기 때문에 설득력이 떨어집니다. 하지만 신문이나 서적, 잡지 등과 같은 활자매체에 나와 있는 내용들을 예로써 인용하면 신뢰성과 타당성이 훨씬 높아 보입니다. 물론 이 때에는 활자매체의 이름과 저자, 또는 발간일 등도 함께 제시하면 더욱 돋보입니다.

　셋째, 일의 순서와 과정을 자세히 묘사합니다. "인간복제는 해야 한다."라는 논제로 디베이트 학습을 할 경우 인간을 복제 했을 때의 문제점들을 열거할 수 있습니다. 즉 인간은 모두가 이 세상에 자기 자신은 혼자이기 때문에 정체성이 있고 존귀한 것이지만 똑 같은 사람이 여러 명이 있을 경우에는 존귀함이 현저하게 훼손될 우려가 있습니다. 게다가 사악한 인간의 무리들이 범죄에 이용할 목적으로 인간을 복제했을 때에는 문제점이 심각하게 드러날 수 있습니다. 이와 같이 논제에서 제시한 사항들의 순서와 과정을 설명하면서 자기측의 입장을 확실하게하고 상대측을 설득할 수 있게 됩니다.

넷째, 이치를 따져가며 설명합니다. 이치란 그 사회에서 어느 누구에게나 인정받고 있는 사회 통념이나 상식 등을 말합니다. 의견을 주장하는 쪽에서 억지로 논리를 꿰어 맞추어 의견을 펼치면 상식을 근거로 하여 반론을 제기하면 됩니다. 상대측에게 반론 단계에서 공박을 당하지 않기 위해서는 사회통념에 알맞은 논리로 의견을 펼쳐야 합니다.

다섯째, 논리의 내용에 따라 실험이나 실제 증거를 제시합니다. 의견을 뒷받침하는 자료들 중에서 가장 설득력이 있는 것은 바로 실물자료입니다. 디베이트 학습에 있어서도 마찬가지입니다. 과학적인 원리에 의한 직접적인 실험이나 문제가 되고 있는 실물 자료들을 직접 보여주면서 설명을 하면 상대측이 쉽게 설득당하게 됩니다. 논증 자료들 중에서 가장 막강한 것이라고 할 수 있습니다.

여섯째, 올바른 원인을 밝힙니다. 어떤 사항의 결과들을 분석하여 그 일들이 일어난 원인을 밝히는 것이 문제해결의 중요한 키가 될 때가 많습니다. 상대측이 지적한 일들의 원인이 오류가 있을 때에는 철저히 반박을 하고 올바른 원인을 제시하면 토론이 활기를 띠게 되고 판정인들로부터 많은 점수를 받으며 상대측이 그러한 논점에서는 승복하게 됩니다.

디베이트 학습을 단계별로 안내한다.

작전타임에서
압축적이고 긴밀하게
전략을 짜자.

작전타임은 입론이 끝나고 반론이 시작되기 전에 제 1차로 가집니다. 그리고 반론이 끝나고 최종변론이 시작되기 전에 제 2차로 작전타임을 가지게 됩니다. 주어지는 시간은 1분에서 2분 정도가 좋고 40분 단위로 수업을 하게 되면 1분을 배정하고 50분 단위로 수업을 하게 될 때에는 2분 정도씩 배정해도 좋습니다.

1차 작전타임 때가 매우 중요한 데, 이 단계에서는 그동안 반론 단계에서 발표를 담당하기로 했던 친구들에게 누가 어떠한 논점에 대하여 반론할 것인지 순서를 정하는 것이 좋습니다. 짧은 시간에 많은 활동들이 이루어지기 때문에 조장의 역할이 그 어느 때 보다도 중요한 순간입니다.

각 측의 조장은 두 줄로 앉아 있을 때 뒤쪽의 중앙에 앉아서, 발표하는 순서가 엉켰을 때나 정해진 시간에 발표하기로 했던 논점들이 빠지지 않고 수업이 이루어지도록 '조정'하는 소위 '컨트롤 타워' 역할을 해야 합니다. 수업에서 자주 목격되는 것이 늘 조장의 싸인에 따라 학생들끼리 적절하게 발표를 하고 있는 장면입니다.

작전타임하면 그냥 어수선하고 잠시 쉬는 시간 개념이 아니라 다음 단계의 향배를 결정짓는 매우 중요한 모둠별 소통과 협의 시간인 것입니다.

조장은 시간이 빡빡할 때를 대비하여 다음과 같은 표를 만들어가지고 미리 유인물화해서 팀원들에게 나누어 주면서 반론이나 최종변론에서 이루어지는 활동들을 협의 하는 것이 좋습니다.

학습단계명 (   )

발표 순서	발표자	상대측 오류 내용	반론 내용	시간(초)	비고
1					
2					
3					
4					
5					

특히 조장의 역할 중에 중요한 것이 상대측의 질문에 휘말려서 준비한 질문이나 공격사항들이 빠지지 않도록 때로는 강하게 제스처를 하여 자기팀의 친구들에게 조정의 역할을 해야 한다는 것입니다. 이렇기 때문에 조장은 오케스트라의 지휘자나 합창단의 지휘자처럼 사용되는

디베이트 학습을 단계별로 안내한다.

악기나 합창단원들의 수준, 노래 내용을 알고 있는 상태에서 연주나 화음을 조절하는 역할을 합니다. 디베이트 논제에 대한 논점의 전반과 팀원의 특성을 정확히 파악하고 있으며 초단위로 시간을 계산하면서 긴밀하게 운영해야 한다는 것입니다. 이러한 과정과 경험을 통해서 리더십을 훈련할 때 종합적인 사고력이 생기게 되고 전체의 상황이나 흐름을 읽어 낼 수 있는 통찰력이 신장되는 것입니다.

각 측의 조장들은 가능한 여러 친구들이 돌아가면서 맡아서 하게 되고 이전에 활동했었던 조장 친구들이 또래의 멘토가 되어 자세하게 조장의 역할 수행에 대한 안내를 해 줍니다. 이렇게 하다 보면 한 학급의 모든 학생들이 한 번 이상씩은 조장 경험을 하게 되어 전 학생들의 학력과 감성지수 및 리더십이 크게 향상되어 매우 성숙한 의식을 가지게 됩니다. 한 해 동안 디베이트 수업을 한 후에 학년말이 되면 학생이나 학부모님들이 평가하는 공통적인 말이 있습니다.

"선생님 덕분에 디베이트 학습을 알게 되었고 온 가족들이 디베이터가 되어 토론을 즐겼습니다. 그리고 다양한 논제로 가족토론을 하게 되었으며 결국에는 우리 아이 뿐만 아니라 저희 부모와 형제들도 모두 지식과 지혜가 많이 발전하게 되었습니다."

이러한 말을 들을 때마다 다음과 같이 동지애를 갖자고 주문합니다.

"틈만 나면 친구들이나 친척들에게 디베이트 학습을 널리 알리는 데 앞장서는 전도자가 되도록 노력해 봅시다."

이제까지 수많은 학생들이 각 측의 조장이 되어서 열심히 활동을 해 주었지만 특히 인상 깊었던 학생이 생각납니다.

작전타임에서 압축적이고 긴밀하게 전략을 짜자.

모 외국어 고등학교를 수석으로 입학해서 지금은 그 학생이 원하는 대학생이 되어 있습니다. 6학년 때 L 여자 학생이었습니다. 피아노를 매우 잘 치는 학생이었고 독서량도 많았습니다. 그 학생이 조장으로 활동하였는데 함께 생활하시는 할머니께서 학교에 오셔서 손녀딸의 긍정적인 변화에 대해서 이야기를 들려주셨습니다.

"선생님, 저희 손녀딸이 친구들에게 전화를 걸어서 무슨 토론주제에 대하여 전화를 받는 친구에게 발표를 시킨 후에 시간이 길면 길다고 하고 짧으면 짧다고 하며, 내용이 약하면 더욱 보충해서 자기에 언제 어떤 내용으로 전화를 다시 하라고 반 호통을 치기도 한답니다."

그 당시에는 인터넷의 이메일이 그다지 활발하게 이용되지 않고 있었던 때였기 때문에 전화로 각 팀원들끼리 소통과 협력을 할 때였습니다. 얼마나 용의주도하게 팀 훈련을 했는지 실제로 디베이트 수업을 할 때에는 군대의 작전이 진행되는 것처럼 치밀하고 체계적으로 이루어졌고 그 날의 수업에서 보여준 그 조장 여학생의 파워에 다들 놀랐습니다. 그 뒤로 후배들에게 그 학생이 보여준 조장으로서의 역할에 대하여는 성공사례로서 이야기를 많이 들려주었습니다. 그리고 교사는 판정인들이 다소 불공평한 판정을 내릴 수 있다고 예상되는 경우에는 판정인들의 자리로 가서 각 단계별 판정결과 점수를 협의하고 베스트 디베이터도 일단 물어 본 다음 무리가 없게 선정되는 지 확인하고 격려해 주어야 합니다. 물론 각 팀들이 작전타임을 운영하는 형태나 내용들도 디베이트 학습에서 이루어지는 중요한 학습요소이기 때문에 활동 점수에 포함시켜야 합니다.

'반론' 단계는
디베이트 학습에서의
백미이다.

디베이트 수업의 반론단계에서는 아래에서 먼저 설명하는 1차 반론인 반론펴기와 2차 반론인 반론꺾기로 나누어서 수업이 전개되기도 합니다. 그러나 디베이트 대회와는 달리 디베이트 수업에서는 2차 반론인 반론꺾기를 중심으로 반론펴기인 1차 반론에서 이루어지는 것을 포함시켜서 한꺼번에 전개하는 것이 흥미 있고 유익합니다. 반론 단계에서는 상대측의 주장내용을 경청하고서 그들이 가지고 있는 의견에 대한 신뢰도와 타당도가 충실한지, 논리적인 오류가 없이 탄탄한 근거가 있는지를 가늠해 보는 것입니다. 그리고 상대측의 관점에서 언급하지 못한 것들이 있는지 살펴보고 새롭게 제시해 주는 것입니다. 반론단계에서는 정해진 규칙에 따라서 인간이 지니고 있는 공격 본능과 전투 본능을 점잖게 표현해내는 게임을 즐기는 기능을 하는 면을 찾아 볼 수 있습니다.

디베이트 학습을 여러 번 하면할수록 교사들과 학생들 모두가 그야말로 역동적으로 전개되는 반론단계의 매력에 흠뻑 빠져들게 됩니다.

학년마다 수준이 다 다르겠지만 그들의 수준에서 예측하기 어려운 갖가지 공격과 방어의 지혜들이 총동원되고 그동안 숨겨져 있었던 학생들의 개성들이 투명하게 드러나게 되기 때문입니다.

반론에 관련된 일반적인 이론들을 설명하고 이어서 학교 현장에서 있었던 일화들을 소개하겠습니다.

1차 반론(반론펴기)

반론과정을 통하여 반론하는 측에서는 입론에서 다하지 못한 자신들의 주장과 주장에 대한 타당한 근거 자료를 제시하고 상대측 입론에서의 주장과 근거를 듣고 반대 의견과 증거를 제시하는 단계입니다. 반론은 팀원들이 쟁점별로 역할을 나누어 발표할 수도 있습니다.

상대방이 입론을 발표하는 동안, 또는 양측 입론이 끝나고 협의하는 시간을 이용하여 아래와 같은 반론 계획을 작성합니다. 경청하는 능력을 알아보기 위해 상대측의 입론 원고를 주지 않기 때문에 기록을 하며 들어야 합니다.

쟁점	상대측 주장과 근거	상대측의 오류	반론계획
쟁점1			
쟁점2			
쟁점3			
쟁점4			

반론펴기에서 유의할 점은 다음과 같습니다.

첫째, 상대측의 입론에 논리적인 오류가 없는지 분석해 보고 오류가 발견되면 근거를 들어 반대 의견을 펼칩니다. 만약 오류가 전혀 발견되지 않을 경우에는 쟁점 별로 자기 입장의 변론에 치중합니다.

둘째, 상대측이 제시한 근거자료에 대해 신뢰도와 타당도가 충분한지를 분석해보고 반론계획에 기록해 둡니다.

셋째, 반론 시간을 이용해서 준비해 온 자료를 충분히 활용하여 제시합니다. 자료는 토론에 참가한 모든 사람들이 볼 수 있도록 합니다.

2차 반론(반론꺾기)

질문을 통해 다른 의견이나 주장의 부당함을 밝혀서 꺾는 사고 과정으로 입론과 반론펴기에서 발견되는 모순과 불명확한 점에 대해 상대측을 심문합니다. 반론 펴기 단계보다도 찬성측과 반대측간의 상호작용이 긴밀한 것이 반론꺾기 과정입니다. 질문을 통해 상대측의 허점을 찾아 어떤 질문을 하며, 상대편이 어떻게 답변하느냐에 따라 대응방법을 달리 하기 때문에 순발력 있게 대처해야 합니다. 특히 불충분한 근거자료와 신뢰성이 떨어지는 자료, 용어 정의에 대한 질문이 예상되므로 이에 대한 충분한 준비와 연습이 필요합니다. 준비한 자료는 반복하여 제시해도 좋습니다.

반론꺾기를 성공적으로 하기 위해서는 어떻게 해야 할까요?

첫째, 질문을 짧고 명확하게 합니다. 질문에 대한 배경 설명까지 장황하게 하면 정해진 시간을 많이 낭비해 아주 큰 손해를 보게 됩니다.

국회에서 증인들이나 해당 사건의 장관들을 출석시켜 놓고 날선 비판을 하는 야당의원들의 질문(심문)이나 공권력의 대표자인 검사가 피의자를 심문할 때와 유사한 방법으로 질문을 하는 것입니다. 청문회 과정에서 여당 국회의원들은 정책집행을 담당했던 정책파트너인 행정부서 장관이나 국장급들을 변호하기 위해서 사건의 개요나 출석한 사람들의 업적, 열정 등을 부각시키기 위해서 때로는 장황하다고 할 정도로 질문을 오랫동안 하는 것을 쉽게 볼 수 있습니다. 하지만 야당의원들은 발생한 사안들에 대하여 사실관계를 치밀하게 확인을 하고 소홀히 했던 점들을 집중적으로 추궁을 해야 하기 때문에 질문을 짧고 명확하게 하는 것이 통례입니다. 학교에서 디베이트 수업을 할 때에 이와 같은 질문공세를 하기 위해서는 많은 준비와 연습이 필요하고 여러 차례하다 보면 익숙하게 되며 자신감을 가질 수도 있게 됩니다.

둘째, 상대측에게 질문을 할 때에는 되도록 '예, 아니오'로 답변할 수 있도록 정리해서 합니다. "~에 대하여 어떻게 생각하십니까?" 등의 질문을 하면 상대방이 장황하게 대답을 하게 되어 질문하는 쪽 보다 답변하는 쪽이 오히려 유리하게 되기 때문입니다. 예를 들어 국회청문회에 출석한 증인이나 해당 공무원들에게 야당 국회의원들이 질문했을 때 '예' 혹은 '아니오'라고 답변할 것을 요구했는데에도 불구하고 자기변호를 하려고 할 때에는 심할 정도로 호통을 치고 몰아붙이는 것에 대하여 매스컴을 통해서 볼 수 있습니다. 그리고 공격할 수 있는 순서에서 질문권이 넘어왔을 때 확실히 점수를 따 놓아야 합니다. 만약 상대측이 장황하게 답변을 하면 정중하게 답변을 멈추게 할 수 있는 권한이 공격측에게 있습니다.

셋째, 마음을 가라앉히고 흥분하지 않도록 합니다. 토론수업의 전제조건에서 말씀드린 것처럼 토론은 논제에 대하여 가장 합당한 대안을 찾아내기 위하여 편을 나누고 그 입장에서 최대한 의견을 펼치는 것이기 때문에 이성을 잃고 흥분하면 말의 순서를 잊어버리거나 질문할 내용을 잊기 쉬우므로 불리합니다. 따라서 토론을 할 때에는 말하는 학생들과 듣는 학생들 모두 지극히 이성적인 태도로 임해야 합니다. 저학년으로 갈수록 냉철한 이성적인 측면보다는 직관적인 면이 많은 시절이므로 몇몇 학생들이 이성을 잃어버리고 말의 꼬투리를 잡는다거나 윽박지르듯이 상대편을 몰아세우는 경우가 왕왕 있어서 웃음바다로 만들어 버리기도 합니다. 그렇지만 결국 토론주체들의 장점과 단점을 정확하게 카운트하는 판정인들에게 감점이 되어 패배하게 되고 후회하게 되는 결과를 초래합니다. 특히 학교 현장에서 토론수업을 하다보면 가치논제를 가지고 토론을 할 때 인신공격성 발언이 나올 때가 있습니다. 발표하는 학생이 평소에는 그렇게 하지 않으면서도 말은 그럴듯하게 했을 때 상대측이 이렇게 신경질적으로 물어봅니다.

"지금 말한 친구는 평소에 그렇게 생활하지 않으면서 이 번 토론수업을 할 때에는 마치 그렇게 생활하는 것처럼 말하는 것을 보면 위선자 같습니다."

이러한 말을 듣는 학생들은 발끈해서는 안 됩니다. 왜냐하면 논제를 놓고 찬성측과 반대측을 정할 때 자기 자신의 주관적인 관념과 자신이 실천을 잘 할 수 있기 때문에 그 입장에서 의견을 발표하는 것이 아니라 '내가 만약 그러한 상황에 처해 있다면 어떻게 하겠다.' 는 객관적인

'반론(反論)' 단계는 디베이트 학습에서의 백미이다.

생각을 말하는 것이기 때문입니다. 이렇게 디베이트 학습에서 지켜야 하는 기본적인 준수사항을 간과하고 인신공격을 할 때에는 오히려 감점 당하게 됩니다. 어린 학생들이 정도가 심할 정도로 다툼이 일어날 때에는 판정인이 따끔하게 경고를 하게합니다. 그래도 중단이 되지 않으면 사회자인 교사가 제지를 시키고 그러한 비난행동을 반복할 때에는 다음 번에 있을 '디베이트 학습에 참여할 수 있는 학생으로서의 자격'을 박탈할 수도 있습니다.

넷째, 상대측이 불명확하게 질문을 하면 질문의 요지를 다시 물어 확인합니다. 질문하는 측에서 질문의 목적이 정확하게 초점이 맞추어져 있지 않을 때에는 질문하는 측이 감점을 당하게 됩니다. 반대로 질문을 명확하게 제시했는데에도 불구하고 질문을 받은 쪽에서 질문을 할 때 다른 생각을 하고 있었거나 제대로 이해하지 못했다면 질문을 받은 측이 감점을 당하게 되는 것은 당연한 것입니다.

다섯째, 상대측이 내린 용어의 정의가 부당하게 상대측에게 유리할 때에는 부당성을 지적합니다. 용어의 정의를 달리하면 토론의 방향이 엉뚱한 데로 흘러갈 수 있고 한쪽이 일방적으로 이득을 받을 수도 있기 때문입니다. "만화는 우리사회에 매우 유익하다."라는 논제에서 만화는 종이로 만들어진 것 뿐만 아니라 영화로도 상영되어지는 애니메이션도 포함됩니다. 애니메이션이 만화라는 개념에 포함되느냐의 여부는 반론 단계에서 논의되어지는 폭과 깊이에 있어서 매우 달라집니다. 이와같이 논제에서 나타나는 용어의 정의를 정확히 하는 것이 성공적인 토론 학습을 보장할 수 있습니다. "심청이가 한 행동은 지혜로운 것이다."라는 독서토론 논제의 경우에도 어떤 학생들은 심청이가 한 행동보다는 심청전이라는 이야기에 초점을 맞추어서 토론을 진행하다가 토론을 하는 중간에 용어의 정의를 이해하고 후회하는 것을 볼 수 있습니다.

여섯째, 상대측이 제시한 근거자료를 면밀히 분석하여 신뢰도와 타당도를 따져봅니다. 상대측이 주장하는 의견들에서는 대개 시간대의 변화에 따른 일관성인 신뢰도에 크게 어긋나지 않으나 논제 적합성인 타당도에 있어서는 왜곡되거나 불확실한 것들이 많이 발견됩니다. 소위 논리적인 오류들 중에서 가장 많은 비중을 차지하는 것이 타당도의 결여입니다. "초등학생들에게 장신구착용을 허용해야한다."라는 논제를 가지고 디베이트 수업을 할 때의 반론꾀기 상황이 떠오릅니다. 찬성측에서 이렇게 입론을 했습니다.

"반대측 친구들도 경주나 공주에 있는 왕릉에 가 본 경험이 있을 것입니다. 그 곳에서 무엇을 보셨습니까? 왕과 왕비들의 목걸이와 귀걸이, 벨트 등과 같은 장신구들을 보았을 것입니다. 옛날의 우리 조상들도 장신구 착용을 했는데 이렇게 현대화된 시대에 자신의 아름다움을 위해 귀걸이나 목걸이 착용을 허용하는 것은 당연시 되어야 합니다. 또한 우리 초등학생들이 장신구 착용을 한다고 하더라도 어느 누구에게 피해를 주는 것도 아닌데 굳이 금지하는 이유가 무엇인지 모르겠습니다."

반대측에서 찬성측에서 놓친 타당도의 오류에 대하여 정곡을 찌릅니다.

"지금 찬성측에서는 논제를 제대로 이해하고 있지 않은 것 같습니다. 논제에서 밝힌 바와 같이 장신구 착용의 주체는 일반 어른들이 아니라 '초등학생들' 입니다. 옛날의 왕족들이 초등학생들 입니까?"

위의 예시는 주제 적합성인 '타당도'의 오류를 지적한 예입니다.

이와같은 논제를 가지고 디베이트 학습을 한 결과 찬성측의 논제에 대한 정확한 이해가 없었기 때문에 많은 공격을 당하여 반대측이 한판승을 했습니다.

신뢰도의 문제는 입론이나 반론 단계에서 주장하는 의견들이 시간을 달리하면서 달라져 헷갈리게 하는 경우입니다. 어떤 경우에는 자기 팀원들끼리 의견이 일치되지 않아서 앞에서 말한 내용과 뒤에 말한 내용이 다른 경우가 있습니다. 그래서 상대측으로부터 호되게 공격을 당하고 후회를 하게 됩니다. 이와같이 디베이트 수업에서는 상대측의 의견에도 경청해야 하지만 자기팀의 발표 내용 또한 정확히 이해하고 있어야 합니다. 디베이트 수업이 가져다주는 최대의 선물이 친구들의 의견을 매우 주의 깊게 듣고 자신의 생각과 비교할 수 있게 된다는 것입니다.

일곱째, 상대방의 정곡을 찌르는 질문을 합니다. 디베이트 수업을 하다보면 주장하는 의견이 어느 한쪽 측면에서 마치 만고의 진리이고 대안이 없는 것처럼 이야기 하는 것을 쉽게 발견할 수 있습니다. 이렇게 취약한 점들을 콕콕 찔러서 상대측을 당혹스럽게 하면 많은 점수를 얻을 수 있고 상대측에게 폭넓게 생각하는 기회를 제공하게 됩니다.

"만화는 우리 사회에 매우 유익하다."라는 논제를 가지고 디베이트 수업을 할 때 입니다. 찬성측에서 "만화는 줄글들을 읽을 때 보다는 우리들에게 상상력을 불러일으켜 줍니다."라는 의견을 발표했습니다. 이에 대해서 반대측에서 강력하게 반대 주장을 펼쳤습니다.

"아닙니다. 만화는 글을 읽을 때 읽는 사람 나름대로 자신의 개인적인 경험을 통해서 상상을 하게하는 힘을 펼치지 못하게 하기 때문에 오히려 상상력을 제한할 수도 있습니다."

찬성측에서는 반박할 의견과 근거를 모색하는 데 전전긍긍하면서 이러한 논점을 미처 준비하지 못하고 있었던 찬성측 조장은 매우 당혹스러워하고 있었습니다. 찬성측 팀원 모두가 서로의 얼굴을 바라보면서 어느 누가 반대측의 위와 같은 반박에 대하여 재반론으로 꺾어주길 고대하고 있었습니다. 이 때 찬성측을 구원할 '구세주(?)' 가 등장했습니다. 어떠한 논리로 반대측이 코를 납작하게 해 주었을까요?

"여러분, 우리들이 즐겨 보고 있는 만화책이나 애니메이션을 만든 사람들은 단순히 그림만을 잘 그리는 사람들일까요? 제가 알고 있기에 만화가들의 대부분은 우리들보다 훨씬 더 다양하고 많은 경험을 한 창의성을 지닌 사람들입니다."

"예를 들면 《타짜》, 《꼴》, 《식객》 등의 만화작품을 그린 허영만이라는 화백은 서양화를 전공했고 평범한 사람들이 경험하지 못하는 수많은 것들을 몸으로 경험을 한 사람입니다."

"초등학생들이나 중고등학생들과 비교해 볼 때 앞에서 예를 들었던 만화가들이 그려내는 장면들을 비교 해 보면 어느 쪽이 더 상상력이 풍부하다고 할 수 있을까요?"

이렇게 뜨거운 공방을 계속하여 결국에는 '상상력을 키워 준다.' 라는 논점에서는 찬성측이 승리를 했고, 그렇게 발표를 했던 학생은 친구들의 열렬한 신뢰속에 결국 2학기에 학급의 회장으로 당선이 되었습니다. 예상하지 못했던 찬성측의 공세에 대응하지 못했던 반대측 학생들의 분위기는 그야말로 찬물을 끼얹은 것처럼 잠잠했습니다.

만화와 관련된 디베이트 수업이 끝난 후에 만화가들의 우수성을 지적해 낸 학생에게 물어보았습니다.

"ㅇㅇ야, 혹시 네가 제시한 의견에 반박할 내용도 있었니?"

"예, 선생님 저는 줄글로 되어 있었던 인기 작품들을 만화책이나 만화영화로 만든 것들을 비교 해 보면 줄글들이 훨씬 더 재미있었다는 것과 상상력은 창의성의 한 분야이기 때문에 어렸을 때부터 자기만의 생각을 해 보는 훈련을 지속시켜 준다는 의미에서 줄글이 만화보다 훨씬 더 상상력을 키워주는데 도움이 된다고 반박했을 것입니다."

그 학생이 평소에 얼마나 폭넓고 깊이 있게 생각을 많이 하면서 생활하고 있는지 매우 놀랐습니다.

여덟째, 상대방의 논리적인 취약점을 찾아 집중적으로 질문합니다. 어느 때에는 같은 팀 구성원들이나 한 학생이 여러 차례 발표를 할 때 앞에 주장한 내용과 중간이나 끝부분에서 주장하는 내용들이 현저히 상이한 점들을 확인하게 됩니다. 소위 논리적인 오류를 범하고 있는 것이지요. 이러한 논리적인 약점들에 대해 계통을 세워서 메모해 두었다가 집중적으로 질문 공세를 하는 것 또한 반론 단계에서 매우 중요한 포인트입니다.

아홉째, 자기 팀이 질문을 하는 동안 다른 학생들은 질문에 대한 답변을 분석하고, 또 다른 학생들은 다음 쟁점에 대해 질문할 준비를 합니다. 같은 의식 수준의 친구들끼리 토론을 하기 때문에 반론과정에서 매우 팽팽한 느낌을 줍니다. 그렇기 때문에 학생 혼자 여러 논점들을 다 챙겨서 공격이나 방어를 하기가 매우 어렵습니다. 따라서 자기 팀원이 상대팀을향해서 질문을 하는 동안 다른 사람들은 입론 단계에서나 미리 준비했던 내용들을 상황에 알맞게 질문할 준비를 해도 좋습니다.

그동안 200회 이상의 디베이트 수업을 해 보면서 '반론 단계에서는 어떠한 활동들이 이루어졌으면 좋겠는가?' 생각을 많이 해 본 결과, 다음과 같은 결론에 도달하게 되었습니다. 디베이트 대회에서는 반론펴기와 반론꺾기 단계가 별도로 분리되어서 진행이 될지라도 디베이트 수업에서 만큼은 이 두 단계가 혼합이 되어 그냥 '반론' 단계로써 이루어졌으면 한다는 것입니다. 실제로 디베이트 수업을 처음으로 실행할 때에 반론펴기와 반론꺾기를 각각 한 단계씩 두 단계로 나누어서 수업을 진행하였습니다. 그렇지만 질문을 주고 받는 '반론꺾기' 단계에서 시간이 너무 짧고 반론펴기 단계에서는 그다지 활기차게 토론이 이루어 지지 않고 있었습니다. 그 다음 디베이트 학습시간에는 주로 상대측이 입론과정에서 발표한 오류들을 지적하여 질문을 던지는 '반론꺾기' 위주로 수업을 해 보았습니다. 그러한 결과 학생들의 반응 또한 매우 좋았고 수업현장의 적합도면에서 월등히 효과가 있었습니다. 왜냐하면 이러한 '반론꺾기 형태의 반론 단계 내' 에서 '반론펴기 단계에서 이루어져야 하는 것들' 을 포함해서 활동할 수 있기 때문입니다. 즉, 입론에서 다하지 못한 자신들의 주장과 주장에 대한 타당한 근거자료를 제시하고 상대방의 입론에서의 주장과 근거를 듣고 반대 의견과 증거를 제시하는 내용들이 반론꺾기 단계에서 모두 이루어 질 수 있는 것을 확인했습니다.

"초등학교에서 중국어를 정규교과로 도입해야 한다." 라는 논제에 대해 찬성측은 "중국어를 정규교과로 즉시 도입해야 한다."는 의견을 위해 다음과 같은 근거를 제시할 수 있습니다.

첫째, 우리나라는 한자문화권에 있습니다.

둘째, 경제·문화교류에 긍정적입니다.

셋째, 영어와 함께 병행해도 무리가 없습니다.

넷째, 우리 국민의 능력개발을 위해 조기에 실시하는 것이 좋습니다.

이러한 찬성측의 의견에 대하여 반대측에서는 다음과 같은 반론을 제기할 수 있습니다.

첫 번째, "우리는 한자 문화권에 있다."는 의견에 대하여는 우리는 한자는 쓰고 있으나 한자라는 언어와 별개의 문제입니다.

두 번째, "경제·문화교류에 긍정적이다."라는 의견에 대하여는 일본은 한자를 우리보다 더 많이 사용하고 있지만 중국어를 초등학교에서 가르치지 않습니다.

세 번째, "영어교육과 병행해도 무리가 없습니다."라는 의견에 대하여는 네 가지 근거를 들어 반론을 할 수 있습니다.

"사교육비가 늘어 날 수 있습니다."

"국어의 정체성이 약해질 수 있습니다."

"초등학생의 능력에 무리입니다."

"중국어 아니고도 배울 것이 너무 많습니다. 단순한 중국어 학습 보다는 중학교에 진학한 이후부터는 멀리 보면 대학입시를 준비해야하는 강박관념 때문에 다양한 분야에 걸쳐서 독서하기에 시간이 없는 위와 같은 반대측의 반론에 대하여 찬성측에서는 반론을 꺾어야 합니다. 이 때 반대측이 반론한 것들 중에서 찬성측에서 인정하거나 수긍할 것은 수긍 해야 합니다. 그리고 반론을 할 만한 내용들을 미리 예상해서 준비한 다음 반론을 꺾는 것이 중요합니다. 첫 번째의 반론 중에서 "한자는 쓰고 있으나 언어와는 별개의 문제"라고 하는 것은 인정합니다. 하지만 두 번째의 반론인 "일본은 한자를 우리보다 더 많이 사용하고 있지만 중국어를 초등학교에서 가르치지 않습니다."라는 것에 대하여는 반론을 꺾을 만한 여러 가지 논점들이 있습니다.

"일본이 우리의 모범은 아니다."

"우리가 일본을 앞서갈 수 있는 기회다**반례 제시**."

"우리가 중국과 더 긴밀한 관계를 유지할 수 있는 방법이기도 하다.
수출액 세계 1위, 중국교포연관, 대북관계."

와 같은 내용으로 반론을 꺾을 수 있습니다.

그리고 찬성측에서 주장하는 세 번째의 반론인 "영어교육과 병행해도 무리가 없습니다."라는 의견에 대하여 "외국어를 많이 구사한다고 해서 국어의 정체성이 약해지는 것과 인과관계는 없다고 생각합니다."와 같이 반론을 꺾으면 좋습니다.

'반론(反論)' 단계는 디베이트 학습에서의 백미이다.

최종변론(最終辯論)에서
자기측 주장의 옥석을
가려서 발표하자.

최종변론最終辯論이란 디베이트 수업의 마지막 단계입니다. 입론立論 단계에서는 제시된 논제에 대한 자기의 주장에 대한 이유와 근거를 들어 펼치고, 반론反論펴기 단계에서는 상대측의 입론에서 모순점을 찾아 증거를 대며 오류를 지적합니다. 반론反論꺾기 단계에서는 반론을 펼친 내용을 중심으로 질문을 통해 상대방의 허점을 공격하고 자기의 주장이 더 타당함을 입증합니다. 최종변론 단계는 디베이트 수업의 뼈대가 되는 주요 단계 중에서 최후의 단계라고 할 수 있습니다.

최종변론에서는 반론펴기와 반론꺾기에서 타당성이 검증된 주장만을 살리고, 부당성이 지적된 주장은 과감히 버려야 합니다. 또 상대측이 훌륭한 논리를 내세웠으면 칭찬도 해주어야 합니다. 그러나 잊지 말아야 할 것은 그럼에도 불구하고 자기측의 논리가 더 훌륭하다는 것을 증명해 보여야 하는 것입니다. 최종변론에 들어가기 전에 1분이나 2분 정도 같은 팀끼리 협의하는 작전 타임이 주어지는데 이 시간을 잘 활용하여 조장을 중심으로 빠른 시간 내에 입론의 내용을 재구성해야 합니

디베이트 학습을 단계별로 안내한다.

다. 즉 반론펴기 및 반론꺾기 단계에서 이루어진 내용들을 서로 비교하여 상대방의 질문을 받고 입증을 하지 못한 주장은 과감히 버립니다. 그리고 질문을 통해 지적했던 상대측 주장의 허점은 확실하게 잘못된 것임을 재강조해야 합니다. 이러한 재구성의 과정을 통해 학습자들은 논점에서 요구되는 의사결정 내용들에 대하여 비교 분석하고 종합하는 고차원적인 사고력을 배우게 됩니다. 최종변론에 이루어져야 할 구체적인 내용은 다음과 같습니다.

첫째, 토론의 쟁점을 구체화하여 거론합니다.

둘째, 상대측 주장 및 태도 등 우수했던 점들을 인정하고 칭찬 해 줍니다.

셋째, 자기측이 주장했던 오류에 대해서 상대측이 날카롭게 지적했던 내용들을 제대로 입증하지 못했던 점을 솔직히 인정합니다.

넷째, 상대측의 오류나 허점을 강조합니다.

다섯째, 상대측 주장과 비교하여 내 주장이 더 우세한 것을 강조합니다.

그리고 최종변론에서 이러한 점들에 주의를 기울여야합니다.

첫째, 입론의 주장을 그대로 주장해서는 안 됩니다.

둘째, 입론에서 주장하지 않았던 새로운 쟁점들에 대하여 주장을 하지 않는 것이 좋습니다.

셋째, 논리적인 흐름에 부합된 주장을 하고, 감성에 호소하는 내용은 배제해야 합니다.

넷째, 상대측에서 주장하지 않는 새로운 주장을 만들어 변론을 해서는 안 됩니다.

다섯째, 미리 써온 원고를 그대로 읽어서는 안 됩니다.

최종변론(最終辯論)에서 자기측 주장의 옥석을 가려서 발표하자.

여섯째, 끝까지 침착하고 예절바르며 설득력 있게 주장을 해야 합니다.

우리들은 다시 한 번 ○○이 옳다고 주장합니다. 지금까지 우리들의 토론수업에서 분명하게 알게 되었던 것을 다시 한 번 더 (   )가지 근거를 제시하겠습니다.

첫째, (   )입니다. ○○에 의하면 ……

둘째, (   )입니다. 참고도서 ○○에 의하면 ……

셋째, (   )입니다. ○○ 조사에 의하면 ……

이와 같은 근거로 ~에 대하여 찬성(반대)측이 옳다고 주장합니다.

디베이트 수업을 할 때 이러한 최종변론 단계에서 통계자료를 인용하거나 확실하게 자극을 주는 그림 자료들을 제시하면서 상대측의 오류를 지적하고 자기측의 정당성을 부각시키는 경우를 자주 봅니다. 특히 통계자료를 원그래프나 띠그래프, 그림, 사진 등을 이용하여 자기측에서 주장하는 내용들을 구체적으로 설명을 덧붙여서 설득하여 많은 점수를 획득하게 됩니다. 왜냐하면 시각적인 자료들을 가지고 입론과 반론을 거치면서 입증된 의견을 확고하게 밝히고 상대측과 판정인을 설득할 수 있기 때문입니다.

판정인을 감동시키는
토론자가 되자.

디베이트 학습을 통해 상대측을 설득하는 기술을 향상시켜 갑니다. 찬성측과 반대측 입장에서 토론하는 학생들을 판정하는 판정인들은 논제에 대해 양 팀이 자기측의 입장에서 설명한 것을 기반으로 어느 주장이 더 옳은지를 판정합니다. 그렇기 때문에 토론자들은 그들이 주장하고자 하는 내용들을 효과적으로 전달해야 할 뿐만 아니라, 내용 자체가 논리적이고 합당한 증거도 많아야합니다. 이것을 좀 더 구체적으로 살펴보면 디베이트 수업은 스타일, 내용, 전략의 세 가지 조건을 생각해 주장의 완벽성을 살피는 판정이 진행됩니다. 판정인들이 판정하는 기준이나 비율을 굳이 따지자면 태도와 자신감, 표정, 제스처 등의 스타일 40%, 내용 40%, 팀끼리의 의사소통의 긴밀도와 전략 20% 정도가 반영되는 것을 알 수 있습니다.

첫 번째로 태도와 자신감, 표정, 제스처 등과 같은 '스타일'을 살펴보겠습니다. 스타일은 주장이 어떻게 표현되는 가를 판정하는 것입니다. 그렇기 때문에 주장하는 논리성 보다는 한 번 들었을 때 얼마나 듣는 사람들의 흥미를 끌 수 있는가, 얼마나 멋있고 맛깔스럽게 말할 수 있는 것인가를 살펴봅니다. 이 때 말을 잘하는 학생들이 이곳에서 저절로 그 빛을 발합니다. 스타일 안에는 여러 가지 학습요소들이 포함되어 있습니다. 그 예로는 유머, 손짓, 말하는 속도, 포즈, 목소리 크기, 발성, 발음 등이 포함됩니다. 스타일을 보다 효과적으로 펼치기 위해서는 무엇을 어떻게 해야 할까요?

사람들은 모두가 유머를 좋아합니다. 유머는 매우 주관적인 성향이 강해서 판정인들이 웃기다고 생각하면 점수를 더 주고 안 웃긴다고 생각하면 점수를 깎을 수도 있습니다. 어설프게 유머를 시도하다가 오히려 장난스러운 분위기를 만들어서 판정인들로부터 감점을 받은 학생들이 있어서 매우 안타깝습니다. 하지만 유머를 시도해서 점수를 확실하게 획득하는 방법이 있습니다. 바로 논제와 관련된 '지적인 농담'을 하도록 노력하는 것입니다. 왜냐하면 지적인 농담은 발표자가 자신의 의견에 대하여 정확하게 이해하고 있고 입체적인 파악과 더불어 일상생활에서 적응력이 있다는 것을 보여줄 수 있는 좋은 장치이며, 디베이트 논제와 관련해서 주장 자체의 이해를 돕고 상대측에게 이해를 확실하게 도와주는 데도 한 몫을 하기 때문입니다.

손짓 소위 제스처도 토론자의 주장에 힘을 더해주고 상대측이나 판정인들의 이해를 돕는 유용한 도구이기 때문에 제대로 사용하는 것이 중요합니다. 일반적으로 손짓은 포인트를 강조하는 데 사용됩니다. 예를 들어서 상대측이 사회 약자들의 기회를 빼앗아가려는 것을 몰아붙일 것이라면 상대측의 테이블을 향해 강하게 항의하는 손짓을 해가면서 큰 목소리로 주장하는 것이 아주 효과적일 것입니다. 그리고 통계를 통해 어떤 추세가 늘어나는 것을 표현하려면, 두 손으로 위로 들어 올리는 듯한 동작을 몇 번 반복하여 주장을 하는 것도 좋습니다. 발표를 효과적으로 하는 태도가 익숙해진 학생의 경우는 상황에 따라 무슨 동작을 하는지 미리 정해 두고 주장할 때의 말과 손짓이 자유롭게 조화를 이루어 표현하는 것을 볼 수 있습니다. 그렇지만 손짓이 효과를 발휘하기 위해서는 말의 내용과도 맞아야 하지만 다른 사람이 하는 동작을 그대로 모방하지 않고 자기만의 분위기에 어울리는 동작을 창조해 내는 것이 더욱 중요합니다. 왜냐하면 다른 사람한테 어울린다고 해서, 그 손짓을 모방한 사람에게도 어울린다는 보장이 없기 때문입니다. 물론 손짓은 의견의 내용과도 잘 맞아야 하는 것은 당연한 사실입니다. 강한 주장은 손짓을 강하게 해야 하고, 약한 주장에는 손짓을 약하게 하는 것이 매우 효과적일 것입니다. 만약 말은 잘 들리지도 않거나 내용이 부실한 데 손짓만 이리저리로 움직인다면 매우 어색할 것입니다. 특히 초등학교 학생들인 경우에 이러한 손짓에 지나치게 신경을 쓰게 되면 오히려 역효과가 날 수도 있기 때문에 발표자의 감정에 자연스럽게 맡기는 것도 좋은 방법입니다. 즉, 강조해야할 내용이면 당연히 목소리도 높아지고, 말 속도도 조금 빨라질 뿐만 아니라 손동작도 나름대로 어울리게 할 것입니다.

발음은 상대측이나 판정인들이 알아들을 정도면 됩니다. 발음으로 인한 효과를 극대화시키기위해서 주장하는 학생이 강조할 때에는 보다 강한 어조로 하여 주의를 환기시키는 것이 좋습니다. 발음 때문에 상대측이나 판정인들이 감동을 받거나 점수를 높여주지는 않기 때문입니다. 영어로 토론을 할 때에도 마찬가지입니다.

말하는 속도와 목소리의 크기에는 어떤 특정한 원칙이나 공식이 없습니다. 물론 주장하는 정도에 따라서 속도와 크기가 변해야 된다는 기본은 엄격히 지켜져야 합니다. 중요한 포인트를 말할 때는 목소리의 크기가 조금 더 커지고, 강조하기 위해서 속도는 조금 더 느려지는 것이 일반적입니다. 발표하는 것을 전체로 볼 때 시작 부분에서 약간 더 조용하고 느리게, 그리고 뒤로 갈수록 커지고 빨라집니다. 디베이트 수업에서도 뜨거운 쟁점이 점화되어서 타오를 때 에너지와 열정이 증가하는 것은 당연한 이치입니다.

의사소통을 할 때에는 상대방의 눈이나 눈의 바로 아래 부분을 바라보면서 이야기를 하면 정보의 전달과 설득이 훨씬 쉬워집니다. 왜냐하면 상대측의 눈을 바라보면서 이야기하는 것은 그 사람의 마음을 향해 이야기를 하는 것과 같은 효과가 있기 때문입니다. 디베이트 학습을 할 때에도 상대측이나 판정인, 사회자의 눈을 돌아가며 보면서 발표하도록 노력해야 합니다. 특히 판정인들이 여러 명일 때에는 시간을 골고루 안배하여 모두를 번갈아가며 쳐다보는 것이 중요합니다. 만약 한 명의 판정인만을 집중해서 쳐다본다면, 다른 판정인들은 자신들을 덜 중요하게 생각하는 것으로 오해할 수 있기 때문입니다. 그렇게 되면 당연히 점수에도 안 좋은 영향을 끼칠 수도 있습니다.

발표하는 문장의 구조도 스타일의 중요한 요소입니다. 똑같은 내용이라도 어떻게 표현하느냐에 따라 전달 효과가 달라집니다. 예를 들면, 어떤 정책이 사람을 죽인다고 말하고 싶을 때, 그냥 '죽인다' 고 단순하게 말할 수 있고, "부당한 정책 때문에 약이 그대로 방치하게 됨으로써 정부가 시민에게 사형포고를 한다."처럼 강하고 상징적인 표현을 쓰게 되면 어떨까요? 이렇게 하면 상대측이나 판정인들에 대한 설득의 효과가 두 배로 증가될 것입니다. 문장구조가 복잡한 것과 간략한 것 중 어떤 것이 효과가 더 클까요? 항상 그런 것은 아니지만 전달 내용에 따라 간략한 문장구조가 오히려 더욱 큰 효과를 발휘할 수도 있습니다. 토론자는 발표 연습을 거듭하고 자신이 발표하고자 하는 문장을 같은 팀원들과 협의를 꾸준히 하고 수정을 계속해서 가장 설득력이 큰 문장구조를 개발하도록 최선의 노력을 다해야 할 것입니다.

두 번째로 '내용'을 살펴보겠습니다. 논제에 대하여 찬성측이나 반대측에서 자신들의 의견을 뒷받침하는 논리와 증거로 이루어져 있는 것이 내용입니다. 즉, 주장을 잘 증명해 주는 내용이 좋은 것입니다. 주장을 잘 히기 위헤서는 세 기지 요소 즉 주징, 논리, 자료가 질 배합되어 있어야 할 것입니다. 일단 증명을 잘하기 위해서는 증명이 누구나가 이해하기에 어렵지 않아야 합니다. 아무리 좋은 증명일지라도 상대측과 판정인의 이해가 어렵다면 증명으로서의 효과가 크지 않기 때문입니다. 즉 주장은 판정인은 물론이고 상대측이 들었을 때에도 쉽게 동의할 수 있는 것이어야 합니다. 그리고 주장의 두 번째로 강조되어야 할 부분으로 '논리'입니다. 즉 자기측이 발언한 것들의 내용 자체가 논제에 대한 자기측의 주장에 적용될 수 있는지를 설명하는 부분입니다. 그러기위해서는 디베이트 논제 전체와 연결선상에 있어야 합니다.

세 번째로 판정인을 감동시키는 중요한 요소로는 의견을 뒷받침하는 '자료'입니다. 자료에 대해서는 앞에서 자세하게 살펴보았습니다.

공평하고 손쉽게
판정(判定)하는
요령을 익히자.

　판정이란 토론의 마지막 단계인 최종변론이 끝난 후 토론의 승패를 결정해 주는 것을 말합니다. 승패를 결정해 주는 판정은 토론의 흥미와 박진감을 더해 줄 뿐 만 아니라 학급의 모든 학생들에게 역할을 주어 토론에 참여할 수 있게 하는 방법이 되기도 합니다. 처음에는 교사가 판정의 시범을 보여주고 판정의 필요성 및 판정하는 방법을 설명해 준 후 찬성측과 반대측 토론학생들을 제외한 모든 학생들이 골고루 판정을 경험 할 수 있도록 하는 것이 좋습니다. 단, 교사는 토론의 유형 및 학생의 토론 수준에 맞는 토론 판정표를 준비하는 것을 잊지 말아야 할 것입니다. 판정인들이 정해지면 판정 기준표에 제시된 기준들을 자세히 설명 해 줍니다. 찬성측과 반대측 학생들의 이름을 적게 하고 각 단계마다 개별적인 학생들이 어떻게 참여하는가를 나름대로 통계를 내게 합니다. 그리하여 객관적이고 공정하게 판정을 하게 합니다.

　판정인은 홀수로 구성하는 것이 무승부를 막을 수 있어서 좋습니다. 경우에 따라서는 무승부Tie가 되기도 하는데 교육토론인 경우에는 무승부가 되지 않도록 판정인을 홀수로 두고, 판정표의 영역도 홀수로 구성하는 것이 좋습니다.

　디베이트 학습에서 사용할 수 있는 여러 가지 판정표가 있을 수 있는데, 토론의 형태에 따라 알맞은 것을 선택하는 것이 좋습니다.

〈디베이트 학습 판정표 예시 1〉

평가 영역	평 가 항 목	판정 근거		판정(O표)	
		찬성측	반대측	찬성측	반대측
입 론 (주장 펼치기)	1. 주요 용어에 대한 정의의 보편타당성			승	승
	2. 주장에 대한 타당한 근거나 이유, 정부의 활용 능력			승	승
	3. 주장을 뒷받침하는 추론(논리구성)과 설득력			승	승
반 론 (반론 펴기, 반론 꺾기)	4. 상대측 용어 정의에 대한 찬성 또는 반대의 표시와 근거 확인			승	승
	5. 상대측이 제시한 근거와 자료의 출처나 진위의 점검			승	승
	6. 상대측의 주장과 이유, 근거에 대한 결정적인 반론			승	승
	7. 효과적인 질문			승	승
	8. 질문에 대한 성실하고 적절한 답변			승	승
	9. 주장과 질문, 답변의 일관성			승	승
최 종 변 론 (주장 다지기)	10. 자기측 주장의 타당성 부각과 근거, 이유의 재구성 능력			승	승
	11. 상대측 주장의 부당성과 논리적 부조리 부각 능력			승	승
팀 운영과 예절	12. 팀원 간 협력과 역할 분담			승	승
	13. 발음, 목소리의 크기, 말의 빠르기, 신체적 표현의 적정성과 자신감, 예의바른 언행			승	승
합　계 (승수)					

공평하고 손쉽게 판정(判定)하는 요령을 익히자.

〈디베이트 학습 판정표 예시 2 - 기초단계 〉

잘한측에 ○ 하기

	입 론		반 론		최 종 변 론	합 계
	근거	설명	반론펴기	반론꺾기		
찬성측						○이 ( )개
반대측						○이 ( )개
판정결과						
판정이유						

〈 디베이트 학습 판정표 예시 3 - 기초단계 〉

점수에 ○ 하기

	입 론		반 론		최 종 변 론	합 계
	근거	설명	반론펴기	반론꺾기		
찬성측	1 2 3	1 2 3	1 2 3	1 2 3	1 2 3	점
반대측	1 2 3	1 2 3	1 2 3	1 2 3	1 2 3	점
판정결과	찬성측(점), 반대측(점)으로 ( )측이 이겼습니다.					
판정이유						

디베이트 학습을 단계별로 안내한다.

〈 디베이트 학습 판정표 예시 4 〉

논제			
판정 기준 및 배점			
구분	기 준	찬성측	반대측
1	논제에 대한 쟁점을 바르게 찾았는가?		
2	입론의 이유가 타당하고 구체적인가?		
3	입론의 이유에 대한 설명이 객관적이고 충분하였는가?		
4	상대측의 주장, 증거 및 추론의 문제점을 반박하였는가?		
5	결정적인 타격을 줄 수 있는 문제점들을 찾아서 질문하였는가?		
6	상대측의 질문에 일관성 있고 적절한 답변을 하였는가?		
7	반론내용을 반영하여 최종변론을 재구성하였는가?		
8	예의바르고 이성적인 태도로 자신의 의견을 바르게 전달하였는가?		
계			
판정 이유			
판정	~~ 논제에 관한 토론 수업에서는 (　　)측이 승리했습니다.		

공평하고 손쉽게 판정(判定)하는 요령을 익히자.

〈디베이트 학습 판정표 예시 5〉

논제 :

(　　) 학년 (　　) 반　　이름 (　　　　　)

구분	평가기준	찬성측		반대측	
입론	⊙ 주장이 논제의 내용에 적합하다. ⊙ 말을 확실하게 한다. ⊙ 자세, 태도가 감정적이지 않다. ⊙ 충분하게 준비되어 있다. ⊙ 자료의 분석이 잘 되어 있다.	점수	/10	점수	/10
반론	⊙ 질문이 주장한 내용에 적합하다. ⊙ 응답이 질문의 내용에 적합하다. ⊙ 공격적이다. ⊙ 활발하다. ⊙ 충분하게 준비되어 있다. ⊙ 자료의 분석이 잘 되어 있다.	점수	/10	점수	/10
최종 변론	⊙ 입론과 반론의 내용을 살리고 주장을 확고하 　게 한다. ⊙ 말을 확실하게 한다. ⊙ 자세, 태도가 감정적이지 않다 ⊙ 충분하게 준비되어 있다. ⊙ 자료의 분석이 잘 되어 있다.	점수	/10	점수	/10

판정결과 : 찬성측 (　/ 30)점, 반대측(　/30)점, (　　　) 측 승리

판정이유 :

디베이트 학습을 단계별로 안내한다.

〈디베이트 학습 개인별 수행평가 기준표 예시〉

순	평가개요	평가기준	항상 그렇다	가끔 그렇다	그렇지 않다
1	토론준비 (기록지)	수업 전에 작성하도록 내준 과제 (탐구질문)를 충실히 했는가?			
2	적극적인 참여	자신의 의견을 적극적으로 활발하게 발표했는가?			
3	타인의견 경청	소란을 피우지 않고, 다른 학생의 의견에 귀를 기울였는가?			
4	합리적인 태도	자신의 결함을 인정하고 타인의 결함을 비판적으로 검토했는가?			

〈디베이트 학습 모둠별 수행평가 기준표 예시〉

순	평가개요	평가기준	항상 그렇다	가끔 그렇다	그렇지 않다
1	교재(자료) 준비	개인적으로 답을 작성한 탐구질문과 기타 참고 자료를 준비했는가?			
2	자유로운 발표*	조장은 조원들에게 자유롭게 의사표현을 하도록 이끌었는가?			
3	균등한 참여	조장은 조원들이 토론에 골고루 참여할 수 있는 기회를 제공했는가?			
4	적극적인 참여	자신의 의견을 적극적으로 활발하게 발표했는가?			
5	타인의견 경청	소란을 피우지 않고, 다른 사람의 의견에 귀를 기울였는가?			
6	합리적인 태도	자신의 결함을 인정하고 타인의 결함을 비판적으로 검토했는가?			
7	창의성 모둠별	기록지에 기록한 내용이 참신하고 독창적인가?			
8	논리성	학습지에 기록한 내용이 체계적이며 논리적으로 구성되어 있는가?			
9	내용 충실도	디베이트 학습지에 기록한 내용이 타당하고 주제와 관련성이 있는가?			

(*표시는 조장의 역할이 중요시된다는 것을 의미함)

공평하고 손쉽게 판정(判定)하는 요령을 익히자.

토론학습과정에서
학생들의 평가는
자연스럽게 이루어진다.

여러 가지 토론학습에서 평가해야 할 항목들을 구체적으로 살펴보면 다음과 같습니다.

첫째, 주요 용어에 대한 정의의 보편 · 타당성입니다.

주어진 안건과 관련된 주요 용어에 대하여 반드시 정의하여야 합니다. 이는 앞으로 전개할 논의의 범위와 방향을 결정짓는 주요 요소이기 때문입니다. 판정인은 토론자의 정의가 보편성과 타당성이 충분한지 날카롭게 판단해야 합니다. 즉 대부분의 사람들이 인정할 수 있어야 하고보편성, 이성적으로 판단하여 합당해야 합니다타당성.

예를 들면 '스승'이란 '은사'와 비슷한 의미로 사용되며, 우리가 보통 사용하는 '선생님'보다 더 높여서 부르는 말입니다. 우리말 큰 사전에 따르면 "스승의 어원은 정신적 세계를 지배하고 신과 인간을 연결해주는 제사장에서 유래하였으며 은사와도 비슷한 뜻"이라고 나와 있고 약 1,500년 전부터 사용해 오고 있는 말입니다.

둘째, 주장에 대한 타당한 근거나 이유, 정보의 활용 능력입니다.

쟁점별 주장에 대한 타당한 근거나 이유를 들어 설득력을 높여야 합니다. 근거나 이유는 명료하게, 되도록 권위 있는 기관이 공개한 정보를 충분히 언급해야 합니다. 단순히 "나는 ~라고 생각한다."라든지, 사회의 한 분야만의 목소리를 이유로 들어서는 타당성이 떨어질 수 있습니다.

근거나 이유의 수는 어느 정도가 적당할까요? 논제의 종류와 성격에 따라 다를 수 있으나 3~4 가지가 적당할 것입니다. 근거나 이유가 지나치게 많을 경우 자칫 산만해질 수 있고, 논리적 모순에 빠질 가능성이 높아질 수 있습니다.

예를 들면 우리가 학교시설을 지역주민들에게 개방하는 것을 찬성하는 이유는 다음과 같습니다. 학교가 지역사회 교육의 중심적 역할을 해야 한다고 생각하기 때문입니다. 2010년 교육인적자원부가 발표한 교육통계연보에 의하면 대한민국은 초등학교의 경우 ○○%가 한 시간 이상 지역 주민들에게 두 가지 이상의 시설을 이용하게 한다고 합니다. 학교 놀이기구의 종류와 수를 더 늘려야 한다고 주장하는 이유는 유네스코에서 발표한 2010년 세계 각국의 초등학교가 보유하고 있는 실내외 놀이기구 수는 미국이 평균 ○○종, ○○점이고, 싱가폴이 평균 ○○종, ○○점인데 비하여 우리 대한민국은 ○○종, ○○점입니다.

셋째, 주장을 뒷받침하는 추론**논리구성**과 설득력입니다.

추론이란 한 마디로 논리를 디자인하는 것입니다. 어떤 것을 근거로 하여 생각을 해내는 것을 말합니다. 2단으로 전개할 것인가. 3단으로 펼쳐나갈 것인가 등을 결정하여야 합니다. 이 요소의 판정 포인트는

토론학습과정에서 학생들의 평가는 자연스럽게 이루어진다.

"논제에 알맞은 논리 구성을 하였는가?" 하는 것입니다. 사실논제일 경우에는 단순한 평면적 2단 논리도 무방할 것입니다. 예를 들어 2002년 11월에 중국의 광둥성에서 발생하여 전 세계로 퍼져 나갔었던 것 중에서 "중국에서 입국한 동포 중에 고열과 두통, 호흡곤란, 급성폐렴의 증상이 있으므로 사스**sars – 중증 급성 호흡기 증후군** 의심환자로 판단하여야 한다." 등 입니다.

그러나 좀 더 정교한 논리가 필요한 논제에 대하여는 3단 논리를 전개하여야 할 필요가 있습니다. 정책논제나 가치논제에서 적용할 만한 형태입니다. 논리가 잘 구성되어야 설득력이 높기 때문입니다. 3단 논법의 예로써는 A → B, B → C, 따라서 A → C가 된다거나 ^A → ^B, ^B → ^C, 따라서 ^A → ^C 등으로 논리를 전개하는 것입니다.

넷째, 상대측 용어 정의에 대한 찬성 또는 반대의 표시와 근거 확인입니다. '반론 꺾기'에서는 상대측의 주요 용어에 대한 정의에 대하여 찬성 또는 반대의 의견을 표시하고, 필요한 경우에 그 이유나 근거를 말할 수 있습니다. 용어 정의가 그만큼 중요하기 때문입니다. 예를 들면 "우리 반대측에서는 찬성측이 내린 '집단 따돌림'에 대한 정의에 대체적으로 찬성하고 이후로 같은 의미로 사용하겠습니다." ○○일보 ○○기자가 쓴 ○○일자 제○면 ~라는 제목의 글에서 ○○○교장의 정의에 따르면 ~이라고 주장하는 것입니다. 또한 "찬성측에서 내린 ○○의 의미는 다음과 같은 점에서 받아들일 수 없습니다." "첫째, ~하기 때문입니다."와 같이 용어정의에 대한 토론을 벌입니다.

다섯째, 상대측이 제시한 근거와 자료의 출처나 옳고 그름의 점검입니다. 이는 아래 여섯째의 요소와 함께 승패를 가름하는 결정적인 요소

디베이트 학습을 단계별로 안내한다.

라고 할 수 있습니다. 대부분의 반론 시간이 이 과정에 소요되고, 이러한 활동은 아래 여섯째의 요소로 직결되기 때문입니다.

먼저 발표한 팀의 자료에 대하여 결정적인 반론이나 적어도 의심스럽다는 의견을 표시하지 않는 한 자신도 긍정한다는 의미로 추정할 수 있습니다. 예를 들면 "~~에 대한 출처를 말씀해 주십시오." 라든지 "~~는 누구의 말입니까?" 라고 말하면 됩니다.

여섯째, 상대측의 주장과 이유, 근거에 대한 결정적인 반론을 하는 것입니다. 결정적인 반론이란 주요 근거나 이유에 대한 거짓, 보편타당성의 결여, 더 포괄적인 반대의 증거 제시, 논리의 오류 등을 밝혀내는 것입니다. 예를 들면 "상대측이 제시한 이유 중에 A → B이고 B → C 이므로 A → C라고 하였는데, A → B가 아닌 경우를 말씀드리겠습니다."라는 논리의 포함관계에서 오류를 밝혀내는 것입니다. "미국과 영국이 한다고 무작정 우리도 따라해야 합니까? 우리는 미국이나 영국처럼 하면 안 되는 이유와 역사적 배경이 있습니다. 그 증거는 다음과 같습니다."와 같이 포괄적인 반대의 증거를 제시해도 좋습니다.

일곱째, 효과적인 질문입니다. 어떻게 보면 위의 다섯 번째와 여섯 번째와 중복되는 느낌이 있습니다. 그럼에도 불구하고 이 요소를 넣은 이유는 먼저 위 여섯 번째는 종합적인 의미를 함축한 요소로서 다섯 번째와 일곱 번째의 많은 활동 결과를 보고 판단해야 하기 때문입니다. 그 다음 다섯 번째와 여섯 번째가 매우 중요한 요소임에도 불구하고 더욱 중요하고 덜 중요한지에 대한 가중치를 주지 않고 평면적으로 나열했기 때문에 중요도를 생각하여 세분화하였습니다. 예를 들면 "몇 년도의 자료입니까?, 그 조사 자료의 오차한계와 대상은 무엇입니까?"와

토론학습과정에서 학생들의 평가는 자연스럽게 이루어진다.

같이 효과적인 질문을 하는 것이 이에 해당합니다.

여덟째, 질문에 대한 성실하고 적절한 답변입니다. '대처 능력과 반대되는 의견과 질문에 대하여 자기 논리를 어떻게 지켜 나가는가?' 하는 데 초점을 맞추어야 합니다. 또 모르는 것에 대하여는 솔직하게 모른다고 하고 질문의 뜻을 알면서 시간 끌기 위한 재질문 등을 날카롭게 파악해야 합니다. 예를 들면 "그 근거 자료를 보여드리겠습니다."와 같이 질문에 대하여 성실하게 답변하는 태도를 보여주는 것입니다.

아홉째, 주장과 질문, 답변의 일관성을 유지하는 것입니다. 상대측의 집요한 질문에 의하여 논리체계가 무너지는지 파악해야 합니다. 논리의 한 부분이 허물어져 결과적으로 근거의 타당성이 결여되는 것은 치명적이기 때문입니다. 예를 들면 "~~한 점에서 우리가 주장하는 ~~는 반드시 지켜져야 한다고 생각합니다."와 같이 일관성을 유지하는 것입니다.

열 번째, 자기주장의 타당성 부각과 근거, 이유의 재구성 능력입니다. 상대측의 질문과 유력한 반대 증거가 제시되어 자신의 주장이 타격을 입었을 때 어떻게 논리를 재구성하는가에 주목합니다. 자신의 주장을 타당하게 하는 또 다른 증거를 발견해내야 합니다. 이는 상대측으로부터 질문을 받는 방어적 입장에서 해야 하는 높은 수준의 활동입니다. 예를 들면 "그 점에 대한 다른 증거는 바로 이것입니다. 큰 이익을 위해서 작은 손해는 감수할 수 있을 것입니다."라고 이유를 재구성하는 것이 이에 해당하는 것입니다.

열한 번 째, 상대측 주장의 부당성과 논리적인 부조리를 부각시키는 능력입니다. 주로 질문과 반대 증거 자료의 제시를 통하여 이루어집니다. 이 때 제시하는 증거들이 과연 상대측이 이미 제시한 증거보다 더 보편적이고 강력한가를 따져보아야 합니다. 예를 들면 "상대측에서 예를 든 이유 중에서 ~~가 있다고 했는데, 그 반대 증거가 여기 있습니다."라고 반대 증거를 제시하는 것입니다.

열두 번 째, 팀원 간 협력과 역할 분담을 해야 합니다. 한 사람이 주도하기보다는 팀원 모두가 역할을 분담하는 것이 더 효과적입니다. 신중하고 생각이 깊으나 순발력이 떨어지는 학생은 입론과 증거 자료 수집에 주력하고, 순발력과 상상력, 분석·비판저 사고력이 우수한 학생은 반론단계에서 눈부신 활약을 하는 데 힘을 기울이는 것이 효과적입니다. 그리고 종합적 사고력이 우수한 학생은 최종변론에서 활약하는 것이 좋습니다. 예를 들면 "그 질문에 대해서는 제가 답변하겠습니다."와 같이 각자의 성향에 알맞게 분배된 역할에 알맞게 시기적절하게 응답을 하도록 노력해야 합니다.

열세 번 째, 발음, 목소리의 크기, 말의 빠르기, 자신감, 예의바른 언행, 상대방을 압도하는 자신감 있는 어조로 말하는지 살펴봅니다. 마이크를 사용하지 않는 한 필요한 경우에는 언제든지 일어나서 발언해도 좋습니다. 그러나 지나친 신체적 표현은 오히려 감점의 대상입니다.

열네 번째, 토론의 기초 수준에서 평가해 봅니다. 주장하는 의견에 대한 이유가 얼마나 구체적이고 타당한가를 보고, 설명이 이유의 옳음을 어느 정도 효과적으로 깨닫게 해 주는가를 살펴봅니다. 한편, 부분적으로 생각과 표현이 다음 몇 가지 예처럼, 타당하고 믿을 수 있는가

토론학습과정에서 학생들의 평가는 자연스럽게 이루어진다.

를 보게 됩니다.

- 예 1. 문장이나 단어의 표현이 바른 의미로 사용되고 있는가?
- 예 2. 표현의 앞과 뒤의 연결이 잘 되고 있는가?
- 예 3. 단순히 자신의 생각이 아니라 사실적임을 드러내고 있는가?
- 예 4. 지나친 일반화를 피하고 있는가?
- 예 5. 고정 관념과 편견을 피하려는 노력을 하는가?
- 예 6. 의식 없이 습관적으로 반복하는 표현들을 피하려는 노력을 하는가?

디베이트 학습을 단계별로 안내한다.

디베이트 교수-학습 과정안을 구체적으로 예를 들었다.

다양한 토의 · 토론학습의 근간이 되고 학급의 모든 학생들이 참여하여 활동하는 디베이트 수업과정과 자세한 상황실황을 알아보겠습니다.

본시 주제 : 만화는 우리 사회에 매우 유익한지 디베이트 해 보기

관련 단원(6학년 1학기) : 4개 교과를 통합한 디베이트 수업

- 도덕 : 9. 평화로운 삶을 위해
- 국어 : 3. 다양한 주장
- 사회 : 2. 우리 경제의 성장과 과제
- 과학 : 4. 생태계와 환경

수업 목표

상위목표

주어진 논제를 가지고 디베이트 학습을 해 봄으로써 여러 가지 가치

들 중에서 올바른 가치를 탐구하고 그것을 내면화함과 동시에 문제 상황에서 창의적으로 문제를 해결하며, 의견을 논리적이고 자신감 넘치게 발표하는 능력과 정보 활용 능력을 기르고, 일상생활에서 토론 문화를 활성화할 수 있다.

하위목표

- 디베이트 수업에 즐거운 마음과 적극적인 자세로 참가하여 올바른 가치를 탐구하고 그것을 내면화 시킬 수 있다.
- 디베이트 수업 시 발표자의 의견을 신중하게 듣고 주장을 이해할 수 있다.
- 자기측이 속한 입장에서 자기의 의견을 분명하고 논리적으로 발표하며 상대측의 의견에 대하여 부족한 점들을 정확하게 비판할 수 있다.

평가 계획

수행평가는 전체토론이나 대표학생토론패널토론에서보다는 조별토론에서 하기가 한결 수월합니다. 학생들이 조별 토론 수업을 진행하는 동안 교사가 조별로 구성원을 한 명씩 한 명씩 관찰하면서 평가하거나, 모둠 전체를 상대로 평가하는 방법을 택할 수 있기 때문입니다.

팀 전체를 상대로 평가하는 경우에는 팀 구성원 모두에게 똑같은 점수를 부여합니다. 이 경우 모둠별 기록지에 조원들의 이름을 기록하도록 하고, 토론과정은 교사의 관찰을 통해서, 그리고 토론결과는 토론내용이 작성된 기록지를 나중에 제출하도록 하여 그것을 바탕으로 평가합니다. 이와 같은 평가방식은 집단에 대한 책임감이나 협동심을 길러줄 수 있습니다.

디베이트 교수-학습 과정안

단계	과 정	예상되는 교수-학습 활동		자료 및 유의점
		교 사	학 생	
토론 준비	분위기 조 성	*디베이트 학습 노래를 불러볼까요? *공모에서 선택된 학생의 의견을 들어볼까요?	*비판적 사고력, 창의적인 문제 해결력, 가치판단력 등을 길러 주는 내용의 노래를 부른다. *생각이 깊어지고 발표하는 데 별 어려움이 없어 졌어요.	*미리 공모한 가사에 곡을 붙여 노래 부르게 한다. *토론수업의 장점을 확인 시킨다.
	주의점 발문	*디베이트 수업을 할 때 주의해야 할 점들에는 어떤 것들이 있나요?	*상대측의 의견 존중한다. 감정적이기 보다는 생각을 서로가 열어주려고 노력합니다.등을 발표한다.	*토론 수업할 때 주의할 점 질문과 발표
토론 전개	논제 제시 각 측 조장 인사말	* 이 번 시간에는 '만하는 우리 사회에 매우 유익하다.' 라는 논제를 가지고 찬반대립 토론 수업을 해 보겠습니다. * 토론을 하기 전에 찬성측과 반대측, 판정인 조장의 인사말을 들어 보겠습니다.	*찬성측과 반대측의 조장들은 논제에 대하여 자기측이 주장하는 입장에서 토론을 정정당당하게 펼쳐나갈 것을 다짐하고 구호도 외친다. *판정인의 조장은 "감정적인 태도나 의견은 지양하고 가능한 많은 학생들이 논리적으로 발표하길 바란다."는 인사말을 한다.	*논제와 관련된 비디오나 극화학습, 예화 등을 통하여 생각하도록 한다. *판정인의 조장이 판정기준을 명확하게 제시
	찬성측 과 반대측 의 입론	* 찬성측부터 입론을 시작하도록 해 볼까요? * 다음은 반대측에서 입론을 시작하도록 하겠습니다.	* 찬성측 입론: "만화는 우리 사회에 매우 유익하다."라는 논제에 대하여 찬성하는 입장에서 이야기를 펼쳐 나간다. * 반대측 입론: 만화가 건강과 낭비 및 좋지 않은 독서 습관 등을 조장한다는 등을 근거로 하여 의견을 펼친다.	* 미리 나누어준 학습지에 기록한내용에 대하여 각종ICT 기자재를 동원하여 발표한다.
	1차 작전 타임	* 이 번 논제에 대하여 각 측의 학생들이 매우 열띤 의견을 내 주었습니다. 1분 동안 작전타임을 갖고 상대방이 발표한 내용들에 대하여 다른 생각들을 발표하는 '반론' 을 하겠습니다.	* 각 측의 조장이 앉아 있는 곳으로 모여서 입론한 내용들을 점검하고 찬성측과 반대측의 학생들은 상대측의 부조리한 점이나 허점 등에 대하여 근거를 제시하며 반론할 내용과 담당자를 정한다. * 판정인은 입론에서 판정기준표에 의거한 양측의 내용과 점수를 합의한다.	* 반론에서 누구의 발표에 대해 지적하고 공격할 것인지확인 한다. * 판정인은 객관적으로 판정하고 베스트 디베이터도 눈여겨 본다.

디베이트 교수-학습 과정안을 구체적으로 예를 들었다.

단계	과 정	예상되는 교수-학습 활동		자료 및 유의점
		교 사	학 생	
토론 전개	반론	* 자, 이제 작전타임을 마치고 상대측이 입론에서 발표한 내용들에 대하여 부족한 점이나 옳지 못한 점 등에 대하여 근거를 제시하면서 반론을 하겠습니다. * 이번에는 입론에서와 반대로 반대측부터 찬성측을 향하여 반론을 하고, 이어서 찬성측에서 반대측을 향하여 반론을 하겠습니다. * 디베이트의 꽃은 '반론'이니 만큼 침착하고 논리적으로 토론에 임해 주기 바랍니다.	* 반대측의 학생들이 찬성측에서 발표한 내용들에 근거하여 부족한 점이나 그릇된 점들에 대하여 반론을 진행한다. * 학습지를 보면서 상대측 친구들이 발표한 내용들을 확인하면서 비판적으로 반론을 한다. * 각 측의 대표학생은 손짓이나 눈짓으로 시간을 안배하면서 상대측을 향하여 반론하도록 한다. * 판정인 학생들도 반론에서 다양한 관점의 생각들이 오고 가는지 유심히 살펴보고 판정하는 데 귀한 자료로 활용한다.	* 학습지 * 판정표 * 감정이 섞여서 지나치게 그 토론이 뜨거워지지 않도록 한다. * 활발한 반론이 이루어지도록 분위기를 유지한다. * 여러 학생들이 발표하는 기회를 갖는다. * 실물화상기, 컴퓨터, 그림, 사진, 실물자료 등
	2차 작전 타임	* 논제에 대하여 매우 활발하게 반론을 하였습니다. 입장이 다른 관점에서 여러 가지를 생각하는 여러분들이 자랑스럽습니다. * 2차 작전타임을 갖고 여러분들의 입장에서 생각하는 최종 변론을 갖도록 하겠습니다.	* 각 측의 조장이 앉아 있는 곳으로 모여서 입론과 반론한 내용들을 점검하고 찬성측과 반대측의 학생들은 자기들이 주장하는 내용을 일목요연하게 정리하여 돌아가면서 발표하도록 그 내용과 순서를 정한다. * 판정인은 반론에서 판정기준표에 의거하여 양측의 내용과 점수를 합의한다. * 조별로 가장 좋은 의견을 선정한다.	* 교사는 찬성측, 반대측, 판정인에서 이루어지는 것을 순회하면서 관찰한다. * 교사는 판정인들과도 베스트디베이터와 판정결과에 대해서 협의한다.
	최종 변론	* 자, 이제부터 반대측부터 논제에 대한 여러분들의 결론을 최종적으로 발표해 주기 바랍니다.	* 반대측, 찬성측의 순으로 입론과 반론과정에서 이루어졌거나 그 때 생각하지 못했던 것들을 요약해서 확실하게 발표한다. * 가능한 도표나 통계 등 객관적인 자료를 활용한다.	* 각종 통계 및 도표를 활용하도록 한다. * 실물화상기, 컴퓨터

디베이트 학습을 단계별로 안내한다.

단계	과정	예상되는 교수-학습 활동		
토론 정리	최고 토론자 발표	* 이번 논제에 대하여 가장 모범적으로 활동한 학생을 판정인들이 발표하겠습니다.	* 판정인들이 찬성측과 반대측 베스트 디베이터를 발표한다.	* 판정인판정표 * 학습지에 표시한다.
	판정 결과 발표	* 이어서 판정결과를 발표하겠습니다.	* 판정인에서 입론,반론 최종변론 과정에서 태도 등과 함께 점수를 발표한다.	* 입론, 반론, 최종변론 각 10점씩 30점 만점으로 발표
	감상문 쓰기	* 토론에서 깨닫게 된 점, 알게 된 점 등을 적어보겠습니다.	* 감상을 적는 곳에 새롭게 알게 되고 깨달은 점 적기	* 학습지

디베이트 수업 실황

단원	3. 다양한 주장 외 3개	본시 주제	만화는 우리 사회에 매우 유익한지 토론하기
대상	6학년 1반	수업 일시	4월 〇일 〇요일
수업 목표	논제에 대하여 자기가 속한 입장에서 의견을 논리적으로 발표하고 상대측의 의견에 대하여 부족한 점들을 정확하게 비판할 수 있다.		

단계	과 정	예상되는 교수-학습 활동	시간
토론 준비	분위기 조성	교사 : 디베이트 수업을 하여 발전하는 점들을 가사로 만들어진 노래를 불러볼까요? 아동 : 비판적 사고력, 창의적인 문제해결력, 가치탐구력 등을 길러주는 내용의 노래를 부른다. 곡은 'B 콘'에 개사된 노래를 부른다. 교사 : 공모에서 선택된 친구의 의견을 들어볼까요? 아동 : 생각이 깊어지고 발표하는 데 별 어려움이 없어졌어요.	2분
	주의점 발문	교사 : 자, 디베이트 수업을 할 때 주의해야 할 점들에는 어떤 것들이 있는지 발표해 봅시다. 아동 : 상대측의 의견 존중합니다. 감정적이기 보다는 생각을 서로가 열어주려고 노력합니다. 가능한 많은 친구들이 참여합니다.	2분
	논제 제시	사회자 : 여러분 안녕하십니까? 저는 〇〇〇이라고 합니다. 오늘 찬반 토론수업의 사회자로 참여하게 되었습니다. 오늘은 '만화는 우리 사회에 매우 유익하다.'라는 논제를 가지고 찬반대립토론 수업을 실시하려고 합니다. 그 전에 각 측의 대표자가 간단한 소개를 하기로 하겠습니다.	2분

디베이트 교수-학습 과정안을 구체적으로 예를 들었다.

각측 대표자 인사말	찬성측 대표자 : 안녕하세요. ○○○입니다. 저를 포함한 14명의 학생들이 찬성측의 입장에서 만화가 우리들과 사회에 긍정적인 영향을 미치는 것들을 위주로 주장해 나가려고 합니다. 이 번 디베이트 수업도 서로에게 좋은 것들을 배우는 기회가 되길 바랍니다. 반대측 대표자 : 안녕하세요. ○○○입니다. 저를 포함한 14명의 학생들이 반대측의 입장에서 만화가 우리들과 사회에 부정적인 영향을 미치는 것들을 위주로 주장해 나가려고 합니다. 이 번 디베이트 수업에서도 올바른 가치를 탐구하는 기회가 되길 바랍니다. 판정인 대표자 : 감정적인 태도나 의견은 지양하고 가능한 많은 학생들이 논리적으로 발표하길 바라며 최선을 다해 객관적으로 평가할 것입니다.	2분
토론 전개	찬성 측과 반대 측의 입론	사회자: 먼저 찬성측부터 입론을 해 주세요. 갑: 우리들은 만화는 우리 사회에 매우 유익하다고 생각합니다. 만화는 지루하거나 어려운 내용들을 이해하기 쉽고 재미있게 만들어 지식을 넓혀가는 데 많은 도움을 줍니다. 만화 영화인 애니메이션 또한 우리들에게 실제로는 행하기 어려운 일들을 만화로써 상상력을 키워준다고 생각합니다. 예를 들면 '라이온 킹'이나 '최근의 고양이의 보은' 같은 것입니다. 아래의 입론 학생들도 갑 학생과 같이 주장에 대한 이유나 근거를 들어서 활발하게 발표합니다. 을 : 만화 산업은 경제적인 면에서도 큰 도움을 줍니다. 미국의 헐리우드에서 만든 각종 애니메이션과 일본의 애니메이션 등의 경우에서처럼 만화영화의 내용이나 케릭터를 이용한 갖가지 상품 등을 보면 우리들이 쉽게 알 수 있습니다. 병 : 가벼운 마음으로 만화책을 보게 되어 만화가 아닌 책들까지 즐겁게 읽을 수 있는 독서습관이 형성되도록 도와줍니다. 정 : 다양한 캐릭터를 개발하여 많은 부가가치를 안겨줍니다. 캐릭터를 개발함으로써 그 회사나 나라의 이미지를 한층 좋게 만들어 주고 회사의 매출액을 크게 올려 주거나 나라의 경우에는 수출을 많이 하여 외화획득에 도움을 줍니다. 병 : 알고자 하는 것을 쉽고 재미있게 알 수 있습니다. 각 주장들에 알맞은 근거를 제시하며 이야기합니다. 이러한 이유로 만화는 우리사회에 매우 유익하다고 생각합니다. 사회자 : 다음은 반대측에서 입론을 시작해 주세요. 기 : 우리들은 만화는 우리 사회에 유익하지 않은 점이 많다고 생각하고 그 이유는 다음과 같습니다. 낭비하는 습관이 생길 수 있습니다. 끊임없이 새롭게 만들어지는 만화의 캐릭터 및 그와 관련된 물품들을 구입하게 하여 용돈을 낭비하거나 외국의 캐릭터 등을 수입함으로써 외화의 낭비를 초래하기까지 합니다. 경 : 건전하지 못한 생활습관을 기르게 됩니다.	5분

디베이트 학습을 단계별로 안내한다.

	입론	만화에는 좋은 내용들만이 있는 것이 아니라 폭력적이고 선정적인 내용들이 많이 들어있어서 자기 자신도 모르는 사이에 그러한 문화에 빠져 들어서 실제로 행동하게 될 수도 있습니다. 신 : 건강을 해칠 수도 있습니다. 제가 조사해 보니 만화책에는 세균들이 기준치를 훨씬 초과하여 있다고 합니다. 세균에 감염되어 심한 질병에 걸릴 수도 있습니다. 임 : 시력이 나빠집니다. 만화 영화를 보면 화면이 매우 빠르게 움직이고 다양한 빛으로 연결되어 눈에 좋지 않은 자극을 줄뿐만 아니라 흥미를 위주로 만들어져 있기 때문에 한 번 보면 오래 시청하게 되기 때문입니다. 계 : 상상력이 제대로 길러지지 않을 수도 있습니다. 글로써 되어 있는 것을 보면 나름대로 상상할 수 있지만 만화는 그림에 자연스럽게 몰입되기 때문입니다.	5분
	1차 작전 타임	사회자 : 이 번 논제에 대하여 각 측의 학생들이 매우 열띤 의견을 내 주었습니다. 1분 동안 작전타임을 갖고 상내방이 발표한 내용들에 대하여 다른 생각들을 발표하는 '반론'을 하겠습니다.	1문
토론 전개	반론	사회자 : 1차 작전타임을 마치겠습니다. 이번에는 반대측부터 반론을 시작해 주세요. 반 : 만화를 보다보면 독서습관이 길러진다고 했는데 사실 만화책만 보다 보면 그림이 그려져 있지 않은 것들은 잘 읽을 수 없게 되지 않습니까? 찬 : 독서는 책상에 오래 앉아 있는 습관이 형성되면 자연스럽게 잘 되기 때문에 만화책 덕분에 다른 책들도 자연스럽게 읽을 수 있다고 생각합니다. 반 : 이웃 나라 일본에서는 만화책을 보고 그것이 현실인지 알고 그대로 사람들을 해치는 보도를 본 적이 있습니다. 찬 : 꼭 만화책이나 만화 영화만이 사람들에게 나쁜 영향을 주지 않는 다고 생각합니다. 그렇지 않은 것들도 사람들에게 매우 위험한 영향을 줄 수 있습니다. 반 : 그래도 만화책은 아무래도 흥미와 오락 위주로 만들어지는 경우가 많기 때문에 더욱 악영향을 많이 준다고 생각합니다. 사회자 : 그러면 반대측에 이어서 찬성측에서 반대측을 향하여 반론을 해주세요. 찬 : 만화책에 각종 세균들이 많이 있어서 건강에 매우 해롭다고 했는데 과거에는 만화책의 지질이 좋지 않았지만 요즈음에는 지질도 개선되었고 환경 또한 많이 쾌적해졌습니다. 반 : 제가 며칠 전에 만화방과 도서관에 가서 만화책을 읽는 사람들을 유심히 관찰해 본 결과 수많은 사람들이 만화책을 넘길 때 자신도 모르게 침을 섞어서 책을 넘기고 있었습니다.	10분

245

디베이트 교수-학습 과정안을 구체적으로 예를 들었다.

	반론	찬 : 캐릭터 등이 범람하여 그것이 유행이 되고 그것을 구입하는데 많은 돈을 낭비한다고 했는데 오히려 다른 곳에 사용하는 것보다 더욱 효과적으로 스트레스를 푸는 방편이 될 수 있다고 생각합니다. 반 : 어른들이야 자제력이 있어서 적절한 선에서 캐릭터 등을 구입하는 것을 끊을 수 있지만 판단력이 낮은 어린이들의 경우는 그렇지 않다고 봅니다. 제 동생의 경우만 해도 만화책이나 만화영화에 나오는 각종 캐릭터를 사달라고 조르는 경우가 매우 많습니다. 그래서 부모님께 혼나고 실망도 많이 합니다.	5분
	2차 작전 타임	사회자 : 이 번 논제에 대하여 각 측의 학생들이 매우 열띤 반론을 해 주었습니다. 1분 동안 작전타임을 갖고 입론과 반론에서 토론하였던 내용들을 중심으로 '최종변론'을 하겠습니다.	1분
토론 전개	최종 변론	사회자 : 2차 작전타임 시간이 끝났습니다. 자리로 돌아와서 이번에는 찬성측부터 최종변론을 시작해 주세요. 찬 : 현대는 과거와는 달리 영상매체가 활자매체를 앞서고 있는 상황입니다. 그 시대 사람들의 구미에 맞도록 딱딱한 활자매체 보다는 재미있고 효과적인 만화가 매우 좋은 영향을 주고 있다고 생각합니다. 반대측이 지적한 대로 상상력을 제한하기 보다는 오히려 상상력을 자극하고 사회 전체가 건전한 만화 산업을 육성한다고 생각합니다. 여러분들도 솔직하게 말한다면 학교나 학원 공부에서 쌓인 스트레스를 만화책이나 만화영화를 통해서 해소하고 있지 않습니까? 중략 따라서 만화가 가져올 부정적인 영향 보다는 긍정적이고 희망적인 영향이 많기 때문에 만화는 우리 사회에 없어서는 안 될 매우 중요한 것이라고 생각합니다. 사회자 : 이어서 반대측에서 최종변론을 해주세요. 반 : 건전한 판단력이 있는 성인의 경우라면 몰라도 만화를 읽는 대다수의 수요자들은 청소년들이나 어린이들입니다. 아무리 좋은 만화가 있더라도 만화는 스트레스 해소를 위해 흥미 위주로 읽게 됩니다. 그것도 빌려서 보는 경우가 많기 때문에 정신과 육체 건강 모두 해롭다고 생각합니다. 중략 또한 날로 포악해지고 흉측해 지는 우리 사회를 만드는데 만화는 알게 모르게 많은 영향을 주고 있다고 생각합니다. 그래서 만화는 우리 사회에 유익하지 않다고 생각합니다.	6분

디베이트 학습을 단계별로 안내한다.

	베스트 디베이터 발표	사회자 : 오늘 디베이트 학습에 참여한 여러분들 수고가 많았습니다. 그러면 판정인으로부터 찬성측과 반대측에서 모범적으로 토론 활동한 베스트 디베이터를 발표하겠습니다. 판정인 : 이 번 논제에서 토론을 잘 했던 사람은 찬성측의 ○○○이고, 반대측에서는 ○○○입니다. 축하합니다!	1분
	판정 결과 발표	사회자 : 그럼 이번 논제에 대하여 찬성측과 반대측의 활동성적을 발표하겠습니다. 판정인 : 찬성측에서는 입론과정에서 많은 학생들이 근거를 잘 제시하면서 발표를 해 주었으나 반론에서는 몇몇 학생들만이 토론에 참여하였고, 설득할 자료를 제대로 활용하지 못한 아쉬움이 있었습니다. 반대측에서는 입론, 반론, 최종변론에 걸쳐서 조장을 중심으로 여러 학생들이 협동을 잘해서 다양한 자료들로써 반대측의 입장에서 논리적이고 비판적으로 잘 설득했습니다. 이렇게 해서 총 30점 만점에 찬성측은 25점, 반대측은 27점으로 반대측이 승리를 했습니다. 축하합니다.	2분
토론 정리	선생님 정리 말씀	종이로 된 만화와 영상으로 만들어진 만화들을 살펴보면 긍정적인 영향을 주는 것들도 있고 어린이들이나 청소년들의 정신건강을 해치는 것들도 있습니다. 문제는 사회의 언론매체나 어른들이 얼마나 건전한 만화를 제작하려고 노력하는 가와 만화를 보는 사람들 자신이 사회에 좋은 영향을 주는 만화를 즐겨보느냐가 중요합니다. 그리고 만화에 중독되어 자신이 하고 있는 일들을 게을리 하지 않는 한도 내에서 만화를 읽는 습관을 키워나가야 한다는 것입니다.	3분
	사회자 끝인사	사회자 : 그러면 여러분들이 디베이트 수업을 마친 소감을 학습지의 새롭게 알았거나 깨닫게 된 점 난에 자유롭게 적어봅시다. 그리고 감상문과 학습지 정리한 것들을 친구들과 함께 나누어서 돌려가면서 읽어보고 디베이트 학습지 파일에 꾸준히 보관하여 나중에 문집에 철하기 바랍니다. 자신이 어느 측의 입장에서 의견을 펼쳤던 것을 떠나서 우리들은 양측의 의견들을 균형있게 알고 논제에 대한 찬성측의 반대측의 주장들을 각각 5개 정도 생각해서 적어보고 기억하길 바랍니다.	

디베이트 교수-학습 과정안을 구체적으로 예를 들었다.

디베이트 학습 때 해 보면
좋은 논제를
20개 추천한다.

1. 인터넷 게시판 실명제를 전면적으로 실시해야 한다.

2. 도시에서 생활하는 것이 농촌에서 생활하는 것 보다 더 행복하다.

3. 일본의 문화를 전면적으로 받아들여야 한다.

4. 우리나라의 4대강을 개발해야 한다.

6. 흥선대원군의 쇄국정책은 잘 펼친 것이다.

7. 초등학생들에게 학원교육이나 과외교육은 필요하다.

8. 외모가 차별의 조건이 되는 것은 정당하다.

9. 우리나라에 원자력 발전소를 존치시켜야 한다.

10. 경제인의 입장에서는 다른 나라의 전쟁이 필요하다.

11. 우리나라는 자발적이고 적극적으로 온실가스 감축의무를 이행해
야 한다.

12. 대통령의 공약들은 당선 후에 변경할 수도 있다.

13. 초등학교에서 영어와 수학과목은 수준별로 공부해야 한다.

14. 주택가에 CCTV를 설치해야 한다.

15. 친구들의 별명을 불러주는 것이 친구관계에 도움이 된다.

16. 유기농업을 확대해야 한다.

17. 대학입시에 국사과목을 꼭 포함시켜야 한다.

18. 선행학습을 단속해야 한다.

19. 남북통일은 가능한 빨리 이루어져야 한다.

20. 우리나라의 어려운 사람들보다 아프리카의 배고픈 아이들을 먼
   저 도와야 한다.

디베이트 학습 때 해 보면 좋은 논제를 20개 추천한다.

서울시 초등학생
디베이트 대회 결승전을
살펴본다.

2003년 11월에 있었던 서울시 초등학생 토론대회 중 결승토론을 녹취한 자료입니다.

논제는 "초등학교에서 한자교육을 전면적으로 실시해야 한다."였습니다. 찬성측의 입론입니다.

우리는 논제에 대해 찬성측 입장에서 주장합니다. 네 가지 이유를 말씀드리겠습니다.

첫째, 우리말의 70퍼센트가 한자이기 때문입니다. 동음이의어 즉, 소리는 같지만 뜻이 다른 말이 많기 때문입니다. 한자를 모르면 신문을 읽는 것조차 힘든 것이 우리의 현실입니다. 우리나라 성인의 평균 국어 능력이 60점이 안된다고 합니다. 이것은 대부분 한자어로 이루어진 문장들을 이해하지 못해서 비롯된 것입니다.

둘째, 교과에 도움이 되기 때문입니다. 2002년 6월 12일자 〈조선일보〉에 주선홍 선생님께서 한자를 잘 아는 학생이 그렇지 못한 학생보다 모든 교과에 우수하다는 연구결과를 발표하였습니다. 초등학교 고학년이 되면 국어, 사회, 과학을 어려워하게 됩니다. 이것은 한자가 많이 등장해서 그 개념들을 잘 모르기 때문입니다. 일일이 이해하지 못하고 단순한 암기로 외우기 때문입니다. 한자 교육 진흥법과 갑자기 늘어난 한자 사교육 열풍이 이 사실을 증명해 준다고 볼 수 있습니다.

셋째, 우리 조상들의 전통 문화를 계승하기 위해 필요합니다. 문화유산은 한자유산이라고 해도 과언이 아닙니다. 모두가 전문가가 될 필요는 없지만 기본적으로 문화유산에 대해 올바른 이해는 필요합니다. 학교에서 현장체험학습을 가면 많은 문화유산에 대한 설명이 한자로 되어 있어서 이해하지 못하고 돌아오는 경우가 많습니다. 초등학교에서 한자교육을 한다면 전통문화에 대한 이해가 좀 더 잘되리라 생각됩니다.

넷째, 정보화시대 동아시아 문화권 발전을 위해 필요합니다. 정보화시대는 새로운 기술과 언어를 누가 주도하는가가 매우 중요합니다. 중국은 유럽 연합권 이상으로 새로운 세력으로 떠오르고 있는 나라입니다. 많은 사람들이 중·한·일을 동아시아 문화의 핵심으로 예측하고 있는 상황에서 동아시아 문화의 핵심인 한자는 매우 중요합니다. 한자는 새로운 단어를 만드는 조어력造語力, 그 뜻을 요약하는 축약력이 매우 뛰어나기때문에 앞으로 동아시아 문명의 발전에 큰 도움이 될 것입니다.

이러한 이유로 우리는 논제에 대해 찬성측 입장을 주장합니다.

반대측에서 입론한 내용들은 다음과 같습니다.

서울시 초등학생 디베이트 대회 결승전을 살펴본다.

반대측 입론

우리는 초등학교 한자교육은 바람직하지 않다고 생각합니다.

세 가지 이유를 말씀드리겠습니다.

첫째, 한자는 중국의 글자로 한문과는 구별됩니다. 한글은 우리의 얼이 담긴 세계적으로 우수한 글자입니다. 만든 과정과 기원이 밝혀진 글자로 세계적으로 많은 학자들에게 우수성을 인정받은 글자입니다. '대지大地'라는 소설을 쓴 펄벅은 단순하고 훌륭한 글자라며 한글에 대해 감탄했습니다. 그 나라 언어에는 그 민족의 정신이 담겨 있습니다. 일제 강점기 때 일본이 한글을 못 쓰게 한 것은 우리의 민족정신을 말살시키기 위해서였습니다. 프랑스에는 우리나라의 한자 못지않게 라틴어가 뿌리 박혀 있었습니다. 그러나 프랑스 국민들은 라틴어 하나하나를 프랑스어로 바꾸었고 유엔 등 국제기구에서 세계적으로 아름다운 언어로 인정받았습니다. 우리도 한자교육을 논하기 전에 프랑스 국민들처럼 한글을 전용하고 지속적인 노력으로 한글을 발전시켜 나가야 합니다.

둘째, 과도한 학습 부담으로 신체적, 정서적 발달에 장애가 됩니다. 초등학생은 한글사용만으로도 아무런 불편 없이 공부하고 생활해왔습니다. 이제와서 한자교육을 시키면 견디기 힘든 고통을 주는 것입니다.

셋째, 또 하나의 과외 열풍을 일으켜서 사교육비를 증가시킵니다. 2003년 11월 20일자 〈동아일보〉 1면에 보면 사교육비가 13조 6천억 원으로 나와 있습니다. 이 액수만도 엄청난데 한자과외비까지 더해진다면 부모님들에게 새로운 짐을 지워주는 것입니다.

이러한 근거로 초등학교 한자교육에 반대합니다.

디베이트 학습을 단계별로 안내한다.

작전타임을 갖고 이어서 반대측에서 찬성측을 향해서 반론을 펼칩니다.

반대측 반론펴기

중국은 한자를 사용하지 않고 간체자를 씁니다. 천하에 중국도 한자 쓰기가 벅차하는 것입니다. 《아큐정전》이라는 소설로 알려진 중국의 대문호 뤼신은 "한자가 망하든지 중국이 망하든지 둘 중에 하나가 망해야 한다."고 주장했습니다. 중국도 이런 상황에 우리가 왜 한자를 초등학교 때부터 배워야 합니까?

한자교육이 전통 문화 계승을 도울 수 있다고 하셨는데 옳지 않다고 생각합니다. 삼국시대엔 불교가 있었으나 그것은 인도의 것입니다. 우리가 인도를 알아서 불교를 배운 게 아니기 때문에 그 주장은 옳지 않다고 생각합니다.

한국과 일본이 축구 시합을 한다고 생각해봅시다. 해설자가 한국이 이겨 일본의 사기가 크게 떨어졌다고 했을 때 그 사기를 그릇으로 생각할 사람은 없을 것입니다. 앞뒤 문맥을 통해 충분히 이해가 가능하기에 굳이 한자를 알 필요가 없습니다. 우리의 우수한 한글을 이용하여 발전시켜 나가는 것이 좋다고 생각합니다.

찬성측에서 반대측을 향해서 반론을 펼칩니다.

서울시 초등학생 디베이트 대회 결승전을 살펴본다.

찬성측 반론펴기

한자공부가 초등학생들에게 큰 부담을 준다고 말씀하셨는데요. 그러나 중·고등학교에 진학하면 한꺼번에 많은 한자들을 배워야 하기 때문에 초등학교 때 배우지 않는 것이 오히려 부담을 줍니다. 차근차근 배워나가는 게 현재보다는 부담을 덜 줄 것입니다.

한자를 배우기가 어렵다고 하셨는데요. 일본과 중국에선 한자가 어렵기 때문에 한자를 쉽게 바꾸는 정책을 폈습니다. 우리나라도 일상생활에 접목시켜서 쉽게 한자교육을 시킬 수 있도록 정책을 바꿔야 합니다.

사교육비가 부담이 된다고 하셨습니다. 그것은 모두 한자 급수 시험 때문입니다. 한자급수시험의 결과만 대학에 반영하기 때문에 사교육 열풍이 불게 된 것입니다. 오히려 공교육이 한자를 받아들여 급수시험의 혜택을 없앤다면 사교육비가 절감될 것입니다.

한글이 우수하기에 많이 늘려야 한다는 것에 당연히 공감합니다. 한글은 매우 우수합니다. 하지만 한자를 사용하는 것과 한자교육을 하는 것은 구별해야 합니다. 필요한 한자들을 초등학교 때부터 차근차근 배우는 것이 훨씬 좋습니다. 프랑스인들이 영어를 알고 프랑스어를 사용하는 것처럼 우리도 한자를 알고 한글을 사용하자는 것입니다. 즉, 우리는 외국어로서 한자를 익히자는 것이 아니라 외래어로서 한자를 익히자는 것입니다.

찬성측이 반대측을 향해 반론꺾기를 하는 것을 알아보겠습니다.

찬: 한자가 불필요하다고 하셨는데 왜 초등학교 창의적 체험활동시간에 한자가 포함되어 있나요?

반: 초등학교 교과서에 약간 한자가 나옵니다. 그것을 보충하기 위해 포함되어 있습니다.

찬: 그렇다면 한자가 국어능력향상, 동음이의어 이해 등에 필요하다는 것을 인정하는 것으로 알고 넘어가겠습니다.

찬: 전통문화계승에 대해 말씀드리겠습니다. 우리는 인도에서 불교를 받아들인 것이 아니라 바로 중국에서 받아들인 것입니다. 그러니 불교문화는 중국에서 모두 받아들여진 것이니 그 문화를 이해하기 위해 한자를 배워야 하지 않을까요?

반: 초등학교에서 그것을 위해 꼭 한자교육이 필요하다고 생각하지는 않습니다.

찬: 앞뒤 문맥을 보고 낱말의 뜻을 추측한다고 하셨는데요. 한자를 알고 추측하는 게 더 낫지 않을까요?

반: 한자를 몰라도 충분히 문맥을 이해할 수 있습니다. 상황을 보고 모두 이해할 수 있습니다. 한자를 어디에 넣을지 모른다면 한자를 알아도 무용지물이 되지 않을까요?

찬: 그러니까 한자를 정확히 알아서 어디에 넣어야 할지 알아야 되죠. 그러니 초등학교부터 한자를 배워야 하지 않을까요?

반: 사교육 열풍으로 어떤 초등학생은 밤 10시까지 학원에서 공부를 하는 학생이 있습니다. 초등학교 때 두뇌 발달이 많이 이루어진다고 하는데 한자교육은 초등학생들에게 과중한 부담입니다.

찬: 한자는 중국의 글자라고 하셨는데 아까 중국은 한자대신 간체자를 쓰신다고 하시지 않으셨나요?

반: 아, 맞습니다. 중국은 지금 간체자를 쓰고 있습니다. 그런데 한자가 우리의 국어라고 말씀하시는 게 이해가 안갑니다.

찬: 그것은 바로 우리말의 70퍼센트가 한자이기 때문입니다.

찬: 사기라는 단어에 대해 말씀하셨는데요? 그렇다면 사기는 어떤 뜻을 지니고 있나요?

반: 사기는 그릇일 수도 있고 사람의 기분일 수도 있습니다. 아, 그렇다면 사기를 그릇일 수도 있다는 것인가요?

반대측이 찬성측을 향해 반론꺾기합니다.

반대측 반론꺾기

반: 창의적 체험활동으로 한자를 배우면 학생들에게 부담을 준다고 하셨는데요? 제가 신문기사에서 보니 어떤 초등학생이 성적을 비관해서 자살을 했습니다. 한자교육을 실시되지도 않은 상태에서 자살을 하는데 한자교육을 실시하면 많은 학생들에게 큰 부담을 줄 것입니다.

찬: 한자를 배우면 오히려 학습능력에 도움이 된다고 생각합니다. 그리고 재량활동으로 한자를 배우면 학생들에게 부담을 준다고 말한 적이 없는데요.

디베이트 학습을 단계별로 안내한다.

반: 한자를 잘 아는 학생이 그렇지 못한 학생보다 모든 교과 면에서 우수하다는 자료의 출처를 밝혀주십시오.

찬: 그것은 2002년 6월 12일자 〈조선일보〉에 주선홍 선생님께서 발표하신 자료입니다.

반: 공교육으로 한자교육을 하면 사교육비가 줄어든다고 하셨는데요. 영어는 공교육으로 들어온 이후 사교육비가 오히려 크게 늘어났습니다. 어떻게 생각하십니까?

찬: 그것은 바로 한자 급수에 치중했기 때문입니다. 한자를 배우면 학습능력이 높아지기에 오히려 사교육비가 절감될 것입니다.

반: 부모님들은 우리들을 훌륭한 사람으로 교육시키려고 합니다. 한자가 교과이해에 많은 도움이 된다면 우리의 이해력을 높이려고 더 많은 학원에 보내시지 않을까요? 경기도 교육청 통계자료에 보면 영어가 공교육에 들어온 후 사교육비 1위는 영어가 차지하게 되었습니다. 한자가 공교육에 들어오면 한자가 사교육비 1위가 될 것은 불 보듯 훤합니다.

찬: 불 보듯 훤하다는 표현은 맞는 표현이 아닌 것 같구요. 영어는 외국어입니다. 그러나 한자는 외래어이기에 다릅니다.

반: 통계는 받아들여야 하지 않을까요? 통계를 받아들이고 문제점을 극복해야 하지 않을까요?

찬: 그건 단지 영어사교육이 증가했다는 자료일 뿐입니다.

반대측 최종변론

한글은 우리의 얼이 담긴 세계적으로 인정을 받는 우수한 글자입니다. 프랑스인들이 뿌리박혀 있는 라틴어를 프랑스어로 하나하나 바꿔가며 프랑스어를 세계적으로 우수한 글자로 만든 것처럼 우리도 한글을 세계적인 언어로 만들도록 노력해야 합니다.

찬성측에서 공교육에 한자교육을 도입하면 사교육비가 줄어들 것이라고 주장하셨지만 그것은 신뢰성이 떨어집니다. 지금 우리나라의 사교육비는 너무 심각합니다. 한자를 공교육으로 받아들이면 한자는 이중적인 성격을 띠게 될 것입니다.

어차피 한자는 중·고등학교 때 배워야 하는 것입니다. 굳이 초등학교에서 배울 필요가 있을까요? 우리는 초등학교에서 한자교육을 하는 것에 반대합니다.

찬성측 최종변론

우리는 한자사용을 하자는 것이 아니라 한자교육을 하자는 것입니다. 한자혼용이니 한글전용이니 하는 이야기들을 하는 것이 아닙니다. 초등학교 고학년이 되면 공부가 힘들어집니다. 모르는 낱말이 많이 나오기 때문입니다. 중·고등학교에서 한자를 한꺼번에 많이 배우면 오히려 한자를 잘 배울 수가 없습니다. 초등학교 재량시간에 하는 한자교육은 체계적이지 않아 오히려 한자를 싫어하게 만들고 국어능력에 도움이 되지 않습니다. 초등학교 때부터 꾸준히 체계적으로 배우는 것이 한자교육의 부담을 줄이고 학습능력에 기여할 수 있습니다. 우리는 한글의 우수성을 인정합니다. 당연히 한글의 사용을 늘리고 우수성을 알려야 합니다. 초등학교 때부터 한자를 배워서 국어 표현 능력을 향상시키고 우리말을 풍부하게 사용하는 것이 좋다고 생각합니다. 우리는 초등학교에서 한자교육을 하는 것에 찬성합니다.

위에서 초등학교 한자교육의 전면적인 실시에 대한 디베이트 대회를 보면서 몇 가지 분석을 해 보았습니다.

쟁점

찬성측은 우리말의 70%가 한자어라는 점을 부각시키고, 초등학교에서의 한자교육이 우리말을 정확히 이해하고 한자문화권인 우리 역사와 문화를 이해하는데 도움이 될 뿐만 아니라, 동북아시아 문화권의 형성과 동반 발전의 기틀을 마련하는데 도움이 된다는 것을 쟁점화 하였습니다. 그러나 찬성측은 지나치게 포괄적인 접근을 시도함으로써 상대측과 쟁점을 형성하는데 실패하였습니다.

한편 반대측에서는 우리의 말이 한자를 바탕으로 한다는 것을 인정하면서도 우리말을 아름답게 가다듬으려는 노력을 해야 하고, 굳이 초등학교에서부터 한자를 할 필요가 없다는 점과, 사교육비 부담을 쟁점화 하였습니다. 그러나 반대측은 주요 용어를 제대로 정의하지 않아 창의적 체험활동 시간에 하고 있는 한자교육을 한자교육의 범위에서 제외시키는 오류를 범했습니다.

주장에 대한 타당한 근거와 이유, 정보의 활용능력

언뜻 볼 때에는 찬성측이 상당히 논리적이고, 타당한 근거를 제시한 것처럼 보이지만 이는 논제의 본질을 상당히 벗어난 것으로 판단됩니다. 논제는 '초등학교에서의 한자교육 바람직한가?' 입니다. 한자교육의 필요성을 논하는 자리가 아닙니다. 이는 중학교부터 정규교과로 하고 있는 한자교육을 초등학교 때부터 실시하는 것이 어떻겠나 하는 것입니다.

반면 반대측에서는 최근 일부 대학에서 한자교육을 강화하고, 인증을 거쳐 입학전형을 할 때 점수화하려는 움직임을 보이자 한자교육에 대한 사교육비가 증가한 점과 과다한 학습량으로 초등학생들에게 부담을 가중시켜서는 안 된다는 논리가 돋보입니다.

그러나 한자와 한문의 관계를 모호하게 규정한 점과 사교육비의 총액만을 인용한 점은 설득력을 떨어뜨리는 요소라고 할 수 있습니다.

양측 모두 정보를 적절히 활용하고 있습니다. 굳이 판정을 하자면 초등학교 고학년에서 한자 이해 활용 능력과 다른 교과 성적 간의 상관관계를 인용한 찬성측이 우세하다고 판단됩니다.

주장을 뒷받침하는 논리구성과 설득력

찬성측에서 발견되는 논리적 오류는 다음과 같습니다.

첫째, '우리말의 70%가 한자' 이기 때문에', '동음이의어가 많기 때문에', '신문 읽기가 힘들기 때문에' 초등학교에서 한자교육을 실시해야 한다는 논리입니다. 세 가지 주장을 한꺼번에 퍼부었습니다. 설득력이 상당히 떨어집니다.

둘째, 초등학교 고학년이 국어, 사회, 과학을 어려워하는 것은 한자를 모르고 단순히 (용어를) 암기하기 때문이라고 했는데, 꼭 한자의 의미를 이해해야 (용어의) 의미를 이해할 수 있다는 논리는 타당하지 않습니다.

셋째, 모든 문화유산이 한자로 설명되어 있다는 것도 사실과 다릅니다.

넷째, 동아시아의 언어가 마치 한자(한문을 잘못 표현한 듯함)인 것처럼 표현한 것 역시 오류입니다.

찬성측은 처음부터 논제에서 벗어난 이야기를 하고 있기 때문에 대부분이 오류라고 할 수 있지만 각각의 주장에 대하여 타당한 근거를 제시하려고 노력하였습니다.

반대측에서 발견되는 논리적 오류는 다음과 같습니다.

첫째, 주장과 근거가 애매모호합니다. 둘째와 셋째의 주장과 근거에 비해 첫째의 주장과 근거가 명확하지 못합니다.

둘째, 한자교육을 하면 신체적, 정서적 발달장애와 고통을 안겨준다고 하고 그 근거를 제시하지 않았습니다.

셋째, 초등학교에서 한자교육을 하면 한자과외비가 증가한다는 신뢰할만한 근거를 제시하지 못하였습니다.

상대방의 주장과 이유, 근거에 대한 결정적인 반론

주요 근거나 이유에 대한 거짓, 보편타당성의 결여, 더 포괄적인 반대의 증거제시, 논리의 오류

반론펴기에서는 반대측이 우세하다고 판단됩니다. 우리나라보다 한자를 더 많이 사용하고 있는 중국과 일본에서도 한자가 익히기 어려워서 간체자를 사용하는 등 초등학생으로서는 배우기가 매우 힘들다는 점을 부각시켰고, 우리말은 배우기가 쉽고, 대상이 초등학생이라는 점

을 들어 시기상조임을 강조한 점이 돋보입니다. 반면 우리의 고유문화는 곧 불교문화인 것처럼 이야기한 점과 불교의 경전이 모두 한자로 쓰여진 것으로 오해한 점은 오류입니다.

찬성측에서도 한자교육을 공교육으로 끌어들여 초등학교부터 체계적으로 실시함으로써 사교육비를 절감시킬 수 있다고 한 점과, 한자를 외국어가 아닌 외래어로 인식하고 우리말과 글을 이해하는 방편으로 활용하자는 의견이 설득력이 있다고 판단됩니다. 그러나 중·고등학교에서 한자교육의 부담을 줄이기 위해 초등학교부터 실시해야 한다는 주장은 설득력이 없고, 한자를 쉽게 활용할 수 있는 정책을 펴나가야 한다는 주장은 논제를 벗어났다고 판단됩니다.

효과적인 주장과 질문, 답변의 일관성

질문을 통해 토론을 이끌어가는 능력과 주장의 일관성을 잘 유지한 점은 반대측이, 질문에 대하여 적절히 답변한 점은 찬성측이 우세한 것으로 판단됩니다. 그러나 "초등학교 교과서에 약간 한자가 나옵니다. 그것을 보충하기 위해 포함되어 있습니다."라는 답변에 "그렇다면 한자가 국어능력향상, 동음이의어 이해 등에 필요하다는 것을 인정하는 것으로 알고 넘어가겠습니다."라고 서둘러 결론지은 찬성측의 행동과, 통계자료의 보편타당성을 평가하는 상대측에게 무조건 받아들이기를 요구하는 반대측의 행동은 바람직하지 못합니다.

자기주장의 타당성, 상대방 주장의 부당성 부각과 논리의 재구성 능력

찬성측은 반론과정을 통해 부당성이 검증된 주장을 버리고 새롭게 자신의 주장을 정리함으로써 설득력을 높였습니다. 특히 우리글의 바탕이 된 한자를 체계적으로 공부하여 국어에 대한 이해를 높이고 발전시키자는 주장은 인상적입니다. 논리의 재구성력은 돋보이나 상대측의 상당한 부분 오류를 지적하지 못한 잘못이 있습니다.

반대측은 대체적으로 입론을 그대로 최종변론까지 끌고 갔으므로 논리의 일관성을 유지하였습니다. 또 상대측의 주장과 근거의 부당성을 날카롭게 지적하였습니다. 그러나 반론과정에서 드러난 자신의 논리적 오류를 단지 언급하지 않는 수준에서 피해갔으며, 적극적으로 수정하려는 노력이 부족하였습니다.

"선행학습을 단속해야 한다."는 디베이트를 관람하자.

우리나라에서 선행학습이 인기를 끌기 시작한 것은 그리 오래된 일이 아닙니다. 약 10여 년부터 점점 치열해지는 특목고·대학 입시 때문에 선행학습이 관심을 모으기 시작했습니다. "선행학습 열풍은 학부모님의 불안감과 학원의 상업적인 목적이 맞아떨어진 결과"라는 견해를 가지고 있는 교육전문가들이 있습니다.

이러한 선행학습에 대해서 학생이나 학부모님들의 갈등이 심합니다. 많은 학생들이 학원에 다니니까 안 보낼 수도 없기 때문입니다. 선행학습은 부족한 과목을 미리 공부하고 학교에서는 복습의 의미로 공부한다는 점에서는 고무적인 것인 측면이 있습니다. 그런데 그 효과는 별로 크지 않은 것 같고 학생은 학생대로 스트레스를 받으며 비용은 가계에 큰 부담이 되는 것이 현실입니다.

선행학습을 담당하고 있는 학원의 사교육비 부담 뿐만 아니라 우리 교육을 망치는 주된 원인이 선행학습이라는 것이 2011년 현재 교육청의 판단입니다. 어떤 교육감은 다음과 같이 선행학습을 바라보고 있습니다.

"심지어 복습과 보충학습이 필요한 중하위권의 학생들도 선행학습 학원에 다니고 있습니다. 그리고 학교에서는 어디선가 배운 듯해서, 어느 정도 아는 듯해서 엎드려 자는 현상이 많이 발생하고 있어서 안타깝습니다."

이러한 선행학습에 대한 디베이트를 함께 경청해 봅시다.

찬성측 대표자 의견 – 이정곤(서울 대명중 교장)

선행학습은 진진한 의미의 예습과는 차이가 있습니다. 선행학습이란 개인과외교습이나 학원을 통해 학교에서 가르치는 진도보다 1~2학기, 심지어는 1~2년 미리 배우는 것입니다. 최근 한국교육개발원의 '사교육실태 및 경감대책연구2003.12에 따르면 전국 초 · 중 · 고 학생들의 2003년 사교육비는 총 13조 6천 4백 85억원으로 추정됩니다. 교육 참여 현황을 보면 초등학교는 83.1%, 중학교는 75.3%, 일반계 고등학교는 56.4% 정도입니다. 이 중 초 · 중학교는 대부분 선행학습 과외로 추정됩니다. 선행학습 과외는 과다한 사교육비를 부담시켜 가정경제에 고통을 주고 학교교육을 파행으로 이끕니다. 그 폐해는 다음과 같습니다.

첫째, 선행학습은 아이들을 '교사 의존형 아이Teacher Boy로 만들 수 있습니다. 선행학습은 주로 떠 먹여 주기식으로 이뤄지므로 의존적인 학습 태도를 부추겨 스스로 아무 것도 할 수 없는 아이로 만듭니다.

둘째, 선행학습의 '반짝 효과는 아이들을 과외 아편효과에 빠지게 합니다. 선행학습은 저학년에서는 반짝 효과가 있지만, 고학년으로 갈

"선행학습을 단속해야 한다."는 디베이트를 관람하자.

수록 효과가 크게 떨어집니다. 선행학습으로 반짝 효과를 맛본 아이는 과외 아편효과에 빠져 선행학습을 하지 않으면 불안해 합니다.

셋째, 선행학습은 단편적 지식 암기에 치중하므로 '창의력 계발 학습'을 가로막습니다. 선행학습은 기본 개념이나 원리의 심도 있는 이해보다는 단편적인 지식의 암기에 큰 비중을 둡니다. 그래서 선행학습을 한 아이는 단순 지식 암기에는 강하지만 창의력을 요하는 종합 문제에는 매우 취약합니다.

넷째, 선행학습은 학교교육에 고통을 주는 '고질병입니다. 밤늦게까지 선행학습을 받은 아이는 학교에서 잠을 잘 수 밖에 없어 학교교육을 비정상적으로 만들기도 합니다. 선행학습을 받은 아이는 학교 수업에 흥미를 잃고 학교 교사의 가르침을 무시하게 되어 학교 수업을 망치게 될 수 있습니다.

따라서 선행학습 과외를 추방하면 아이들이 행복해질 수 있습니다. 아이들은 스스로 공부하는 습관을 기르게 되고 학교에서 공부하는 즐거움을 느낄 것입니다. 이와 함께 방과 후 선행학습 과외를 받지 않게 되면 많은 시간들을 학생들 자신의 소질과 적성을 계발하는 데 할애할 수 있습니다. 이밖에 학생들의 건전한 성장이 촉진되고, 그 결과 국가와 민족의 번영을 도모하는 인재의 육성이 가능합니다.

선행학습 과외를 추방하기 위해서는 학교교육 정상화의 지속적 추진이 필요한 만큼 학교교육을 내실화하게 되면 학교교육의 경쟁력이 제고될 것입니다. 학생들이 선행학습에서 벗어나게 하기 위해서는 선행학습의 폐해를 홍보하고 선행학습을 시키거나 받지 않도록 계도해야 합니다. 선행학습이 교육적 효과가 없음을 학부모나 학생이 알게 되면 군이 비싼 돈을 들여가면서 선행학습을 시키지 않을 것입니다.

또한 학교교육이 정상화돼야 합니다. 학생 수준을 고려한 개별화 수업을 확대하고 단계별 수업 프로그램을 개발·보급하며, 월반제**조기진급·조기졸업**의 활성화를 추진할 필요가 있습니다. 이와함께 선진 외국의 다양한 학습 자료를 수집·보급하고, 학교 현장의 우수 학습 자료 및 교육 방법을 공유·확대하며, 아이들의 눈높이를 고려한 재미있고 유익한 수업 방법으로 개선해야 합니다.

특히 대학입학시험제도도 고쳐야 합니다. 우선적으로 수학능력시험을 고등학교 교육과정 범위 내에서 쉽게 출제하는 것이 필요합니다. 수학능력시험의 난이도를 학교교육 정상화 차원에서 조정하고, 입시 반영 비율도 대폭 낮춰야 합니다.

반대측 대표자 의견-권대봉(고려대 교육대학원장)

정부기관은 새로운 정책을 수립할 때, 국민의 요구가 무엇인지를 우선적으로 고려해야 합니다. 서울시 교육청의 선행학습 단속과 캠페인 정책은 국민의 요구를 반영한 것이라고 보기 어렵습니다. 선행학습은 학생의 흥미를 저하시킬 우려가 있어 바람직하지 않습니다. 그렇다고 해서 선행학습을 행정적으로 단속하겠다는 교육청의 정책은 적절하다고 볼 수 없습니다. 선행학습을 한 학생에게 불이익을 주겠다는 발상은 교육적이지 못하기 때문입니다. 교육청은 단속이라는 규제적인 정책을 내놓기 전에 학생들이 왜 선행학습을 하고 있는 가를 규명하여 그 원인을 제거하는 방향으로 정책을 입안했어야 옳습니다. 학생들이 선행학습을 하는 이유는 그들이 보유한 다양한 능력을 무시하고 한 줄 세우기를 하는 교육제도와 관계있습니다. 내신 성적과 수능이라는 두 마리 토끼를 한꺼번에 잡아야하는 수험생은 내신 성적을 올리기 위해 선행학습을 하는 것이 유리하다고 인식하고 있습니다. 또한 매년 재수생이 강세를 보이는 수능 성적 결과는 선행학습을 부추기고 있습니다.

현행 7차 교육과정은 학교가 학생들에게 수준별 학습을 제공하는 것을 원칙으로 하고 있음에도 불구하고, 그렇지 못한 것이 현실입니다. 제각기 다른 수준의 학생이 모인 학급에서 교사는 중간수준의 학생에 맞추어 수업을 진행하게 됩니다. 하위수준의 학생은 수업을 따라가기 위해, 상위수준의 학생은 자기 수준보다 학교 수업 수준이 낮으므로 학교 밖에서 선행학습을 찾습니다. 중위권 학생도 상위권을 따라 잡기 위해 선행학습을 하지 않을 수 없게 되는 구조적 문제를 갖고 있습니다.

그러므로 학교가 7차 교육과정에서 정한 바와 같이 수준별 학습을 보다 체계적이고 효과적으로 운영할 수 있는 방안을 강구하는 것이 선결과제입니다. 더욱 본질적인 문제는 학생의 선행학습효과가 학교평가에서 반영될 수 없도록, 학교의 학습평가방법을 질적인 차원에서 바꾸어서 학생과 학부모가 선행학습이 효과가 없음을 스스로 깨우치도록 만들지 못하는 데 있습니다.

그렇다면 교육청이 공교육의 틀 안에서 모든 학생들의 기본 권리인 학습권을 보장할 수 있도록 학생과 교사를 지원해주는 정책을 펴는 것이 옳은지, 아니면 그들의 선행학습을 단속하는 정책을 펴는 것이 옳은지를 판단할 필요가 있습니다.

교육혁신은 단속과 캠페인에 의해 이루어지는 것이 아니라 교실에서 교사와 학생 간에 진정한 학습상호작용이 있어야 가능합니다. 학생이 제대로 학습활동을 할 수 있도록 도와주는 것이 교사의 책무이며, 그러

디베이트 학습을 단계별로 안내한다.

한 교사의 교육활동을 도와주는 것이 교육지원청이 존재하는 이유입니다. 선행학습 단속은 겉으로는 교사의 교육활동을 도와주는 것처럼 보일 수 있으나, 실제로는 교사들에게 또 하나의 잡무가 늘어나는 셈이 됩니다. 교사의 잡무가 늘어나면 늘어날수록 학생들의 학습활동을 도와주는 시간은 줄게 되어 결국 학생들만 손해를 보게 됩니다.

교사는 학생들에게 지식을 쌓기 위한 학습뿐만 아니라, 배운 것을 행동에 옮길 수 있는 학습, 남과 더불어 살 수 있는 지혜를 기르기 위한 학습, 그리고 자신의 존재가치를 일깨우고 발휘할 수 있는 학습을 제공하기 위해 매우 바쁜 나날을 보내고 있습니다. 바쁜 교사들의 교육활동을 도와주는 서울시 교육청의 정책이 사교육의 단속에서 출발해야 하는가, 아니면 공교육의 활성화에서 찾는 것이 올바른 길인가를 세금을 쓰는 정책당국자는 물론 세금을 내는 국민들도 냉철히 따져볼 필요가 있습니다.

Magic Debate 4부

토의 · 토론학습을 다채롭게 즐겨 보자.

논쟁이나 토론의 목적은 승리여서는 안 되고, 개혁이어야 한다.
- H. 쥬벨

모두에게 공평한
원탁토론을 진행하자.

토머스 불필치의 《아서 왕과 원탁의 기사》라는 책에 의하면, 원탁토론의 시초는 우리들이 알고 있었던 5세기에서 6세기경에 영국을 살린 전설적인 아서왕이 아닌 그가 태어나기 전의 아버지 우서 왕이 통치하던 때였다고 합니다. 가문을 모셔왔던 마법사인 '멀린'이 칼라일에서 나라의 위대한 귀족들을 한 자리에 앉힐 방법을 고심하였고 그 결과 원탁을 생각하게 되었다고 합니다. 그러한 제도를 우서 왕이 죽고 난 이후에 아서 왕이 이어받았고, 그가 열두 명의 기사와 같이 둥근 테이블에 앉아 '신분구조'라는 것에 대하여 기사들 모두 자신이 가지고 있는 불만을 시작으로 모든 것을 거리낌 없이 자유롭게 말할 수 있게 하였고, 그렇게 서로 한 가족처럼 친해진 그들 사이에는 충성과 믿음이 자연히 생기게 되었다고 합니다. 기사들 자신을 이해해 주는, 자신의 위에 군림하지 않고 친구같이 대해주던 아서 왕이었기 때문에 더욱 강한 충성을 맹세하게 되었고, 그 기사들은 아서 왕의 영국 통일이라는 대업을 이루는데 있어서 그들의 목숨을 아끼지 않게 되었습니다. 그리하여 그러한 원대한 대업을 이룬 아서 왕의 전설과 함께 '원탁토론' 이 세상에 알려지게 되었다고 합니다.

원탁토론(Roundtable-Discussion) 학습의 개념

원탁토론은 10명 정도의 인원이 원탁둘레에 앉아서 어떤 형식에 구애되지 않고 전원이 자유롭게 토의하는 것을 말합니다. 사회자는 토론의 규칙을 이해하고 자유로운 분위기에서 토론이 진행되도록 힘써야 합니다. 특히 토론에 참여한 모든 사람들이 발언을 할 수 있도록 헤야 합니다.

이러한 원탁토론이라는 일반적인 개념에 창조적인 공동체라는 교육적 가치를 부여하여 역사문화아카데미에서 개발한 것이 원탁토론학습입니다. 1996년 우리 사회에 토론문화를 정착하기 위해서 토론교육, 문화 운동을 목적으로 설립된 역사문화아카데미의 초대 원장을 지낸 강치원 원장은 "한사람이 열권의 책을 읽는 것 보다 열 사람이 한 권의 책을 읽고 문답, 대화, 토의, 토론하는 것이 교육적으로 더욱 효과적이다."라고 하였습니다. 원탁토론은 '다름' 을 인정하고 '같음' 을 지향하여 모색하는 자유로운 주체들의 자발적인 만남과 사귐과 연대라고 말하고 있습니다. 원탁토론은 사실의 차원에서 인식을 생산하고 생산한 인식을 의견의 일치 또는 불일치의 지점 확인을 통해서 인식을 공유하며, 가치의 차원에서 개인의 가치판단과 민주적 의사결정의 과정입니다. 또한 실천의 차원에서 문제의 발견과 해결방안의 모색을 추구합니다. 다시 말해서 원탁토론은 사실과 가치 및 실천을 토론하는 것이라고 할 수 있습니다.

원탁토론학습의 목적

원탁토론학습은 인식을 생산하고 생산된 인식을 공유하기 위한 훈련이자, 자아를 발견하여 주체성을 확립하며 발견한 자아를 실천하는 과정입니다. 원탁토론학습은 크게 보면 두 가지 목적이 있습니다. 그 하나는 실천에 앞서 자아를 발견하고, 자아를 실천하는 과정인 사회화에 앞서 주체를 확립하는 과정이며, 다른 하나는 발견한 자아를 실천하고 확립한 주체를 사회화하는 과정이 될 수 있습니다. 주체를 확립하는 과정에서 창조성을 키워주고 사회화하는 과정에서 공동체성을 성장시켜 민주시민으로서의 자질을 키워 주는 데 원탁토론학습의 목적이 있습니다.

원탁토론학습의 특성

원탁토론학습은 각 교과에서 다루는 모든 내용을 다룰 수 있습니다. 찬반의 입장이나 갈등이 명확하지 않은 논쟁문제, 각 교과에서의 여러 개념과 원리 등과 같이 일반적인 찬반의 논쟁형 수업에서는 다룰 수 없는 문제도 원탁토론학습에서는 가능합니다. 그 이유는 원탁토론형식은 학생들 상호 간에 혹은 교사와 학생 간에 창의적이고 자유로운 소통을 할 수 있기 때문입니다.

그리고 디베이트 학습과 같은 찬반대립토론 학습은 설득력 있는 의견의 개진을 통해 자신의 입장을 분명하게 하는 데 그 목표를 두고 있습니다. 따라서 대부분의 갈등을 해소시켜주는 사회문제의 해결을 위한 대안 도출은 이루어지지 못하거나 미미하게 이루어지고 토론을 위한 학습으로만 그칠 수 있는 우려가 많습니다. 하지만 원탁토론학습은 평등한 입장에서 다양한 의견을 수렴하여 공동체적 소통의 과정을 통해서 의견을 조정합니다. 이에 당사자 간의 갈등이 해소될 뿐만 아니라 학습에서 소외됨이 없이 모든 학생의 수업 참가 흥미와 동기를 유발하여 문제 해결 과정에서 학습자의 참여를 유도할 수 있습니다.

그러므로 원탁토론 방법을 학습하고 그 방법을 학습으로 적용한다면 실질적이고 의미 있는 활동 중심의 학습이 이루어질 수 있으며, 나아가 이전처럼 지식의 암기와 축적이라는 형태에서 벗어나 자신에게 필요한 정보를 선택하고, 자신이 직면하고 있는 문제를 능동적으로 해결할 수 있는 창조적 사고를 가진 사람을 양육할 수 있을 것입니다.

원탁토론의 형식과 내용

원탁토론은 토론자와 사회자 뿐만 아니라 방청객 역시 대상이 아닌 주체로 참여할 수 있도록 하기 위해서 디귿자형U-Form, 원탁형으로 배치합니다. 이러한 좌석배치를 통해서 교실 안에서 일방적, 단선적, 획일적인 의사소통이 아닌 쌍방적, 복합적, 다원적 의사소통이 이루어지게 되고 이를 통해서 교육의 창조성과 공동체성을 달성할 수 있기 때문입니다.

원탁토론의 형식과 절차에 있어서 공정하고 유익하며 재미있는 토론을 위해 1인 1표 원칙에 입각한 동등한 주체적 참여를 의미합니다. 즉, 토론에 참여한 학생들은 모두가 발언기회와 발언시간을 동등하게 가져야 한다는 것입니다. 원탁토론은 토의주제에 대한 인식의 공유에서 토론찬반토론을 거쳐 토의인식의 공유 및 합의로 나아가는 3단계의 과정을 거칩니다. 정해진 토론주제의 범위를 벗어나든지 범위 안에서 말을 하든지 그것은 토론자의 자유의지에 속하는 문제입니다. 그렇지만 토론자가 토론의 회전이 바뀌어도 반복적으로 똑같은 내용을 아무런 진전 없이 되풀이 할 때에는 다른 토론자나 혹은 사회자가 이를 지적하고 수정하도록 해야 합니다.

원탁토론학습의 방법

원탁토론학습의 방법에 있어서 두 가지를 기본원칙으로 하고 있습니다. 먼저, 토론에 참여한 사람은 누구나 발언할 기회를 가지며, 토론의 장에 있는 사람은 가급적 모두가 토론에 직접 참여하도록 합니다. 이제까지 우리들의 선입견은 토론은 말을 잘하는 사람, 혹은 전문가라고 불리는 사람들에 의해 독점되어 왔다는 생각을 가지고 있습니다. 그러나 토론의 기본정신이 사람들 간의 '의사소통' 과 '민주성' 에 있다고 볼 때 이러한 견해는 바람직하지 않습니다. 그러한 생각에 대한 대안이자 해결책으로써 원탁토론학습은 말하는 능력, 지식의 양, 권위 등에 의해서 토론이 독점되어지는 것을 막고 토론의 민주성을 확보하고자 토론에 참여한 모든 사람에게 발언의 기회를 최대한 할애하고자 하는 것입니다.

둘째로, 토론에 참여한 사람은 모두가 동일한 발언기회와 시간을 갖도록 해야 하며 사회자는 이를 조정합니다. 이러한 까닭은 참여자 모두가 민주적이고 평등한 입장에서 토론을 적극적으로 유도하고자 하는 데 목적이 있습니다. 앞에서 언급한 것처럼 원탁토론학습은 말을 잘하는 것을 뽐내거나 지식의 양을 견주어보는 경쟁의 장이 아니라 같은 공동체 내에 살아가는 사람들이 서로의 생각을 공유하고 문제를 함께 풀어가는 화합과 상생의 장입니다.

모둠 원탁토론학습 방법과 절차

모둠 원탁토론학습은 처음에 전체가 모여서 토론의 주제를 공유한 다음, 모둠으로 흩어져서 토론하고, 다시 모여 모둠별로 논의한 내용을 전체적으로 공유하고 토론하는 방식입니다. 이렇게 하는 까닭은 생각의 확산과 수렴, 그리고 공유의 과정을 반복함으로써 효율적이며 생산적인 토론을 가능하게 하기 때문입니다. 구체적인 방법은 아래와 같습니다.

- 발언시간은 1회에 2~3분 정도가 적당하며 토론자들의 발언시간과 발언 횟수가 3~4회 정도로 비슷하게 합니다.
- 사회자는 원활한 토론이 이루어지도록 전체적인 토론시간과 토론자의 인원수를 감안하여 시간안배를 잘해야 합니다. 또한 토론의 내용에는 개입하지 않고 토론의 진행절차, 형식과 방법에만 개입해야 합니다. 훌륭한 사회자는 자신이 하고 싶은 말이 있을 경우 가능한 그 말을 토론자들이 할 수 있도록 유발질문을 던지는 경우가 많습니다.
- 찬반대립토론에서 이루어지고 있는 반론꺾기나 즉문즉답은 전체적인 소통에 오히려 지장을 주기 때문에 피하는 것이 좋습니다. 단 이러한 반론이 꼭 필요한 경우에는 발언자질문자에게 주어진 시간 내에서만 가능하게 합니다.

- 반론단계에서 질문자가 답변자의 발언을 그만 듣고자 할 경우 그 발언을 중지시킬 수 있습니다. 이 단계에서 답변자의 대답은 '예, 아니오, 모른다' 의 형태도 좋습니다.
- 토론자들이 서로 발언을 하지 않을 경우 토론의 활성화를 위해서 먼저 발언한 자가 다음 발언자를 지명한 이유를 밝히면서 지명할 수도 있습니다.
- 논의 중간에 소외되는 토론자가 없도록 하기 위해서 토론주제 설정을 폐쇄적이거나 지나치게 미시적으로 하지 않도록 해야 합니다.
- 토론자의 발언이나 사회자의 진행에 있어서 형식이나 내용면에서 지나치게 무리한 경우, 누구나 발언권을 얻어 지적할 수 있습니다. 이러한 의사진행발언은 발언 횟수에 포함시키지 않습니다.
- 2차 문답발언과 3차 교차자유발언의 순서와 방법은 사회자와 토론자가 협의하여 모둠별로 결정합니다.(주로 1차처럼 모둠 순번대로 한 번씩 돌아가면서 발언하는 방법을 사용하는 데, 만약 발언을 할 의사가 없는 학생이 많을 때에는 순번에 상관없이 먼저 발언의 기회를 요청한 사람부터 시작할 수도 있습니다.)
- 토론자 상호간이 호칭은 성명과 학생이라고 부르며 토론자가 말하는 중에 상대방은 끼어들 수 없습니다.
- 토론시간에 현장에서 자신이 메모한 메모지는 볼 수 있으나 미리 준비한 자료는 볼 수 없습니다.

원탁토론학습의 진행 방식

토론자 소개 및 진행안내	5분	토론자는 자신을 다른 사람들에게 간단히 소개한다.
1차 발언 (모두발언)	10분	자신이 주제에 대해 생각하는 바를 말한다.
2차 발언 (문답발언)	10분	1차에서 토론자들의 주장들 중 궁금했던 것을 묻거나 자신의 주장을 보충한다.
3차 발언 (교차자유발언)	10분	2차에서 토론자들의 주장들 중 궁금했던 것을 묻거나 자신의 주장을 보충한다.
4차 발언 (정리발언)	5분	1차에서 3차 발언까지 말하고 들었던 내용들을 종합해 자신의 주장을 정리한다.

원탁토론 학습의 집단 구성

원탁토론학습은 공동체적 사고를 요구합니다. 이러한 점에서 경쟁심보다는 상호 의사소통의 인지적 과정을 유도할 수 있는 소집단 협동학습이 매우 유용합니다. 가능한 원탁토론학습은 소집단 토론집단을 편성하여 수업을 진행하면 좋습니다. 소집단으로 토론 집단을 구성함에 있어 고려해야 할 사항은 다음과 같습니다.

모두에게 공평한 원탁토론을 진행하자.

첫째, 수준별로 구성하는 방법

수준이 높은 학생과 낮은 학생을 섞어 이질집단으로 구성하는 방법과 수준이 같은 학생들끼리 동질집단으로 구성하는 방법이 있습니다. 어느 한 쪽이 우월한 것이 아니므로 수업의 내용에 따라서 양자를 적절하게 사용할 수 있습니다. 좋은 해결방법은 학생들에게 원탁토론의 특성을 충분히 이해시킨 후 각 모둠들끼리의 의논이나 발표내용이 차이가 덜 날 수 있도록 학력 수준이 상이한 학생들끼리 골고루 배정될 수 있는 것입니다.

둘째, 서로 좋아하는 학생들끼리의 집단 구성

학생들의 자발성과 각자의 선호도를 존중해 준다는 이점이 있습니다. 그러나 이렇게 될 때 토론집단 중에 소외되는 학생이 발생할 수 있다는 문제가 있습니다. 따라서 이 방법을 선택하고자 할 때에는 학급 내에 학생들 간의 교우관계를 미리 잘 파악하여 보고 소외되는 학생이 없도록 해야 합니다. 교사는 모둠이 편성되기 전에 학생들에게 문제점을 알려 주고 소외되는 학생이 없도록 세심한 주의를 기울여야 합니다.

셋째, 번호 순서대로 혹은 제비뽑기로 구성하는 방법

가장 손쉽고 효율적으로 집단을 구성하는 방법입니다. 이와 같은 방법으로 구성할 경우 학생들 상호간의 교우 관계 혹은 학력의 차이로 인해 토론집단 내에서 불화가 발생할 것을 우려하기도 합니다. 그렇지만 원탁토론학습이 공동체성과 소통을 중요시하고 있는 만큼 이를 교육할 수 있는 계기가 될 수 있습니다. 왜냐하면 원탁토론학습을 통해서 서로 소통함으로써 학생들 서로에 대한 새로운 발견의 기회가 되기 때문입니다.

토의 · 토론학습을 다채롭게 즐겨보자.

원탁토론 학습의 좌석배치

　원탁토론 학습의 토론집단을 구성함에 있어서 좌석의 배치 또한 중요합니다. 원탁토론학습이라고 해서 여건이 허락하지 않는 데에도 불구하고 반드시 원탁으로 학생들을 배치할 필요는 없습니다. 가장 이상적인 좌석배치는 교사를 중심으로 디근자형U-Form으로 집단을 배치하는 것입니다. 이렇게 함으로써 상호간에 쌍방적이고 복합적이며, 다원적인 소통이 가능하기 때문입니다. 여기서 반드시 주의할 것은 집단 내의 학생들이 서로 볼 수 있도록 마주 앉는 것입니다. 학생들끼리 등을 돌리고 토론을 하다보면 메모하기도 불편하고 목소리톤 조절이나 말을 할 때에 어울리는 제스처 등을 제대로 사용하지 못해 자신이 주장하는 바대로 의사표시를 정확히 할 수 없기 때문입니다. 바람직한 원탁토론 학습의 좌석배치는 다음과 같습니다.

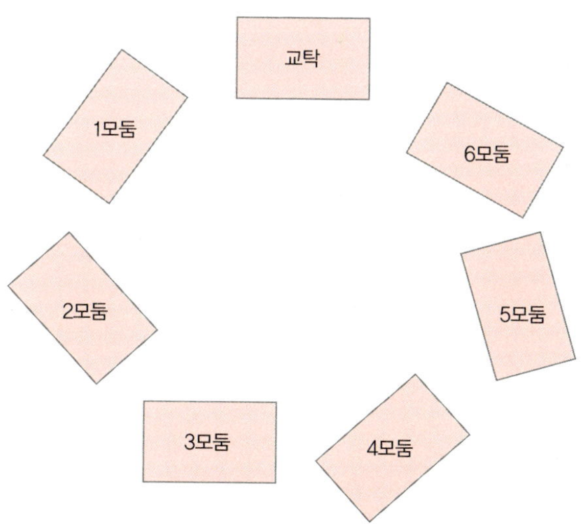

모두에게 공평한 원탁토론을 진행하자.

원탁토론 학습 참가자의 자세

원탁토론학습을 시작할 때에는 먼저 자신을 정확하게 소개합니다. 그리고 같이 토론하는 사람의 이름을 정확하게 기억합니다. 혹시 이름을 정확하게 알아듣지 못했을 때에는 "죄송합니다. 잘 못 들었습니다. 다시 한 번만 더 말씀해 주십시오."라고 하여 확실하게 알아야 합니다. 말을 할 때에는 적극적으로 말하고 말하는 내용에 대한 확신을 불러 일으켜 주고 다른 사람의 말에 가치를 부여하고 있음을 나타내주기 위해 상대방과 눈을 마주쳐야 합니다. 그리고 원탁토론학습은 소통이 목적임으로 다른 사람의 말을 경청하고 상대방의 시선으로 세상을 보려고 노력해야 훌륭한 토론이 이루어 질 수 있습니다.

전체 대표단 공개원탁토론 학습의 방법과 절차

모둠토론이 끝난 후 전체 대표단공개토론에는 토론에 참여한 사람은 모두가 함께 해야 합니다. 전체 토론은 대표단공개토론panel discussion방식– 토론 방법의 한 가지로써 특정한 문제를 해결하거나 해명하기 위해 이에 대해 관심이나 정보, 경험 등을 가진 몇 사람을 선출하여, 청중 앞에서 의견을 발표하고 함께 논의하는 방식– 으로 진행합니다. 이 때 대표자는 각 모둠에서 한 명씩 뽑되, 각 모둠의 모둠토론자들의 투표에 의해서 선출합니다. 대표단 공개토론이 끝난 후에는 청중 토론이 펼쳐집니다. 청중 토론은 질문자 자신의 의견과 입장을 밝히는 방식으로 합니다. 이 때에는 대표단 공개토론에 참여하지 않은 청중이 질문과 의견을 제시하고, 토론자들이 답변하는 방식으로 진행합

토의·토론학습을 다채롭게 즐겨보자.

니다. 대표단 공개토론의 진행 절차를 간략하게 도표로 표현하면 다음
과 같습니다.

전체 공개토론	주제제시 및 인식 공유

↓

모둠토론	모둠별 주제 토론 ◎ 내용적 측면의 토론진행 1. 의제설정(주제에 대한 토론자들의 인식 및 확인, 공유) 2. 자유 토론(인식의 확산) 3. 토론자들의 빌인 정리 및 마부리(의견 수렴) ◎ 사회자는 토론자들의 발언시간과 기회를 동등하게 분배하고 관리하며 논의 내용에는 개입하지 않을 뿐만 아니라 토론의 진행절차, 형식과 방법에만 개입함.

↓

전체 대표단 토론	대표단 공개토론 1. 각 모둠의 대표를 1인 선출하여 공개토론을 함 2. 모둠토론에서 논의된 내용을 바탕으로 토론을 진행 함. 3. 생산적인 토론이 되기 위해서는 다른 모둠에서 하지 않은 이야기를 하는 것이 중요함.

↓

전체 자유토론	마무리 1. 대표단 공개토론 후 청중들의 질문과 답변 2. 전체적인 토론의 내용과 형식에 대한 평가

모두에게 공평한 원탁토론을 진행하자.

포럼 형식의 원탁토론

포럼이란 포럼디스커션forum discussion의 줄임말입니다. 사회자를 중심으로 한 사람 또는 여러 사람이 간략한 발표를 한 다음 청중이 그에 대하여 질문하면서 토론하는 방식입니다. 이것을 원탁토론의 방법에 응용할 수가 있습니다. 하나의 주제에 대하여 발표자가 20분 정도 발표를 하고 청중들은 발표 내용에 대하여 돌아가면서 발표한 내용에 대한 소감이나 의견을 1분에서 2분 정도 말하고, 발표자는 청중들에게 10분 정도 답변을 합니다. 이러한 과정을 2회에서 3회 정도 거치게 됩니다. 이때 사회자는 토론자와 청중들의 발언기회와 시간을 조절하는 역할만을 하게 됩니다. 이러한 포럼 형식의 토론은 청중이 10명 이내일 경우에 시간적으로 효율적이고 심도 있는 토론이 가능합니다. 청중이 10명이 넘을 경우에는 토론의 능률도 떨어지고 비효율적으로 진행됩니다. 이러한 단점을 극복하려면 어떻게 해야 할까요? 이 경우에는 모둠토론을 활용하면 좋습니다. 발표자의 발표 후에 청중들을 모둠으로 나누어 모둠별로 발표에 대한 토론을 하는 것입니다. 그런 다음 모둠별 대표를 선정하여 모둠발표내용을 발표하고 질문 등을 하면 됩니다. 이렇게 되면 토론에서 소외되는 사람도 없고 토론의 질도 보장할 수 있습니다.

포럼형식의 원탁토론 진행 절차를 간략하게 도표로 표현하면 다음과 같습니다.

전체	20분	주제에 대한 발표자의 발표

↓

모둠토론	20분	모둠별 주제 토론 1. 청중들을 1모둠에 6명 이내로 구성하여, 발표에 대한 토론을 한다. 2. 토론의 진행방식과 사회자의 역할은 원탁토론 방식으로 한다. ◎ 사회자는 토론자들의 발언시간과 기회를 동등하게 분배하고 관리하며 논의 내용에는 개입하지 않을 뿐만 아니라 토론의 진행절차, 형식과 방법에만 개입한다.

↓

전체 대표단 토론	10분	전체 토론 1. 각 모둠의 대표를 1인 선출하여 대표가 발언 한다. 2. 모둠토론에서 논의된 내용을 정리하고 발표자에게 질문 3. 생산적인 토론이 되기 위해서는 다른 모둠에서 하지 않은 이야기를 하는 것이 중요하다.

↓

전체 자유토론	10분	발표자의 답변 및 마무리 1. 모둠별로 토론된 내용과 질문에 대하여 답변 한다. 2. 전체적인 토론의 내용과 형식에 대하여 평가한다.

모두에게 공평한 원탁토론을 진행하자.

원탁토론 사회자 멘트

토론자 여러분 반갑습니다.

우리 모두 인사를 나누고 박수로 시작하겠습니다.

이번 원탁토론 사회 및 심사를 맡은 OOO입니다.

모둠당 9~10명의 참가자들이 열띤 토론을 벌이게 되는 데 우리 모둠은 10명의 학생들이 토론을 벌이겠습니다. 지금부터 간단하게 본인소개를 하도록 하겠습니다. 소개할 때 다른 참가학생들이 이름을 적을 수 있도록 명료하게 토론에 임하는 소감이나 요즈음에 읽은 책을 1분 이내로 말씀해 주시기 바랍니다. 그럼 사회자의 오른쪽 토론자부터 시계반대방향으로 소개 부탁드립니다.

토론자: 10명의 토론참가 학생들이 돌아가면서 자기소개를 한다.

분위기를 최대한 편안하고 자연스럽게 해 준다. 토론자들의 소개가 끝나면 모두가 공감하는 시사적인 사건이나 유머들을 이야기 해 준다.

예, 소개 잘 들었습니다. 토론에 참가한 학생들의 다짐을 들어보니 오늘 토론이 아주 재미있고 유익할 것으로 기대됩니다.

다음은 오늘 원탁토론을 진행할 심사위원님 소개와 심사규정, 진행방식에 대해 먼저 말씀드리겠습니다. 심사위원은 OOO 선생님이십니다. 큰 박수 부탁드립니다(심사위원의 성함을 알려준다).

토론은 발언 종료 30초 전에 노란색 카드를 들어 30초 남았다는 것을 알려드립니다. 이것은 발언 시간이 30초 남았으니 그 안에 적절하게 마무리하라는 신호입니다. 시간이 종료되면 빨간색 카드를 들어 주십니다. 빨간색 카드가 올라오면 발언을 마쳐야 합니다. 시간을 초과할 경우는 감점합니다. 따라서 시간을 잘 지켜주시기 바랍니다.

　다음으로 원탁토론의 진행 방법을 간단히 설명하겠습니다. 여러분에게는 총 3번의 의사진행 발언과 마지막 정리발언의 기회가 주어집니다. 1차 발언은 입론이라고 생각하시면 됩니다. 2분 내에 논제에 대한 각자의 입장을 이야기 합니다. 발언 순서는 정해져 있지 않습니다. 30초 이상의 시간이 경과되어도 발언할 토론자가 없을 경우 원활한 토론 진행을 위해 사회자자 지명하도록 하겠습니다. 그리고 즉문즉답(발언을 마치자마자 토론자들끼리 질문하거나 곧바로 대답하는 경우)은 없습니다. 항상 앞 토론자의 발언이 끝났을 때, 토론자의 발언에 대해 할 말이 있으면 손을 들어 의사표시를 해 주시면 됩니다. 그러면 사회자가 지명을 할 것입니다. 그때부터 말씀해 주시면 되겠습니다. 2, 3차 발언과 정리발언도 같은 형식으로 진행합니다. 발언하실 때는, 반드시 '토론자 ○○○입니다.' 로 시작하고 발언을 마치면, '이상입니다.' 로 끝내 주시기 바랍니다. 채점에 영향을 주는 요소임을 명심해 주시기 바랍니다.

　오늘 토론의 논제는 '우리 나라에 원자력 발전소를 존치시켜야 한다.' 입니다. 오늘 토론은 논제에 대한 토론자들의 입장과 견해, 근거를 밝히는 것으로 1차 발언을 시작합니다. 어느 토론자가 먼저 시작하시겠습니까?

　(토론자 전원이 돌아가면서 준비해온 입론을 발표형식으로 진행한다. 사회자는 기록장에 각 토론자의 핵심 주장을 단어 중심으로 요약 기록한다. 시간을 적절하게 지키는지 판단하고, 다음 토론자를 지명, 추천을 준비하면서 큰 차원의 2차 발언의 방향을 고민 혹은 고려한다.)

　○○○ 토론자의 의견을 잘 들었습니다. 다음은 누가 발언 하겠습니까?

모두에게 공평한 원탁토론을 진행하자.

(손을 들어 의견을 표하면 'OOO 토론자' 라고 이름을 불러 지명을 하고, 간혹 10초 이내 신청자가 없으면 바로 전에 발언한 토론자에게 지명권을 준다. 같은 방식으로 전원의 의견을 들으면서 주장의 분포도를 확인한다.)

예, 1차 발언 잘 들었습니다. 예상대로 다양한 의견이 나왔습니다.(내용을 종합하여 전체적인 흐름을 제시한 후 다시 2차 발언을 위한 안내를 한다.)

2차 발언은 1차 발언의 내용 가운데 본인의 견해와 가장 다른 사람을 지명해가면서 질문과 반론을 하는 것입니다. 원탁토론은 2:2, 3:3 토론이 아니고 일대다 혹은 다대다 토론입니다. 전체가 같이 토론하는 내용이면서도 자신의 주장을 심화하면서 다른 토론자의 주장을 반박하거나 혹은 논거의 문제점을 질문을 하시는 것입니다. 내 발언이 상대자는 한 사람일 수도 있고 둘 이상일 수도 있습니다. 2분 30초의 주어진 시간 내에서 적절하게 발언을 하면 됩니다. 2차 발언은 누가 먼저 시작하시겠습니까?

(토론 참가자들은 2차 발언을 시작한다.)

OOO 토론자 의견을 잘 들었습니다. 2차 발언은 각 토론자들이 상호 간에 비판과 질문 등을 하는 시간입니다. 물론 질문에 대한 즉문즉답이 아니라 자기 발언 기회가 왔을 때, 대답이나 반론을 펼 수 있습니다. 다음은 누가 발언하실까요?

(이런 식으로 토론참가자들은 2차 발언을 마친다.)

이상으로 2차 발언을 마쳤습니다. 3차 발언은 2차 발언의 연장선에서 진행됩니다. 2차 발언에서 시간에 쫓겨 미처 하지 못한 말이나, 발언을 일찍 해서 반론이나 답변을 할 수 없었던 내용, 혹은 2차 발언을 들으면서 새롭게 떠오른 생각 등을 말씀해 주시면 됩니다. 자, 3차 발언은 누가 먼저 이야기 하실까요?

(토론 참가자들은 3차 발언을 마친다. 중간에 사회자는 다음 토론자를 자연스럽게 호명하고 토론의 흐름이 끊기지 않도록 한다.)

예, 이상으로 3차 발언까지 잘 들었습니다. 자기주장을 논리적으로 잘 펼치면서도 상대방의 주장에 대한 문제제기와 반론 등이 인상적이었습니다. 모든 토론자들이 깊이 있게 준비를 해서 내용이 매우 풍부하고 재미있는 토론이 진행되었습니다.

자, 그럼 이제 마지막 정리발언 순서입니다. 3차에 걸친 열띤 토론을 잘 들었고, 마지막 1분 정리발언을 듣겠습니다. 정리발언은 반론을 거친 후에 입론을 보강해서 정리하면 됩니다. 입론과 같더라도 짧게 정리하시면 됩니다.

그럼 잠시 생각을 정리할 시간을 드리겠습니다. 그 중간이라도 먼저 발언을 신청하시는 분이 있으시면 바로 정리발언으로 들어가도록 하겠습니다.

(생각 정리 중. 1분 이내로 준다.)

누가 먼저 해 주시겠습니까?

(토론 참가자들 돌아가면서 정리발언을 1분씩 한다.)

예, 잘 들었습니다. 이상으로 정리발언까지 다 들어보았습니다. 수고하신 토론자 여러분들을 위해 서로 따뜻한 격려의 박수를 보내주시기 바랍니다.

(토론 참가자들을 박수를 보낸다.)

자, 그럼 심사위원께서 심사 결과를 정리하시는 동안 토론 소감을 듣겠습니다. 토론을 시작할 때, 토론에 임하는 소감을 말씀하셨는데, 이

번에는 토론 뒤의 소감입니다. 자신의 토론 내용이나 전체 토론의 흐름 등에 대한 평도 좋고, 인상적인 토론자에 대한 비평이나 기억에 남는 토론 명언 등을 소개해 주셔도 좋습니다. 물론 평가에도 반영되지 않은 내용이나 편안한 마음으로 허심탄회하게 말씀해 주시기 바랍니다.

(토론 참가자들 돌아가면서 소감을 발표한다.)

예, 잘 들었습니다. 서로를 배려하면서 최선을 다했다는 말, 특히 배우려는 자세와 자기를 돌아보는 계기가 되었다는 말들이 이 토론의 의미를 돌아보게 합니다. 모두 훌륭한 토론자들이지만 이 가운데 몇 사람이 최후의 결선에 나갈지는 모릅니다. 아쉽지만 여기서 멈춘 사람은 결과에 승복하고 승자에게 박수를 보내주시기 바랍니다.

이상으로 원탁토론대회를 마치겠습니다.

(토론자들과 악수를 한다.)

토의·토론학습을 다채롭게 즐겨보자.

세다(CEDA) 토론 방법으로
토론대회를 개최해 보자.

세다, CEDACross Examination Debate Association형식의 토론은 초등학교 수업방식으로 활용되고 있지는 않지만 논제의 형태 중에서 정책논제를 중심으로 한 정책 토론으로 널리 알려져 있습니다. 현재 대표적으로 미국의 대학 간 아카데미식 토론대회에서 널리 사용되고 있습니다. 언어 게임이라고 할 수 있는 아카데미식 토론의 평가는 특히 논제와 관련된 자료 조사와 제기된 주장들을 입증하는 증거 제시에 큰 비중을 두고 있는 것이 특징입니다. 논제에 대하여 찬성하거나 반대하는 각 팀은 2인으로 구성되며, 토론자 각 개인은 발언 기회를 세 번 가질 수 있으며 입론, 교차조사, 반박을 하게 됩니다. 대개 토론대회에서 양 팀 참가자 4인의 총 발언 시간은 48분이지만, 각 팀은 게임 중 총 5분의 작전타임을 쓸 수 있으므로, 매 토론 당 총 토론 진행 시간은 58분이 될 수 있습니다.

이러한 CEDACross Examination Debate Association 형식의 토론은 자신의 주관적인 신념을 논제에 대한 찬성 또는 반대측의 입장을 드

러내는 것 보다는 양측의 입장을 균형있게 이해하고 문제 해결에 대한
결과가 아닌 그 과정으로 평가받게 되는 특징이 있습니다.

순	수업의 단계	시간(분)	활동 내용 및 유의점
1	찬성측 첫 번째 토론자의 입론	6	개념 정의가 있은 뒤 논제가 등장한 배경과 역사, 논제의 현상 및 문제점에 관한 분석을 이 과정에서 명시하고 자신의 주장을 펼침. 찬성측의 첫 번째 입론은 토론의 전체적 방향을 좌우하므로 토론의 핵심 요소들을 필수 쟁점으로 제시해야 함.
2	반대측 두 번째 토론자의 교차조사	3	교차조사는 상대방의 논리에 나타난 문제점을 부각시키는 심문 과정임. 따라서 상대방의 첫 입론을 주의 깊게 듣고 그 입론에서 주장된 내용만을 가지고 상대방 논리의 허점, 오류 등을 부각시키거나 자기 팀의 주장과 배치되는 부분을 찾아내어 날카로운 질문을 함으로써 토론을 유리하게 이끌고 가야 함. 이 과정 중 상대측이 인용한 자료출처의 신뢰성에 대해, 또는 제시된 사실의 근거 등 입론자가 앞서 한 말에 대해서는 무엇이든지 질문할 수 있음. 또한, 교차조사 때는 질문을 하는 교차조사 측이 제한된 3분 내에 대화를 이끄는 통제권을 가짐.
3	반대측 첫 번째 토론자의 입론	6	반대측의 첫 입론은 토론을 생산적으로 만드는 데 매우 중요한 역할을 함. 즉, 찬성측 첫 입론의 연장선상에서 이 입론과 관련하여 교차조사한 결과 드러난 상대방 논리의 가장 취약한 문제들을 중심으로 찬성측이 제시한 개념의 정의나 필수쟁점 등을 반대하는 입론을 펼침. 특히 전체적 토론의 생산성이 이 부분에서 결정난다고 판단될 경우 가용한 작전타임을 여기에 집중적으로 사용하여 효과를 보아야 함. 한편, 찬성측의 핵심쟁점 중 반대측이 견해를 달리 하는 부분을 명확히 제시해야 함. 즉, 근본적으로 찬성측의 개념 정의에 대해서부터 이견을 제시하거나, 찬성측이 제시한 필수 쟁점이 본 토론의 논제에서 벗어났다고 주장할 수 있음. 아니면, 찬성측의 필수쟁점을 그대로 받아들인 가운데 찬성측이 제시한 문제 해결 방안이 오히려 더 심각한 불이익을 초래한다고 주장하거나, 해결성이 더 높은 대체 방안을 제시하여 심사위원들에게 자신들의 입장이 더 설득력 있음을 밝힐 수도 있음.

순	수업의 단계	시간(분)	활동 내용 및 유의점
4	찬성측 첫 번째 토론자의 교차조사	3	이것은 위의 2번 단계에서 찬성측과 반대측의 역할을 바꾼 것에 해당함. 반대측 주장 중에서 증거가 불충분하다고 판단되거나 나중에 문제 삼을 부분에 대해 반대측의 분명한 입장을 들어볼 기회로 삼아야 함.
5	찬성측 두 번째 토론자의 입론	6	여기서는 첫 입론과는 달리 논제의 정의나 역사, 배경 따위를 재론할 필요가 없음. 다만, 자기 팀 첫 입론의 연장선상에서 앞서 4단계의 교차조사에서 드러난 반대측 논리의 허점을 지적하면서 첫 번째 입론자가 하지 못한 나머지 주장을 설득력 있게 제시해야 함. 따라서, 첫 번째와 두 번째 입론자의 역할 분담이 필요함. 두 번째 입론자는 다음과 같은 역할을 함. 첫째, 반대측 첫 입론을 논리적으로 재 논박한다. 둘째, 찬성측 첫 입론 가운데 반대측이 논박하지 않은 부분들을 정리한다. (논박 안 된 주장은 수용된 것으로 인정되므로 이를 심사위원과 청중에게 인지시킬 필요가 있음), 셋째, 추가적 근거나 자료를 통해 이 문제에 관한 자기 팀 첫 입론을 보강해야 한다. 또한, 찬성측은 필수 쟁점의 제시를 통해 토론 범위를 제한할 수 있는 이점이 있는 반면, 반대측의 반대 주장 중 하나라도 재논박을 못하면 그 주장을 수용한 것으로 인정되므로 반대측 주장에 빠짐없이 반론을 펴야 함. 이와같이 두 번째 입론은 자기 팀의 주장을 할 마지막 기회이므로 가장 극적이고 결정적인 주장으로 마무리를 짓도록 노력해야 함.
6	반대측 첫 번째 토론자의 교차조사	3	위의 2단계에서 찬성측과 반대측의 역할을 서로 바꾼 것에 해당함.
7	반대측 두 번째 토론자의 입론	6	자기 팀 첫 입론 주장 중 찬성측이 논박하지 않은 것들을 정리하고, 6단계의 교차조사에서 드러난 찬성측 주장의 논리적 오류나 문제점을 지적해야 함. 찬성측과 마찬가지로 반대측도 일정한 역할 분담이 필요함. 즉, 반대측 첫 토론자가 찬성측이 제시한 쟁점 사례의 적절성 여부를 문제시한다면, 다음 토론자는 문제해결 방안에 대해 집중적으로 의견을 제시하도록 노력함.

세다(CEDA) 토론 방법으로 토론대회를 개최해 보자.

순	수업의 단계	시간 (분)	활동 내용 및 유의점
8	찬성측 두 번째 토론자의 교차조사	3	위의 2단계에서 제시한 방법에서 찬성측과 반대측의 역할을 바꾼 것에 해당함.
9	반대측 첫 번째 토론자의 반박	3	앞에서 자기 팀의 두 번째 교차조사와 입론의 연장선상에서 전개되는 것임. 즉, 8단계의 찬성측 교차조사를 제외하고는 6단계와 7단계 및 9단계에서 토론의 중간 부분을 반대측이 장시간 장악하므로 반대측은 이 기회를 십분 활용해야 함. 예를 들면, 두 번째 입론에서 미처 다루지 못한 부분을 여기서 만회할 수 있으므로, 반대측의 처음 주장에 대한 찬성측의 답변을 다시 공박할 수 있음. 그리고, 모든 아카데미식 토론에서는 앞서 언급되지 않았던 주장이 반박 과정에서 처음으로 제시되어서는 안 된다는 것을 기본 원칙으로 하고 있음.
10	찬성측 첫 번째 토론자의 반박	3	앞에서 반대측이 7단계와 9단계에서 제시한 모든 주요 주장을 효과적으로 반박해야 함. 왜냐 하면, 찬성측은 1단계에서 언급한 논제의 필수 쟁점에 대한 '증명의 부담' 원칙으로 인해서 반대측의 주된 주장의 하나라도 효과적으로 반박하지 못하면 토론에서 불리한 입장에 놓이기 때문임. 순수업의 단계시간(분)활동 내용 및 유의점
11	반대측 두 번째 토론자의 반박	3	반대측의 마지막 발언 기회로서 찬성측의 허점을 명료하게 요약하고, 대체 방안이 이미 제시된 경우에는 자기 팀의 문제해결 대체 방안을 요약하면서, 자기 팀이 왜 승리했는지 이유를 말해야 함.
12	찬성측 두 번째 토론자의 반박	3	전체 토론의 마지막 발언으로서 찬성측이 제시한 필수 쟁점의 논리성과 방안의 실행을 통해 얻을 이익을 상기시킨다. 반대측 최후 반박에서 제시된 주장을 공박하고, 왜 찬성측이 토론에서 이겼는지 말하게 됨. 즉, 반대측의 입론과 반박 내용을 종합적으로 재반박하여 찬성측 필수 쟁점들이 성공적으로 방어되었음을 확인시키는 것임.
계		48	

토의·토론학습을 다채롭게 즐겨보자.

　찬성측과 반대측의 첫 번째 입론에서 제기되는 필수쟁점에는 다음과 같은 것들이 포함되어 있습니다.

　첫째, 논제와 관련하여 지속되는 문제점이 내재한다는 사실입니다.

　둘째, 이 문제는 현재는 물론 앞으로도 반복적으로 대두될 것으로서 즉각적 관심을 기울여야 할 심각한 사안으로 매우 중요하다는 것입니다.

　셋째, 문제 해결을 위해 자기측이 제시한 주장이 가장 실행 가능한 방책이라는 것입니다. 지속되는 심각한 문제의 성격을 과거와 현재의 자료를 통해 설득력 있게 분석하고, 제시한 문제해결 방안이 가장 결정적인 해결성이 있음을 논리적으로 입증해야 합니다.

　세다토론 학습이나 대회에서의 심사 관점은 먼저 발표하는 학생들의 태도에 주목합니다. 발표하는 학생은 상대측에게 질문을 할 때를 제외하고 판정인과 청중들을 향해서 바라보고 자신들의 입장에서 주장하고 싶은 의견을 적극적으로 설득해야 합니다. 다음으로 세다토론의 백미이자 꽃이라고 할 수 있는 바로 교차조사질문 단계에서의 활동 내용입니다. 이 단계에서는 상대측의 오류나 모순을 파헤치고 소위 약점을 공격해서 자기측의 논리가 더욱 합당하다는 것을 강화하는 것이 주안점입니다. 인류 역사상 질문의 달인으로 알려진 산파술의 대가 소크라테스는 상대측이 수용할 수 있는 질문을 통해서 상대측이 스스로 자가당착이나 자기모순을 타파하도록 도와주는 조력자로서의 역할을 잘 했다고 한다. 즉 자기 입장의 논리를 강조함과 더불어 상대측의 모순을 적확하게 간파하여 상대측이 스스로 깨달을 수 있도록 잘 도와주는 것을 잘하는 학생들에게 많은 점수를 주어야 한다는 것입니다. 그리고 디베이트 학습에서도 매우 중요한 덕목으로서 훌륭한 토론자는 말하기와 비판도 잘 해야 되지만 보다 중요한 심사 관점은 발표학생들이 상대측

세다(CEDA) 토론 방법으로 토론대회를 개최해 보자.

의 발표 내용을 경청하면서 질문을 잘하는 것입니다. 가장 잘 듣는 사람이 역설적으로 가장 말을 잘 하는 사람이라는 것입니다. 마지막으로 세다토론의 발표 내용들은 양측의 입장을 정확하게 이해하고 있지만 엄밀하게 말하면 정답이 없을 수도 있습니다. 정답에 근접한 발언을 하기 위해서는 지금 이 순간에 과학적인 객관성을 가지고 사회적인 합의를 도출시킬 수 있는 내용에 초점을 맞추려는 능력과 열정이 그 무엇보다도 요구되고 있습니다.

심사기준표 예시 – 참가팀명 (　　　　　　　） VS （　　　　　　）

심사위원 :　　　　　　　(인)

항목	평가기준	팀원순서	긍정측					부정측				
			1	2	3	4	5	1	2	3	4	5
입론	– 논제의 개념, 주요용어에 대한 정의의 보편타당성	1										
	– 논제의 배경, 현상, 문제에 관한 쟁점포착, 명확한 분석	2										
	– 주장에 대한 타당한 근거나 이유, 정보의 활용 – 주장을 뒷받침하는 추론(논리구성)과 설득력, 다양성 및 참신성		/10					/10				
교차조사	– 쟁점의 명확화 및 상대측 논리적 오류에 대한 비판	1										
	– 상대측 주장의 허점 추궁 – 상대측 용어 정의에 대한 긍정 또는 부정의 표시와 근거 확인	2										
	– 상대측이 제시한 근거와 자료의 출처나 진위의 점검 – 상대측의 주장과 이유, 근거에 대한 결정적인 반론 – 효과적인 질문, 질문에 대한 성실하고 적절한 답변 – 주장과 질문, 답변의 일관성		/10					/10				

항목	평가기준	팀원 순서	긍정측					부정측				
			1	2	3	4	5	1	2	3	4	5
반박	– 핵심쟁점을 중심으로 토론의 큰 흐름을 요약하면서 자기팀 주장의 타당성 부각 – 상대팀 주장, 증거 및 추론의 문제점을 반박	1										
		2										
			/10					/10				
토론자세	– 언어적 표현의 명료성(속도/성량) – 토론 규칙 준수 – 감정적이지 않고 이성적인 태도 유지 – 발음, 목소리의 크기, 말의 빠르기, 신체적 표현(제스처)의 적정성과 자신감, 예의바른 언행 – 팀원 간의 협력과 역할 분담	1										
		2										
			/5					/5				
총점	35점		/35					/35				

　2011년 과학의 달을 맞이하여 '지구를 생각한다' 라는 주제로 실시했던 과학토론대회에 심사위원으로서 경험했던 내용입니다. 이 대회는 학부모 1명과 초등학생 1명이 팀으로 구성된 가족부문과 중·고등학생 재학생으로 2인 1조로 구성된 중·고등부문이 있었습니다. 일단 서류 심사를 통해 각각 16팀이 선정되었습니다. 그리고 토너먼트식으로 16강, 8강, 4강, 준결승, 결승의 순으로 과학토론대회가 개최되었습니다.

　먼저 가족 부문 대회는 "우리나라는 내일의 건강한 생존을 위한 유기농업인가 식량확보를 위한 관행농업인가."라는 논제로 열렸습니다. 엄마와 딸이나 아들, 아빠와 딸이나 아들이 한 조가 되어 대회에 참가했습니다. 결승전에서는 아빠와 초등학생 6학년 여학생 팀과 아빠와 초등학생 5학년 여학생 팀이 격돌했습니다. 토론이 시작되기 전에 찬성측과 반대측의 입장을 뽑았습니다. 어느 누가 찬성측과 반대측이 될 지 몰랐습니다. 1등으로 교육과학기술부 장관상을 받은 팀의 아빠는 교차조사 단계에서까지 조차도 상대측의 질문 공세를 5학년 딸이 스스로 응답하도록 관여하지 않았습니다. 딸이 나름대로 질문에 답변하게 하는 아빠의 딸에 대한 굳건한 믿음이 놀라웠습니다. 2위를 했던 팀의 6학년 학생은 상대측의 예리한 질문에 당황해서 한동안 말을 잇지 못하는 상황이 한 번 있었고 입론이나 반박단계에서는 유기농업과 관행농업의 차이를 확실하게 알고 있었습니다. 유기농업을 찬성했던 열정적인 학부모님은 "유기농업의 산출물 가격이 관행농업 산출물에 비하여 고가라고 해서 명품백은 잘 사는 사람들이 구입하기를 꺼려하는 것은 이해할 수 없다."는 논지로 의견을 펼쳤습니다. 심사위원들은 논리의 비약이 있다고 생각해서 감점을 했습니다.

중고등부의 토론에서는 16강에 중학생 팀이 4팀이나 올라왔고, 이 중에서 1팀은 4강까지 진출했습니다. 과학고와 민사고, 서울, 지방 전국인 범위의 학생들이 출전했던 매우 흥미진진하고 팽팽한 접전이 있었습니다. 심사를 하다보니까 탈락하는 팀은 공통점이 있었습니다. 즉, 2명이 1개조로 편성되어 있었기 때문에 2명 중에서 1명이 논제나 주장에 대한 근거를 정확하게 이해하지 못하고 있을 때 상대측의 질문에 제대로 응답을 하지 못한 채 어찌할 바를 몰라서 당황하고 있으면 그렇지 못한 팀 보다 점수를 많이 잃게 되었다는 점입니다. 그래서 이렇게 팀이 한 조가 되어 토론대회에 등장할 때에는 2명 모두가 토론 주제와 내용에 정통할 수 있도록 팀훈련을 철저히 해야 한다는 것입니다. 중고등부 결승은 특목고와 지방의 일반계 고등학생들이 치열하게 공방을 펼쳤습니다. 1위로 교육과학기술부 장관상을 수상했던 학생들은 2명 모

토의·토론학습을 다채롭게 즐겨보자.

두 논제였던 "우리나라는 자발적이고 적극적으로 온실가스 감축의무를 이행해야 한다."라는 내용을 충실하게 이해하고 있었고 사진과 그래프 통계 자료 또한 철저하게 준비해서 심사위원들과 상대측 및 청중들을 설득하고 이해시키는 데 충분했습니다. 하지만 아쉽게 2위에 머물러야했던 학생들 중 1명이 교차조사 단계에서 질문에 제대로 답변을 하지 못한 논점이 하나 있어서 그 뒤로 자신감을 회복하지 못한 채 토론이 이루어졌습니다. 매우 아쉬운 일이었습니다. 그 학생의 파트너였던 학생은 이번 대회에 참석했던 학생들 중에서 MVP로 뽑힐 만큼 매우 우수한 학생이었습니다. 우리나라가 자발적이고 적극적으로 온실가스 감축의무를 이행할 필요성이 없는 이유를 상대측의 주장 내용을 포함해서 과학적이고 합리적인 대안을 제시해 내는 데 매우 논리적이었습니다. 상대측을 향한 교차조사 단계에서도 어느 누구보다도 상대측을 비난하는 것이 아니라 소크라테스가 젊은이들의 무지를 자각시키는 데 부드러운 질문을 사용한 것과 비슷했습니다. 상대측이 주장하고 있는 온실 가스 감축의무를 자발적이고 적극적으로 이행할 필요가 없는 이유를 무리 없이 납득시키는 데 놀라운 솜씨를 발휘했습니다.

준결승전에서 탈락했던 고등학생들 모두는 어느 누구 보다도 논제와 근거에 대한 해박한 지식을 가지고 있었지만 교차조사 단계에서 자신들의 주장 내용을 강화하기 보다는 지엽말단적인 내용을 질문해서 큰 논점이 안 되는 것으로 점수를 얻으려는 전술 때문에 점수를 잃기도 했습니다. 즉 기준에 입각한 비판이나 자기측의 의견을 확고하게 끌고 가기 보다는 네거티브 전략으로 상대측의 허점이나 오류를 잡아내는 데 올인하는 태도에 있어서 옳지 못했기 때문에 탈락했던 것입니다.

심사위원들로부터 좋은 점수를 받았던 팀들의 공통점은 입론 단계에서부터 자료를 보고 있으면서도 그 내용들을 자신의 것으로 소화시켜서 자신있게 발표한 것입니다. 그리고 정해진 시간 내에 꼭 필요한 논점들을 빠짐없이 안배하여 발표했던 학생들도 좋은 점수를 받았습니다. 심사위원들의 심사평을 종합해 보면 세다토론은 논제에 대한 각측의 주장과 근거들을 심층적으로 이해하고 있고 논쟁이 될 만한 내용들을 체계적으로 준비해서 파일화해야 의미 있는 결과를 가져다준다는 것입니다.

세다토론 사회자 멘트

사회자: 안녕하세요? 오늘 토론의 사회를 맡은 OOO 학교 교사 OOO입니다. 세다토론을 시작하기 전에 여러분들의 팀명 및 본인 소개를 해주시기 바랍니다. 먼저 긍정측 OOO 토론자부터 소개를 해 주십시오.

토론자: (긍정측 토론자 1번부터 자기소개를 한다. 토론에 임하는 태도나 다짐에 대하여 간단히 말해도 좋다.)

사회자: 네 잘 들었습니다. 오늘 토론의 주제는 "우리나라는 내일의 건강한 생존을 위한 유기농업인가 식량확보를 위한 관행농업인가."입니다. 오늘은 네 명의 토론자들이 이 논제를 가지고 서로 다른입장에서 토론을 하겠습니다.

토론 방식은 이미 공지가 된 대로 2인이 한 팀이 되어서 2번입론과 교차조사 그리고 2번의 반박을 거쳐서 결론에 이르는 교차조사토론CEDA 방식입니다. 협의시간은 팀당 1분씩 5번 사용할 수 있습니다. 기회는 발언하기 전에 요청하면

토의·토론학습을 다채롭게 즐겨보자.

사용할 수 있습니다. 토론의 규칙과 상대측에 대한 예절을 잘 지켜 주실 것을 당부드립니다.

먼저 긍정측 첫 번째 토론자의 입론으로 토론을 시작하겠습니다. 긍정측 1번 토론자 입론해 주세요. 시간은 6분입니다.

사회자: 마지막으로 긍정측 2번 OOO 토론자께서 결론을 정리해 주시기바랍니다. 주어진 시간은 3분입니다.

토론자: (긍정측 2번 토론자 팀 입장을 최종 정리하여 결론을 말한다.)

앞의 표에 예시된 대로 12단계의 마지막인 찬성측 '두 번째 토론자의 반박'을 마지막으로 토론자들의 발표는 끝난다.

사회자: 네. 이상으로 토론을 마치겠습니다. 네 명의 토론자들이 준비해온 내용들을 가지고 활발하게 토론을 해 주었습니다. 이제 간단히 이번 세다 토론대회를 마친 소감을 들어보겠습니다. 토론을 하면서 느낀 점, 힘들었던 점, 깨닫게 된 점 등을 1분 이내로 말씀해 주시기 바랍니다. 긍정측 1번 OOO 토론자부터 시작하겠습니다.

토론자: (토론 학생들 소감을 발표한다.)

사회자: 토론을 누가 이기고 지는 것 보다는 토론을 준비하고 진행하면서 논제에 대한 양측의 주장을 이해하고 깨닫는 과정이 중요하다고 생각합니다. 이상으로 제 O 회 토론대회를 모두 마치겠습니다.

피라미드 토론은 수업에서 용이하게 활용할 수 있다.

피라미드 토론은 엄밀히 말하면 역 피라미드 토론이라고 할 수 있습니다. 먼저 1 : 1 로 상대측과 토의나 토론과정을 거쳐 합의를 이룬 후에 2 : 2, 4 : 4, 8 : 8 등으로 확장시켜 같은 방법으로 합의를 이루어 나가는 방법입니다. 준비물에는 색종이 카드와 매직펜, 전지 종이, 그리고 최종 토론을 진행하기 위한 핀보드 2개와 핀 또는 자석이 필요합니다.

피라미드 토론의 구체적인 실행방법은 이렇습니다. "개인적으로 21세기 리더가 갖추어야 할 자질이 무엇이겠는가?" 라는 논제에 대해 각각 다섯가지를 카드에 적게 합니다. 또 다른 사례로는 어떠한 행동원칙이나 명제 등을 확정하는데 이용할 수도 있습니다. 그 다음 각자 기록한 21세기 리더의 자질을 가지고, 옆에 있는 사람과 1 : 1로 짝을 이루게 되면 10장의 카드가 될 것입니다. 이 중에는 같은 내용도 있을 것이고 같은 내용이라도 표현을 달리한 것이 있을 것입니다. 상대방과 토의와 토론을 통해 이들 10장의 카드를 6장으로 줄이는 작업을 시행하게 하는 것입니다.

이런 과정을 통해 자기의 생각을 상대방에게 표현하고 양보와 관철을 위해 설득과 대화를 경험하게 하는 것입니다. 이와 같은 과정을 거쳐 2+2, 4+4, 8+8과 같이 확장시켜 가며, 압축하는 카드의 개수를 토론 주제에 따라 적절히 조정하여 줍니다. 최종적으로 전체 참가자들이 2개의 팀으로 나뉘어질 때까지 토의와 토론을 계속한 후 최종적으로 정리한 2개 팀의 내용을 놓고 전체가 모인 자리에서 최종적으로 합의를 거쳐 가장 합당한 내용을 확정하는 토론 방식입니다.

피라미드 토론은 수업에서 용이하게 활용할 수 있다.

신호등 토론은
토론 학습 워밍업을
하기에 편리하다.

신호등 토론은 글자 그대로 교통 신호등의 원칙을 활용하여 신호등 색깔의 카드를 가지고 진행자가 토론을 전개 시켜 나가는 방식으로 다른 교육방식과 병행하여 운용할 수 있는 게임식 토론기법입니다. 준비물로는 참가자 수만큼의 빨간색, 초록색, 노란색의 종이카드와 학습 주제에 적합한 찬반의견으로 나뉘어지는 질문사항입니다.

실행방법으로는 참가자 모두에게 빨간색, 초록색, 노란색의 종이카드를 한 조씩 배부한 다음 진행자가 제기하는 질문에 대하여 참가자 자신의 의견이 찬성일 경우에는 초록색을 들어 보이고, 반대일 경우에는 빨간색의 카드를 들어 보이며, 판단이 서지 않아 잘 모르는 경우에는 노란색의 카드를 들어 보이도록 참가자에게 설명합니다.

진행자는 수업 목적에 적합하도록 미리 준비한 신호등 토론용 질문들을 가지고 하나씩 참가자들에게 질문을 던집니다. 질문에 대하여 참가자들이 의견별로 카드를 들어 보이면, 진행자는 찬성이나 반대의 의견을 표시한 사람을 균형 있게 지목하여 질문을 던집니다. 예를 들어

토의·토론학습을 다채롭게 즐겨보자.

찬성한다는 초록색 카드를 들고 있는 참가자에게 이렇게 질문을 던집니다.

"○○는 질문에 찬성한다는 초록색 카드를 들고 있는데 왜 찬성하는지 그 이유를 참가자들에게 설명해 주시겠습니까?"

주의할 점으로는 토론 이후 생각을 키우기 위하여 교사는 결론을 맺지 않고 마무리해야 한다는 것입니다.

신호등 토론은 토론 학습 워밍업을 하기에 편리하다.

터부 토론을 하게 되면
말을 정확하게
사용할 수 있다.

터부토론은 일종의 역할게임이라고 볼 수 있습니다. 단지 역할게임과 비교해 볼 때 찬성측과 반대측으로 나뉘어 토론을 통해 쟁점이 되는 논제에 대한 이해와 의견을 보다 명확히 하게 합니다. 토론을 함에 있어서 사용금기 언어인 터부언어를 가려 사용하는 커뮤니케이션 능력을 향상시킬 수 있는 토론 방법입니다. 역할게임, 의사결정게임, 의사소통게임 성격을 내포하고 의회 내에서의 정치 축소판을 체험하게 됩니다. 준비물로는 찬반쟁점에 대한 자료들인 신문, 잡지, 논문 등과 발언시간을 알리는 종이 있습니다. 실행방법은 심판관 1명, 배석 1명으로 심판은 모두 2명, 찬성측과 반대측 발언자 각각 2명씩, 발언할 논거와 자료를 제공해 주는 보조자, 배심원단, 그리고 방청객 등의 역할을 정합니다. 경우에 따라서는 참고인과 증인을 설정할 수도 있습니다. 진행순서는 토론주제 선정 설명–터부단어 선정–게임 규칙 토의–게임의 진행–배심원 평결–피드백의 순으로 진행됩니다.

중앙에서 게임을 진행하는 심판역할은 일반적으로 게임을 운영할 수 있는 사람이 맡고, 배석 심판은 토론이 규칙에 따라 진행되는지의 여부와 발언 시간 체크, 그리고 금기단어를 얼마나 사용하는지를 체크하는 역할을 합니다. 그리고 이와 같은 역할을 배분하는 방법은 제비뽑기로 참여자들의 역할을 선정하는 것이 좋습니다.

발언자격은 찬성측과 반대측 각각 2인으로 한정하고 뒤의 4명은 작전 지원팀입니다. 배심원들은 게임규칙을 제정하고 발언 역할은 2팀이며 발언시간, 총시간, 대표교체 가능 여부 등 상황에 알맞게 변형 가능하고 방청객도 제 3자적 입장에서 의견을 발표하는 것도 가능합니다.

먼저 참석자들에게 주제에 대한 개괄적인 찬반양론의 논거에 대해 객관적으로 설명을 하고, 궁금한 점이 있으면 질문을 받습니다. 찬성측과 반대측은 질문이나 변론을 교환하고, 발언 자격은 맨 앞에 앉은 두 명만 할 수 있으며, 선수교체는 2번 가능합니다. 그리고 마지막으로 일정한 시간동안 배심원들에게 최후변론을 합니다. 배심원들은 게임규칙에 적합하게 발언하고 금기언어를 최소한으로 사용한 측에게 승리했다는 평결을 내립니다.

토론이 끝나면 참석자들은 자신들의 역할에 대해 스스로 평가를 내립니다. 만약 교육의 인원이 많아서 방청객에도 사람들이 있었다면 이들의 의견을 듣습니다. 방청객의 입장에서 전체의 상황을 관찰하는 것도 나름대로 의미가 있습니다. 방청객과 각 역할을 수행한 사람들 간에 느낌과 평가를 주고받으며 마무리 피드백을 합니다.

터부 토론을 하게 되면 말을 정확하게 사용할 수 있다.

좌의정·우의정
토론을 즐겨보자.

좌의정과 우의정 토론은 디베이트에 역할게임을 접목한 토론방법으로 일상에서 접하는 가치갈등의 소재를 가지고 상황을 설정하며, 참가자 모두가 갈등상태를 체험하게 하는 것입니다. 이와 같은 단계는 디베이트 수업이나 세미나 시작 전에 워밍업단계로 사용할 수 있습니다.

준비물로는 교육대상자들의 특성과 학습목적에 맞추어 가치갈등을 경험하게 할 수 있는 상황 소재를 준비합니다. 토론이 끝난 후 전체 참가자와 의견을 교환할 수 있는 현황을 설명하는 통계나 여론조사 결과 등의 참고 예시자료를 준비하면 좋습니다.

실행방법으로는 먼저 조편성과 역할을 설정합니다. 우선 전체의 참석자를 3인 1조로 묶고 모두 같은 방향을 향해 앉습니다. 세 명 중에서 중간에 앉은 사람은 좌우에 앉아 있는 사람이 말하는 내용을 모두 듣고 난 후 어느 편의 설득에 마음을 결정했는지를 판정해야 합니다. 중간에 앉은 사람의 왼쪽 사람은 좌의정역, 오른편의 사람은 우의정역을 맡습니다.

　토론규칙으로는 좌의정과 우의정은 중간의 사람이 쳐다볼 때에 한해서 이야기를 할 수 있으며, 꼭 필요한 경우에 한 번 중간의 사람을 움직여 자신을 쳐다보게 할 수 있습니다. 중간에 앉은 사람은 이야기를 듣기만 하고 말은 하지 않습니다.

　진행자는 설정한 상황을 설명해 주고 토론을 시작합니다. 그 다음 좌의정과 우의정에게 정확한 상황을 설명하고 입장을 줍니다. 토론이 시작하고 난 뒤 정해진 시간이 지나면 좌의정과 우의정의 이야기를 들은 중간에 앉은 사람이 좌나 우편의 손을 들어 승자를 정해줌으로써 게임이 끝나게 됩니다. 승패가 정해지고 나면, 진행자는 중간사람 역할을 했던 참석자들에게 결정의 이유를 묻습니다. 그리고 자연스럽게 전체토론과 같은 것으로 이어갈 수 있습니다. 토론의 종결로 승패가 결정된 이후 체험했던 가치갈등 상황에 대한 피드백을 해 주어야 합니다.

모의형사재판 토론으로
재판을 진행하자.

모의형사재판 토론학습은 법리토론, 재판극화학습, 법정토론 등과 함께 구별 없이 사용되고 있으며, 재판 자체가 고도의 토론임을 감안하여 교육토론에 그 형식을 도입한 하나의 학습형태입니다. 굳이 범위를 따지자면 법리토론, 재판극화학습, 법정토론 등은 모의형사재판 토론학습보다도 광범위한 개념으로서 민사, 가사, 행정재판 등을 모두 포함하나, 학교에서는 교육의 목표를 이루는데 내용과 형식면에서 가장 잘 부합하는 형사재판을 주로 활용하기 때문에 이름과 관계없이 동일하다고 할 수 있습니다. 학교나 가정에서는 4학년 이상 되는 학생들이 주체가 되어 학습활동을 해 보면 좋습니다. 이러한 모의형사재판 토론을 할 때에는 학생들이 장난으로 흐르지 않도록 하고 인권의 귀중함에 대하여 깊이 생각해 보며 각자가 맡은 역할에서 의견과 근거를 정확하게 제시하는 훈련을 해야 합니다.

일반적으로 이루어지고 있는 모의형사재판 토론학습의 순서를 살펴보면 다음의 표와 같습니다.

토의 · 토론학습을 다채롭게 즐겨보자.

모의형사재판 토론 학습의 단계	시간 (분)	학습 내용	유의점
사건의 도입	2	논제의 이해를 위한 자유토론	가벼운 대화정도로 충분
재판 준비	1	역할 정하기와 토론이 가능한 좌석 배치	재판장, 검사, 변호인, 피고
재판장의 개정선언 및 인정심문	2	피고인의 신원(논제)과 기소사실 (논제의 선정 배경) 확인	토론의 성격과 범위를 설정해주는 역할을 함
검사의 발언	5	검사의 기소요지설명(검사의 입론)	피고인 심문을 통해 요약
변호인의 변론	5	변호인 변론(변호인의 입론)	피고인 심문과 요약
검사측의 증인 심문 및 변호인의 반대심문	3	피고인의 잘못을 설명할 증인을 채택하여 검사가 심문, 변호인의 반대심문 (반론 펴기와 꺾기)	주도권이 검사에게 있음
변호인측의 증인심문 및 검사의 반대심문	3	피고인을 변론해줄 증인을 채택하여 변호인이 심문, 검사가 반대심문 (반론 펴기와 꺾기)	주도권이 변호인에게 있음
검사의 최종 논고	2	검사의 최종 변론	검증된 사실만을 주장함
변호인의 최종 변론	2	변호인의 최종 변론	검사가 간과한 사실을 보충함
피고인의 최후 진술	3	피고인의 최종 변론	논리성 부각
배심원의 토론	8	배심원은 토론 과정을 판정표에 기록하고, 이를 바탕으로 토론함	재판장이 사회자 역할을 함
재판장의 판결	2	배심원 다수의 판단에 의해 유죄 또는 무죄를 판결함	재판장은 시간조절에 항상 유의함
교사의 수업 정리	2	토론 전반에 대한 심사평을 함	학습평가와 일반화
계	40		

찬반논쟁 협동학습(Pro-Con)으로
양측의 입장을 터득하자.

논쟁토론은 의견이 같은 2명이 한 팀이 되어 미니소집단을 만들고, 이들과 의견이 다른 두 사람이 또 하나의 미니소집단을 만들어, 4명으로 이루어진 소집단을 구성합니다. 이들은 논제에 대하여 찬성측과 반대측으로 나누어 토론하고, 입장을 바꾸어 상대측이 지적하지 못한 자신들의 논리적 약점을 밝힌 다음, 4명이 함께 소집단 의견을 종합하여 발표하는 학습형태입니다. 앞에서 설명한 디베이트 학습과 유사한 점이 많으나 판정을 하지 않고, 입장을 바꾸어 자신들의 논리나 자료가 안고 있는 약점을 질문을 통해 밝힌다는 점이 다릅니다. 양측의 관점을 알게 됨으로써 논제에 대하여 완벽에 가까울 정도로 이해하는 데 좋은 역할을 합니다. 토론학습에서 추구하는 목적에 부합되는 학습 형태 중의 하나입니다.

디베이트 대회나 세다토론 대회, 그리고 원탁토론 대회에 출전하기 전에 2명이라면 2명이 한 명씩 그 역할을 바꾸어서 연습을 하면 실전에서 매우 유리한 상황을 만들어 갈 수 있는 장점이 있습니다.

찬반논쟁 협동학습 Pro-con의 일반적인 학습의 순서는 이렇습니다.

학습의 단계	시간 (분)	학습 내용	유의점
학습목표의 확인	2	논쟁활동을 통하여 획득해야 할 행동목표	
토론의 규칙 정하기	4	문제제시, 토론 시간, 발표방법, 역할배분 등	
소모둠과 미니모둠의 구성	3	4인의 소모둠, 2인의 미니 모둠.	소모둠 내 2개의 미니 모둠
미니모둠끼리의 토론	10	찬성측 2명, 반대측 2명 사회는 교사가 수행	논제는 동일
입장 바꾸기	3	찬성측과 반대측을 바꾸어 상대측을 심문함.	사고의 폭을 넓힘.
소모둠의 의견 토론	3	소모둠은 찬성측과 반대측의 의견을 종합하여 학급 전체에 발표할 준비를 함.	모둠별로 화이트보드를 활용하면 시각적 효과가 좋음.
소모둠 의견 발표 및 일반화	10	소모둠의 종합된 의견을 발표함. 40명인 학급의 경우 10개 소모둠이 발표하게 되므로 시간이 부족할 수 있으므로 발표시간을 정하여 실시함. 화이트보드에 요약하여 보여주는 것도 좋은 방법임.	발표 방법은 주로 요약된 글을 읽음. 이 때 실물화상기나 인터넷을 이용하여 TV를 통해 근거자료를 제시하면 효과가 좋음.
토론 심사평	5	교사는 토론 전체의 과정을 심사하여 논평하고, 일반화시킴.	수행평가를 병행함.
계	40		

패널(배심원) 토론으로
대표토론의 묘미를 익히자.

패널**배심원** 토론학습은 입장의 차이가 있는 3~5명의 전문가가 한 가지 논제를 놓고 수많은 청중 앞에서 토론을 하고, 패널과 패널이 심문하고, 청중의 질의에 답변하게 함으로써 결국은 전체토론이 이루어지게 되는 형태입니다. 세미나나 공청회에서 흔히 볼 수 있는 형태입니다. 청중들의 이해와 참여도를 높이기 위해 각각의 전문가가 미리 입장을 정리한 유인물을 참가한 청중에게 나누어주고 질의를 적극적으로 유도해내는 방법이 활용됩니다. 학교 현장에서 활용할 수 있는 패널 토론 학습은 학급의 대표학생들을 찬성측 2~3명, 반대측 2~3명을 선정하여 논제에 대하여 발표를 하고 서로 질문 및 답변을 하도록 합니다. 물론 패널 토론학습의 방법은 디베이트 학습 방법을 따릅니다. 대표 토론학습의 한 형태로 이해하면 좋겠습니다. 대표 토론학생을 제외한 나머지 학생들은 청중이 되어 발표 내용을 잘 듣고 궁금한 것들이 있으면 질의하기도 하고 판정인의 역할을 해도 좋습니다.

패널**배심원**식 토론학습의 일반적인 순서는 다음과 같습니다.

토론학습의 단계	시간(분)	학습 내용	유의점
학습목표의 확인	2	논쟁활동을 통하여 획득해야 할 행동목표	
토론의 규칙 정하기	2	문제제시, 토론 시간, 발표방법, 역할배분 등	
논제설명	3	사회자가 논제를 설명한다.	TV화면을 통해 논제와 관련된 영상자료나 신문기사내용, 여론조사 등을 보여주면 효과적이다.
토론자 소개	1	사회자가 선정하고 소개하다	다양한 의견이 나올 수 있도록 구성한다.
패널의 입장 설명	10	약 2분 동안 시간을 정해 발표한다.	발표순서는 추첨에 의한다.
패널과 패널의 심문	10	발표 순서대로 다른 패널의 질문에 답변한다.	논제와 무관한 질문은 삼간다.
토론 내용 요약	2	사회자가 토론 내용을 쟁점별로 요약하여 발표한다.	간단 명료하게 요약한다.
청중의 질의, 패널의 답변	8	청중은 질문지를 작성하여 사회자에게 제출하면 사회자가 쟁점별로 선별하여 질의—응답이 이루어지게 한다.	답변할 패널을 지적하여 질의한다.
결론 도출	2	토론 내용을 요약한 것과 질의—응답을 종합적으로 판단하여 결론을 도출한다.	편향되지 않도록 유의한다.
계	40		

패널(배심원) 토론으로 대표토론의 묘미를 익히자.

브레인라이팅 (Brainwriting) 토론으로
아이디어를 만들어 가자.

브레인스토밍의 변형으로 주어진 문제에 대해 학생이 자신의 의견을 직접 카드**포스트 잇**에 적어 제출하게 하고 진행자가 이를 수집해 게시판에 부착 정리하는 의견발표 또는 아이디어 수집 방법을 말합니다.

실행방법은 다음과 같습니다.

- 4~6명의 소집단을 구성하고 전지와 포스트 잇**1인당 5매 정도가 좋음**과 펜을 제공합니다.
- 교사가 문제나 질문을 던집니다.
- 학생은 포스트 잇 한 장에 한 가지 용어나 의견만 적습니다.
- 학생이 적은 포스트 잇 들을 임의로 붙여 놓고 같은 종류로 분류합니다.
- 분류된 포스트 잇 들을 대표할 만한 상위 제목을 적어서 포스트 잇 들의 위에 붙입니다.
- 소집단 별로 발표합니다.

브레인라이팅의 교육효과는 수업을 진행하는 동안 학생의 적극적 참여를 유도할 수 있고, 모든 학생의 의견을 전시할 수 있으며 참신한 아이디어를 발굴할 수 있다는 데 있습니다. 또한 발표력이 부족한 학생의 의견을 끌어 낼 수 있고, 어느 정도의 익명성 보장으로 솔직한 의견을 볼 수 있으며 학습결과물의 전시효과를 높여주는 교육자료로써 활용이 가능합니다.

돌아가며 발표하기 (Round Robin)
토의 내용을 경청하자.

돌아가며 발표하기 토의학습은 전체 집단의 의견을 모으기 위해 소집단 방식을 활용해서 모으는 토의 방식입니다. 원래 Round Robin은 서명의 순서를 감추기 위해 원형으로 서명한 성명서를 말하는데 브레인스토밍과 비슷하기는 하나 좀 더 구조화되어 자연스럽게 전체 의견이 정리되는 특성을 가지고 있습니다.

돌아가며 발표하기의 실행방법은 다음과 같습니다.

- 4~6명의 소집단을 구성하고 소집단마다 1장의 종이와 필기구가 주어집니다.
- 소집단 구성원은 1번부터 차례로 고유 번호를 갖습니다.
- 교사가 문제나 질문을 던집니다.
- 소집단 구성원은 번호순서대로 돌아가면서 자신의 아이디어를 소집단 종이에 한 개씩만 적습니다.
- 구성원은 새로운 아이디어가 없으면 통과해도 됩니다.

- 일정한 시간이 지나거나 더 이상 새로운 아이디어를 추가하지 못할 경우에는 교사가 중단시킵니다.
- 소집단 별로 발표를 하는데 만약 5개조가 있다면 1조의 1번이 자신의 소집단에서 기록된 아이디어를 순서대로 한 개만 발표합니다.
- 다음으로 2조의 1번이 같은 방식으로 발표하는데, 단 다른 조에서 이미 발표한 내용이 있으면 다른 내용을 발표해야 합니다.
- 각 조의 1번이 모두 발표하면 다음에는 각 조의 2번이 발표합니다.
- 더 이상 발표할 내용이 없는 조는 발표의 기회를 다음 조로 넘깁니다.

라운드 로빈 토의학습의 교육효과는 모든 학생의 적극적인 참여를 유도할 수 있고 학생의 의견을 자연스럽게 정리하여 모을 수 있으며 참신한 아이디어를 발굴할 수 있다는 데 있습니다. 그리고 발표력이 부족한 학생의 의견을 끌어 낼 수 있으며 어느 정도의 익명성 보장으로 솔직한 의견 볼 수 있습니다. 또한 전체 의견과 자신들 소집단 의견의 차이를 확인하는 가운데 다차원적인 사고능력이 길러집니다.

시사적인 내용들이 나와 있는 신문을 활용하여 토론 해 보자.

신문은 현대사회에서 가장 큰 힘을 발휘하고 영향력이 대단한 언론 매체입니다. 동시에 과거에 사관史官이 역사를 기록했던 기능들을 신문이 그것을 대체한다고 생각할 수도 있습니다. 신문을 활용하는 토론 수업에서 무엇보다도 먼저 이루어져야 하는 것은 논제를 정하고 그러한 내용이 담겨 있는 텍스트의 내용을 분석하는 것입니다. 이 과정을 통해 정리된 수업주제와 목표에 따라 교사는 인터넷 신문사이트를 포함하여 다양한 신문자료를 검색하고 선별하여 수업자료로 삼는 것이 필요합니다. 신문자료를 골라서 나눌 때 고려해야 할 사항은 다음과 같습니다.

- 신문기사의 내용이 주제 및 텍스트와 관련이 있어야 합니다.
- 특정 신문 뿐만 아니라 다른 매체에서도 보충 자료를 찾을 수 있는 것이어야 합니다.
- 사회문제에 대한 명확한 주장과 근거를 담고 있어야 합니다.
- 학생들의 흥미와 관심을 끌 수 있어야 합니다.

토의 · 토론학습을 다채롭게 즐겨보자.

- 학생들의 수준에 알맞은 것이어야 합니다.
- 학생들의 확산적 사고가 가능한 것이어야 합니다.

이에 따라 선정된 학습 자료를 참고하여 교사는 교수학습 계획을 구체화하고 필요에 따라 신문 기사의 내용을 다시 구성할 수도 있습니다.

신문 활용 토론 수업의 경우 학교현장에서 가장 적합한 장소로 도서관이 좋습니다. 도서관이 여러 가지 사정 때문에 이용되기 어려울 경우 교실에서 토론수업이 진행될 때는 모둠별로 필요한 책과 신문, 잡지 자료 등이 준비되어 있어야 합니다. 토론 수업 전의 학습 단계에서 사전 예고를 통해 준비해 두면 더욱 좋습니다.

논쟁이 될 만한 논제일 경우에는 디베이트 수업 형태나 좌의정, 우의정 수업형태, 찬반논쟁 협동학습Pro-con형식이 적합하고 학생들끼리 다양한 의견을 주고받으면서 활동을 할 때에는 돌아가며 발표하기 토의라운드 로빈, 일반적인 토의 수업 형태, 피라미드 토론 형식이 어울립니다.

본격적인 토론을 시작하기 전에는 토론 논제와 관련 자료에 대한 학생들의 이해가 선행되어야 합니다. 토론 전 활동으로 신문을 읽고 논제에 대한 자신의 입장과 주장, 근거 등을 정리하는 것이 필수적입니다. 이 단계에서는 학교에서 할 때에는 지도교사가, 가정에서 할 경우에 부모님이 간단한 발문을 통해 신문의 내용에 대해 간략하게 정리, 점검하게 도와주어야 합니다. 이를 통해 다양한 형식의 '글쓰기' 활동을 하는 것이 좋습니다.

영화를 보고 나서 토론을 즐겨보자.

영화를 활용한 토론 수업을 효율적으로 전개하려면 어떻게 해야 할 까요? 단계별로 나누어서 수업을 하는 것이 좋습니다.

먼저 첫 번째 단계는 '주제 설정하기' 입니다. 무엇을 가지고 어떻게 고민할 것인가라는 해답을 찾는 단계입니다. 주제를 설정할 때는 학생들의 개인적인 발표를 들어보거나 마인드맵을 사용하면 좋습니다. 학생들의 개인적인 발표는 '돌아가며 발표하기 토의라운드 로빈' 형식으로 생각을 열어 가는 것이 주제를 정하는 데 도움이 됩니다. 마인드맵을 사용할 때에는 중심 이미지에 영화 제목을 적고 주변 가지로 주제를 펼쳐나가는 방법입니다. 이 때 여러 가지 색을 이용한 필기도구를 사용하면 더욱 좋습니다. 예를 들면 환경은 나뭇잎을 나타내는 초록색, 미디어는 방송중이라는 사인에 해당하는 빨간색, 인간복제는 그림자를 상징하는 검은색으로 분류할 수 있습니다. 직접 필기도구를 이용할 수 있고 컴퓨터 프로그램을 사용할 수도 있을 것입니다. 영화 주제별로 생각 펼치기를 해봅시다. 환경 문제를 다룬 영화로는 〈해운대〉나 〈투머로〉

와 같은 것들이 좋습니다. 학생들의 관심이 많은 인간 복제에 관한 영화로는 〈블레이드 러너〉와 같은 것이 그 예가 될 것입니다. 전기감전 장치를 이용하여 죄수를 죽음에 이르게 하는 과정을 보여주는 '그린 마일' 같은 영화는 다소 상영시간이 길지만 학생들의 다양한 생각을 열어주는 데 많은 도움을 줍니다. 정의나 법, 그리고 도덕에 관련된 주제로는 〈타임 투 킬〉과 같은 영화가 이에 해당합니다. 조금 오래된 명화인 찰리채플린 감독 주연의 〈모던 타임즈〉라는 영화는 현대 산업문명에서 하나의 기계부품으로 몰락한 인간 소외의 단면을 극명하게 보여줍니다. 이와 같은 주제 이외에도 법정 영화나 가족의 의미를 생가하게 해 주는 영화들을 통해서 주제를 정하면 매우 의미 있는 토론이 이루어질 수 있습니다.

주제를 정하는 첫 번째의 단계가 끝난 뒤에는 어떤 활동이 이루어져야 할까요? 그렇습니다. 두 번째 단계는 '영화를 감상하기' 입니다. 영화를 감상하기 전에 영화 및 주제에 관련된 질문지를 활용하면 영화를 훨씬 깊이 있게 이해할 수 있습니다. 영화를 본격적으로 감상하기 전에 영화의 결정적인 장면이나 영화의 주제가 함축되어 있는 영화 포스터를 활용하면 그 내용을 알아내기가 수월합니다. 사전에 준비하면 좋을 질문지에는 어떠한 내용들이 담겨 있으면 좋을까요? 아래와 같은 내용이 그 좋은 예가 될 것입니다.

- 영화 제목은 무엇을 뜻하는가?
- 등장인물들끼리 어떠한 문제나 갈등이 있는가?
- 가장 특징이 있거나 인상적인 장면에는 어떤 것들이 있는가?
- 영화에서 제기하는 현실의 사회적 문제는 무엇인가?

영화를 보고 나서 토론을 즐겨보자.

• 영화의 감독은 무엇을 주제로 영화를 만들었는가?

영화를 감상하는 요령은 영화의 내용과 줄거리를 사실적 관점으로 이해하기, 영화에 나타나 있지 않은 내용들을 추리하고 상상적으로 바라보기, 감상자의 일정한 기준을 가지고 보는 사람의 관점에서 거꾸로 생각하는 등 비판적으로 감상하기로 나눌 수 있습니다. 일반적으로 영화에는 작품성 외에 흥행을 염두에 둔 감독의 허구적 상상력이 가미되어 있기 때문에 사실과 진실, 허구를 가려내도록 노력해야 합니다.

세 번째 단계는 '영화이외의 매체를 가지고 영화와 관련된 내용을 살펴보기' 입니다. 예를 들면 정해진 주제를 가지고 텔레비전 뉴스나 인터넷 홈페이지에 들어가서 관련된 뉴스를 검색하면 됩니다. 특히 텔레비전 뉴스는 길지 않은 시간 동안 시청을 할 수 있으며, 중요하거나 의도한 내용을 파악하는 데 좋습니다. 그리고 신문 종합검색사이트 www.kinds.or.kr를 활용하면 매우 좋습니다.

드디어 가장 중요한 단계로서 네 번째가 되는 '주제 토론하기' 입니다. 사회자를 한 명 선출하거나 처음에는 교사가 사회자를 하고 영화를 활용한 토론이 익숙해지면 학생 한 명을 선출하여 사회자 역할을 하게 하면 좋습니다. 이 때 사회자는 토론 주제를 모둠 토의를 통해서 모아도 됩니다. 어떤 주제를 구체적으로 정하게 되면 여러 사람들이 나누어서 할 수 있도록 가능한 많은 세부적인 내용으로 함축하면 합니다. 영화를 활용한 토론의 경우에도 일반적인 디베이트 수업의 경우처럼 논제에 대한 찬성측과 반대측의 주장내용을 세분해서 준비하는 것은 동일합니다. 논제가 정해지면 학생수준이나 토론 시간 등을 생각해서 토론수업 형태를 정해서 수업을 진행하면 됩니다. 그 일례로 전체 학생들을 찬성측과 반대측, 판정인, 사회자로 나누어서 전체 디베이트 학습을 하는 것이 가장 유익할 것입니다. 그렇게 되면 논제에 대한 보다 폭넓고 깊이 있는 내용들을 알게 될 것이기 때문입니다.

마지막으로 다섯 번째 단계에는 논제에 대한 토론을 마치고 자신의 생각을 정리하는 단계입니다. 다시 말해서 논제에 대한 토론을 시작하기 전에 자신이 생각했던 것과 비교해서 자기가 깨달았던 부분은 어떤 점이고, 잘못알고 있었던 부분과 더욱 알고 싶은 부분들을 정리하는 단계입니다. 이 단계에서는 글쓰기로 정리해도 좋습니다.

영화를 보고 나서 토론을 즐겨보자.

애니메이션과 드라마를 이용해서도 토론을 할 수 있다.

애니메이션과 드라마를 이용하여 토론을 하는 것 또한 학생들이 매우 흥미 있게 생각하고 적극적으로 참여합니다. 박재동 감독이 제작하고 학교 현장에서 많이 이용될 수 있는 애니메이션인 〈사람이 되어라 Be a Human Being〉라는 예를 살펴보겠습니다. 애니메이션을 이용한 토론수업을 하기위해서 가장 먼저 해야 할 일은 물론 애니메이션을 시청하는 것입니다. 〈사람이 되어라〉는 애니메이션의 줄거리는 다음과 같습니다.

입시준비에 바쁜 학생들은 모두 동물의 모습으로 나옵니다. 여기에서 학생들은 공부를 열심히 해야 사람이 될 수 있다고 합니다. 원철이는 고릴라 모습을 하고 있는데 곤충 채집을 하고 곤충에 대한 공부를 열심히 하는 '곤충박사' 입니다. 그러나 원철이의 아버지는 원철이를 걱정스레 생각하고 "곤충에 대한 공부는 나중에 해도 돼. 공부 열심히 해서 먼저 사람이 되어야지." 라고 가르칩니다. 그러던 어느 날 원철이는 자신이 기르던 풍뎅이를 따라 숲에 가서 풍뎅이의 친구들인 장수하늘소를 만나 이야기를 나누는 가운데 자신은 이미 '사람'이었다는 것을 깨닫게 됩니다. 진짜 사람이 되어 나타난 원철이에게 선생님은 이렇게 대합니다. '대학 가서 사람 되자'는 급훈을 가리키며 "왜 함부로 사람이 되었냐?"고 도리어 나무랍니다. 원철이는 선생님에게 "지금 사람이 되고 싶고 행복하게 살고싶다."고 하면서 숲으로 도망칩니다. 원철이를 찾아 나선 원철이의 아버지는 원철이에게 간절하게 호소합니다. "사람의 탈을 쓰고 있었지만, 아버지도 아직 사람이 아니었다며 이 사회에서 대학에 못 가면 사람 취급을 받지 못한다."고 말입니다. 아버지의 애절한 고백에 원철이는 다시 고릴라로 변하고 '먼저 사람이 되어라'는 팻말이 붙어 있는 학교로 돌아갑니다.

이러한 작품은 초등학교 저학년 학생들에게는 이해하기 다소 어렵겠지만 중학년 이상이면 어느 정도 이해할 수 있을 것입니다. 박재동 감독의 애니메이션을 어떻게 이해해야 할까요? 최근 들어서 많이 좋아졌다고는 하나 한국 사회 뿐만 아니라 다른 나라 사회에서도 학벌이 중시되는 사회의 문화는 쉽게 변하지 않고 있는 것 같습니다. 이 작품을 통해 볼 때 '사람이 되어라.'라는 말은 상징적 의미의 '사람'을 사전적 의미의 '사람'으로 해석하여 진짜 사람이 되기 위해 열심히 노력하는 고등학생들의 모습을 통해 좋은 학벌을 갖지 않고서는 성공할 수 없다는 사회의 어두운 단면을 들추어냅니다. 어느 누구에게나 자기 자신이 정말로 좋아하고 잘 할 수 있는 것이 무엇인지 아는 것과는 무관하게 학업성적이 우선되지 않으면 인정받을 수도, 사람 취급을 받을 수도 없는 주인공이 처한 현실이 가슴 아프게 다가오는 것 같습니다.

애니메이션과 드라마를 이용해서도 토론을 할 수 있다.

〈사람이 되어라〉라는 애니메이션을 제작한 박재동 감독의 말은 이 렇습니다.

"내 아이의 경험과 또 내가 6년 동안 고등학교 교사로서의 경험을 통해 이 영화를 만들게 되었다. 학교를 원숭이나 고릴라들 즉, 사람이 되지 못한 상태의 존재로만 묘사하고 '사람이 되어라.'고 교육적인 말을 하지만 실제로는 좋은 대학을 가는 길만이 사람으로 진화하는 길이라고 가르치는 현실, 그리고 원인은 바로 사회의 학력 차별이라는 것을 지적하고 싶었다. 그렇다고 나는 공부를 부인하는 것이 아니다. 겸해서 진정한 공부란 어떤 것인가를 묻고 싶었다. 가고 싶은 학교, 내일 다시와서 무언가 하고 싶은 즐거운 학교가 되길 소망한다."

이러한 애니메이션을 보고 다음과 같은 논제로 토론을 해 보면 좋을 것 같습니다. 토론의 여러 형식 중에서 확산적 사고를 요구하는 토론 방식인 '피라미드' 토론을 권해 보고 싶습니다. 물론 논제는 "주인공이 자신이 원하는 것을 열심히 하면서 행복하게 살 수 있으려면 가장 먼저 무엇이 바뀌어야 할까요?"라는 것이 좋을 것 같습니다. 피라미드 토론 방식은 앞에서 설명한 내용을 참고하면 됩니다.

드라마를 활용한 토론 수업도 애니메이션을 활용한 토론 수업과 같습니다. 연속극인 경우 어떤 특정 회에 전개되는 상황에서 논제를 찾아서 논제에 알맞은 형식의 토론을 전개하면 됩니다. 인상적인 장면이나 사회에서 활발하게 논의되고 있는 이슈, 등장인물의 성격, 드라마에서 다루어지고 있는 사건, 등장인물들 간의 관계 등과 같이 중립적인 이야기꺼리가 될 만한 것을 논제로 삼아서 디베이트 수업을 하면 좋습니다. 이때 몇 개월을 두고 이어지는 드라마 전체를 학생들이 살펴볼 수 없기 때문에 가장 논란이 많이 되는 회수를 기준으로 하여 전후 드라마의 줄거리를 요약해서 함께 살펴보는 것도 좋은 방법입니다. 그래야만 드라마 전체의 맥락에 합당한 논리 전개를 할 수 있고 올바른 판단능력을 키워 줄 수 있기 때문입니다. 처음에 시도하는 드라마를 이용한 토론 중에서 가장 먼저 해 봄직한 것으로써 가능한 많은 학생들이 즐겨 보는 시트콤과 같은 것이 좋습니다. 왜냐하면 시트콤의 중심 캐릭터나 줄거리가 많은 이야기 거리를 가져다 줄 수 있는 것들로 구성되어 있기 때문입니다.

6학년 교과서 1단원에는 드라마 두 편이 소개되어 있습니다. 소설가 황순원님의 대표작인 《소나기》와 추리 드라마인 〈점프〉라는 드라마입니다. 《소나기》라는 작품을 통해서는 어린 나이에 죽은 윤초시의 증손녀가 그렇게 일찍 죽지 않도록 해야 할 일들을 토의 해 볼 수 있고, 또는 "남자 주인공 승덕이의 행동은 본받을 만하다."라는 논제로 디베이트 학습을 해 볼 수 있습니다. 〈점프〉라는 드라마를 보고 나서는 "한유진이 선덕여왕이 되어서 실시한 여자 가사 노동금지법과 같은 정책을 잘 펼친 것이다."와 같은 논제로 디베이트 수업을 해 보면 좋을 것입니다. 물론 남녀차별이나 남녀평등과 같은 다양한 내용들이 언급되어 매우 활발한 토론이 이루어질 것입니다. 이 때 드라마 전체의 맥락을 참고하여 논제에 대한 각 측의 입장을 펼치는 데 주의해야 합니다. 현대사회에서 나타나고 있는 남녀차별이나 가정에서 발생하고 있는 가장의 권위추락 등도 함께 다루어질 수 있을 것입니다. 이렇게 함으로써 남자와 여자가 할 수 있는 고유의 일들과 남녀가 각각 잘 할 수 있는 일들에 대하여 함께 고찰해 보게 됩니다. 또한 남녀가 서로 돕고 보완하는 관계에 대한 중요성을 깨닫게 되는 계기가 마련되도록 교사와 학부모님들은 도와주어야 할 것입니다.

애니메이션과 드라마를 이용해서도 토론을 할 수 있다.

텔레비전 뉴스에는
토의 · 토론 내용이
가득하다.

우리들이 살아가는 사회에서 일어나는 다양한 이슈들에 대하여 학생들이 자신의 올바른 관점을 세우기 위하여 노력을 해야 합니다. 이러한 이슈들을 보도하고 있는 다양한 매체들을 통해서 표현되는 여러 가지 사건들을 정확하게 파악하는 것이 중요한 사회가 되었습니다. 현대사회에서는 인터넷 정보란, 신문, 텔레비전, 영화와 같은 매체에서 어떻게 사회적인 문제들을 다루고 있는 지 통합적인 방법에서 접근하고 있기도 합니다.

특히 텔레비전 뉴스는 학생들과 학부모님들 모두가 동시에 볼 수 있기 때문에 이러한 매체들을 사용해서 토론학습을 할 경우 토론 참여자들 사이에 학습 자료가 일치할 뿐만 아니라 그 효과 또한 매우 큽니다. 그러한 텔레비전 뉴스를 활용한 교육적 효과는 첫째, 텔레비전 뉴스 자료를 활용해서 사회적인 이슈에 대한 관심이 증가하는 민감성을 키울 수 있습니다. 민감성은 개방적인 사고와 함께 창의성을 구성하는 핵심적인 요소이며 더욱 더 그 중요성이 강조되고 있습니다. 둘째, 텔레비전 뉴스에서 제기되는 것을 기반으로 해서 영상^{映像}이 주가 되는 영화를 통한 상상력을 길러 주고 신문 기사와 인터넷에 게재된 내용들을 읽게 되어 통합적인 관점을 갖출 수 있는 계기를 제공합니다. 셋째, 제기된 하나의 주제에 대하여 다양한 표현양식으로 생각할 수 있습니다.

　텔레비전 뉴스를 이용한 토론수업은 다음과 같은 순서로 진행하면 좋습니다.

- 텔레비전 인터넷 사이트 자료 등을 녹화하여 수업에 필요한 자료를 준비합니다.
- 텔레비전을 시청하면서 이슈에 대한 나름대로의 생각과 자료를 준비하고 민감성을 키웁니다.
- 주제를 다룬 영화를 찾아서 함께 감상합니다.
- 텔레비전 뉴스에서 소개된 것과 유사한 쟁점을 다룬 신문기사를 학생들이 스스로 찾게 하거나 교사가 찾아서 나누어 줍니다.
- 정해진 논제를 가지고 디베이트 학습 모형으로 진행하면 좋습니다. 물론 디베이트 학습시간에 신문자료나 영화자료를 TV로 보여 주면서 토론을 진행해도 됩니다.

　텔레비전 뉴스에서 요즈음 외모를 중요시 하는 사회적 분위기에 대하여 학생들 나름대로 올바른 가치관을 심어주기 위한 목적으로 디베이트 학습을 꼭 해보면 좋을 것 같습니다. 논제의 예시로는 "준수한 외모는 권력이 될 수도 있다." 라든지 "외모가 차별의 조건이 되는 것은 정당한 것이다."와 같은 논제로 학생들과 협의한 후에 디베이트 학습을 해 보면 좋을 것입니다. 이러한 디베이트 학습이 끝난 후 찬성측과 반대측의 승패 여부를 떠나서 교사는 외모가 차별의 조건이 되었을 때

가져다 주는 부작용에 대하여 매우 진지하고 강력한 메시지를 전해주어야 합니다. 그래야만 우리 학생들이 그들 뿐만 아니라 다른 사회의 구성원들이 행복한 사회 속에서 살아갈 수 있는 의식과 가치관을 확고하게 할 수 있기 때문입니다.

토의·토론학습을 다채롭게 즐겨보자.

토의 · 토론을 이용해서 수학 문제를 해결해 보자.

수학과 교육과정에서는 수학적 사고력을 신장시키는 데 주력하고 있습니다. 각자의 개인적인 경험에 의한 귀납적 사고력과 기존에 알고 있던 공식이나 사실들에 의해서 생각해 보는 연역적 사고력에 의한 추론 능력을 키워주기 위한 내용들이 수학과 교육과정에 들어 있습니다. 또한 다양한 방법으로 문제해결능력을 발달시키는 노력도 기울여야 한다고 강조하고 있습니다. 수학과에서 다소 생소하게 생각될지 모르지만 의사소통능력 신장에도 주력하고 있습니다. 그리고 컴퓨터나 실물화상기와 같은 공학적 도구를 활용한 수업을 허용하고 있다는 것이 개정된 수학과 교육과정의 내용입니다.

위에서 열거한 것들 중에서 수학적으로 사고하고 의사소통하는 능력을 길러서 생활 주변에서 일어나는 문제를 합리적으로 해결하는 능력을 키워주는 점에 주목할 필요가 있습니다. 초등학교의 수학과 영역은 수와 연산, 도형, 측정, 확률과 통계, 규칙성과 문제해결로 구성되어 있습니다. 수와 연산 영역에서는 주어진 문제들에 대하여 다양한 방법으로 해결할 것을 요구하고 있습니다. 모둠별로 협의하여 여러 가지 방법을 이용해서 문제를 해결하면 됩니다. 제시된 문제가 바로 토의 주제가 될 것입니다. 규칙성과 문제해결 영역에서는 제시된 문제의 규칙을 찾아내는 과정에서 모둠원들끼리 긴밀하게 협의할 필요가 있으며 문제를 단순화하거나 논리적인 추론 등으로 문제를 해결하게 됩니다.

또한 교사의 설명을 듣고 모둠별로 모여서 친구들끼리 개념과 원리 및 문제풀이 방법을 정리한 후 각자가 해당 문제들을 풀고 나서 점수는 각자 향상된 만큼 받게 되는 수업형태인 STAD 협동학습과정에서 토의하는 방법이 더욱 크게 적용됩니다. 이 때에 단계별 목소리크기 훈련이나 모둠마다 사회자를 정해서 서로 협조하면서 창의적으로 문제를 해결하는 요령들을 적용하면 매우 도움이 됩니다.

과학과 토의 · 토론 수업과
토론대회를 진행 해 보자.

과학과의 실험과 실습 과정에서는 수시로 모둠원들끼리 토의가 이루어집니다. 아마 다른 교과목 보다 과학과에서 토의가 가장 활발하게 이루어지고 있다고 해도 지나친 말이 아닐 것입니다. 몇 년 전에 E 여대 교생 9명이 참관하는 가운데 과학과 수업을 공개한 적이 있었습니다. '태양의 고도와 기온 변화와의 관계' 가 그 차시의 학습주제였습니다. 6학년 34명의 학생들이 8개의 모둠으로 나누어서 주제에 대한 가설설정예상, 실험 설계, 실험, 실험결과, 알게 된 점의 순서로 과학수업을 전개했습니다. 물론 학습주체인 학생들을 중심으로 수업이 이루어졌습니다. 참관했던 교생들의 참관소감문을 읽어 보았습니다.

"34명의 학생들 중에 한 학생도 낙오자나 무임승차자 없이 모두가 열심히 참여하여 수업목표에 도달한 것이 놀라웠다."

"4명 단위로 구성된 모둠원들끼리 어쩌면 그렇게 유기적으로 실험을 하고 실험결과에 대하여 토의를 잘하는 지 이제까지 협동학습의 폐해에 대한 선입관을 말끔히 씻어준 수업이었다.”

“각 모둠에서 사회를 보는 학생이나 다른 모둠 구성원학생들의 역할 분담과 협조 태도가 수준급이었고 어떻게 하면 저렇게 토의가 잘 이루어지는 지 수업하신 선생님께 그 비법을 여쭈어 보아야 하겠다.”

“초등학교 6학년 학생들이 실험을 하거나 모둠별로 토의를 할 때에는 소란한 경우가 대부분인데 오늘 본 과학과 수업에서 실험이나 토의를 할 때 목소리 크기를 적절하게 조절하여 전체적으로 차분하고 조용한 가운데 진행이 되어서 매우 놀라웠다.”

도구를 활용하는 교육프로그램인 몬테쏘리 교육에서 가장 우선적으로 학습하는 것이 '학습도구를 다루는 태도' 라고 합니다. 학습도구를 다루거나 다룬 다음 정리 정돈하는 습관이 올바로 형성되었을 때 비로소 학습도구를 자유롭게 사용하게 한다고 합니다. 몬테쏘리 교육 형태에서 강조하고 있는 것과 마찬가지로 모둠별 토의수업을 할 때에도 모둠원들에게 고유번호를 지정해 주고 해당 일자에 적절한 번호의 학생이 사회를 보고, 사회자가 토의를 진행하는 훈련이 철저하게 이루어져야 합니다. 뿐만 아니라 목소리 크기를 1단계부터 4단계까지 약속해서 4~5명만이 들릴 수 있는 목소리로 모둠별 토의를 하게 합니다. 처음에 학생들끼리 충분히 이성적 납득이 되고 여러 차례 훈련을 해야 성숙된 토의학습이 정착됩니다.

모둠원들에 대한 고유번호 정하기와 목소리의 크기 훈련 및 의견과 의견을 뒷받침하는 자료 제시 방법을 자유롭게 적용할 수 있도록 습관이 되고 난 후에 누구나가 인정하는 모둠별 실험이나 토의 활동이 이루어 질 수 있다고 생각합니다. 과학과 수업 또한 학습 주제 따라 적절한 토의나 토론 학습 모델을 적용하면 됩니다.

과학과 관련된 디베이트 대회를 살펴보면, 2010년도에는 한국바이오안전성정보센터 주최로 전국 고등학생들을 대상으로 바이오안정성·바이오산업 토론대회가 개최되었습니다. 논제는 "GM유전자 변형작물의 국내 재배는 필요한가?"라는 것으로 CEDA 형식이었습니다.

2011학년도에는 처음으로 교육과학기술부가 주최하고 한국과학창의재단에서 주관하는 과학토론대회가 활발하게 열렸습니다. 지구와 인류의 현안과 관련된 주제에 관해 가족과 학생들이 스스로 현안지시을 찾아보고, 자유롭게 토론함으로써 현안에 대한 올바른 이해와 과학기술의 역할과 영향을 생각해 볼 수 있는 기회를 제공하기 위해 '지구를 생각한다.' 라는 큰 주제를 놓고 대회가 개최되었습니다. 학부모 1명과 초등학생 자녀 1명으로 팀이 구성된 가족부문에서는 "우리나라는 내일의 건강한 생존을 위한 유기농업인가 식량확보를 위한 관행농업인가." 라는 논제를 가지고 세다CEDA 형식의 토론대회를 실시했습니다. 중·고등학생 재학생 2인 1조로 구성된 중·고등부문에서는 "우리나라는 자발적이고, 적극적으로 온실가스 감축의무를 이행해야 한다."라는 논제로 역시 세다CEDA 형식의 토론대회가 과천국립과학관에서 열렸습니다. 이러한 과학관련 디베이트 대회는 앞으로도 더욱 확산되어 개최될 예정이라고 합니다.

책을 읽고 난 후 독서토론으로 내용을 깊이 있게 이해하자.

우리들이 영화를 보고 나서 이야기를 할 때에는 처음부터 끝까지 줄거리를 이야기 하는 것이 아니라 재미있었거나 느낌이 강렬했던, 소위 인상깊었던 대목들을 중심으로 대화를 나누는 경우가 일반적입니다. 책을 읽고 나서 독서토론을 할 때에도 마찬가지입니다. 책을 읽은 학생들이 가장 강렬하게 남아있는 장면들을 중심으로 이야기하다보면 그 작품의 여러 가지 측면이 잘 드러나기 때문입니다.

또 한 가지 주목할 점은 책을 읽고 난 다음, 읽은 후의 느낌이나 생각을 제한 없이 자유롭게 표현하는 과정은 매우 중요한 것입니다. 이렇게 함으로써 독후느낌의 서열이나 타당성을 가늠하기 보다는 읽었던 학생들 개개인의 생각이나 느낌 자체를 높게 평가해 줄 필요가 있다는 점입니다. 가능하다면 참석한 학생들 모두에게 장황하지 않게 핵심적이고 인상적인 내용만 간략하게 발표하는 기회를 주는 것이 좋습니다. 이 때 교사나 학생들 중에서 발표하는 학생들의 내용들을 요약해서 칠판에 적어 놓는 것도 서로 의견을 비교해 보는 데 도움이 될 듯싶습니다. 학생들이 나름대로 열심히 발표한 내용들에 대하여 평가를 하지 않고 일단 존중하는 것이 좋습니다. 독서 후 느낌을 발표할 때에 교사는 최대한 허용적이고 자유스러운 분위기를 형성하는 데 힘을 쏟아야 합니다. 여러 학생들이 발표한 내용들 중에서 공통적으로 느낌이 통한 부분들은 교사의 언어로 더욱 확실하게 정리해 주어야 합니다. 그리고 학생들이 강렬하게 내면화할 수 있도록 하는 동시에 새로운 생각이나 느낌의 지평을 열어주는 계기를 마련하는 것도 필요합니다.

하지만 이렇게 학생들의 발표를 듣다보면 의견 차이가 발견될 수 있습니다. 소위 쟁점이 되는 부분인데 서로 간에 묻고 대답하는 과정을 통해서 해결이 되는 부분은 굳이 토론을 할 필요가 없습니다. 작품에 등장하는 인물들에 대한 평가, 작품을 바라보는 관점에 따른 차이, 자가가 주장할 것이라고 여겨지는 주제에 대한 판단 등과 같은 핵심적인 쟁점들에 대해서는 여러 가지 형식으로 칠판에 적어 놓고 학생들과 함께 논제를 정하는 것이 좋습니다. 이 때 유의해야 할 점들은 정해진 논제가 학생들의 관심 사항인지, 수준에 알맞은 것인지, 토론 자료들을 준비할 때 어렵지 않은지, 꼭 학교에서 친구들과 함께 토론해야할 가치가 있는 것인지를 고려해 보아야 성공적인 독서토론이 될 수 있습니다.

독서토론을 하기에 앞서서 가장 먼저 해야 할 일들은 어떤 책을 선정할 것인가 입니다. 책을 선정하는 기준은 각 학년별 추천도서목록을 참고하거나 각각의 학생들로부터 추천을 받아서 다수결 같은 방법으로 정하는 등 여러 가지가 있을 것입니다. 무엇보다도 중요한 도서선정 기준은 과연 선정하고자 하는 책의 내용이 "토론할 내용을 담고 있는가?"와 "찬성측과 반대측으로 나누어 토론하게 되는 쟁점이 있는가?"입니다. 쟁점이 되더라도 학생들이 충분히 이해할 수 있어야 하는 것은 지극이 당연한 것입니다.

책을 선정하여 함께 읽고 난 뒤에는 개인적인 감상을 발표하는 것입

339

니다. 이 때 30명의 학생들을 4팀으로 나누어서 앞에서 설명한 토론형 태 중에서 '돌아가면서 발표하기 토의**라운드 로빈**' 형식으로 하면 좋을 듯합니다. 그래서 각 팀별로 정해진 내용들을 대표학생이 발표를 해 보는 것이 독서토론 브레인스토밍의 하나가 될 것입니다.

그 다음에는 아래에서 예시한 도서와 그 책을 읽고 해볼 만한 논제들을 참고하여 디베이트 학습 형식에 의거하여 본격적인 독서토론을 해 보면 됩니다. 초등학교 3학년 학생들을 대상으로 먼저 《심청전》을 읽게 한 후 위에서 설명한 대로 4개의 모둠으로 심청전을 읽고 난 느낌이나 생각을 돌아가며 발표하기 토의**라운드 로빈**의 형식으로 수업을 했습니다. 그리고 쟁점이 될 만한 논제들을 추출해서 칠판에 적어 놓은 것들 중에서 학생들과 협의를 한 후 "심청이가 한 행동은 지혜로운 것이다."라는 논제로 확정했습니다. 일주일 후에 독서토론을 하자고 하여 학습지를 나누어 주었고, 디베이트 학습형식으로 하기로 결정했습니다. 그래서 총 30명의 학생들을 판정인 3명, 찬성측 14명과 반대측 13명으로 확정해서 토론준비에 들어갔습니다.

일주일이 흐른 뒤에 디베이트 학습을 실시했습니다. 찬성측에서는 그 당시에는 효도가 모든 행동의 근본이고 가장 높게 평가되었기 때문에 장님이신 아버지의 눈을 뜨게 하기 위해 자신의 생명을 희생한 것은 매우 지혜로운 것이라는 주장을 펼쳤습니다. 현재의 가치를 가지고 생각해서는 어울리지 않는다는 것이었습니다. 반대측에서는 장님이신 아버지의 눈을 뜨게 하기 위해 자신의 귀한 생명을 희생한 심청이의 효심은 충분히 이해하고 존중하지만 '효도의 방법'에서 큰 문제가 있다는 것입니다. 어느 부모가 자신의 눈을 뜨게 하고 그 귀한 자녀의 생명을 버린 행위에 대하여 마음 편하게 여길 수 있겠느냐고 강한 어조로 반대

했습니다. 예부터 "자식이 죽으면 땅에 묻는 것이 아니라 부모의 가슴에 묻는 것이다."라는 속담도 인용했습니다.

　이러한 독서토론을 준비하는 과정에서 《심청전》을 읽지 않았던 학생들이 자연스럽게 읽게 되었고 《심청전》 이외의 다른 한국 고전문학 작품에 대해서도 많은 관심이 생기는 계기가 되었습니다. 독서토론의 위력을 보여준 예입니다. 그리고 5학년이나 6학년 학생들을 대상으로 해서는 학년별 필독도서들을 정해 놓고 그 중에서 두 달에 한 편씩 독서토론을 하는 기회를 가지는 것이 좋을 듯합니다.

　《5학년 10반은》이라는 책을 읽고서 "만우절에는 거짓말을 하는 것이 좋다."라는 논제로 독서토론을 해 보았고, 《도산 안창호》라는 책을 읽고서는 "위험을 무릅쓰고 어린이와의 약속을 지키는 것은 올바른 행동이다."라는 논제로써 디베이트 학습의 형태로 흥미 있는 독서토론을 해 보았습니다. 《톰 아저씨의 오두막집》을 중심도서로 하여 읽은 다음 "톰 아저씨는 선으로 악을 이긴 훌륭한 사람이다."라는 논제로 토론을 해 보았습니다. 이 때 찬성측에서는 마더 테레사 이야기를 보충 자료로 활용해서 수업을 전개하였습니다. 《몽실언니》라는 책을 읽고 나서는 "가난해서 치료비를 내지 않은 사람은 병원에서 치료를 해 줄 수 없다."라는 논제를 가지고 디베이트 학습을 해 보았고, 《아이들이 묻고 노벨상 수상자들이 말한다》라는 책을 읽은 다음에는 "인류를 구원할 것으로 믿는 종교를 위해 전쟁을 하는 것이 옳다.", 《더벅머리 소년 빌 게이츠》라는 책을 읽고서 "빌게이츠가 컴퓨터를 해킹한 것은 옳다."라는 논제로 토론수업을 진행 해 보았습니다. 《신나는 첨단과학 이야기》를 읽은 후에는 "인간을 복제해도 옳다.", 《인기 짱에겐 뭔가 특별한 것이 있다》라는 책을 읽고 나서는 "인기가 많은 것은 행복한 것이다."라는 논제로 디베이트 학습을 실시 해 보았습니다. 특히 "인기가 많은 것은 행복한 것이다."라는 논제로 인기가 많은 것은 그만큼 책임감도 크기 때문에 자유롭게 생활하기가 어려울 수 있다는 논리로 반대측에서 강하게 주장했습니다. 찬성측에서는 "사람은 '인기' 라는 타인들의 관심과 지지 때문에 오히려 더욱 힘차게 자신의 일들을 처리할 수 있고 보람도 생겨서 행복하게 한다." 라는 의견을 다양한 예들을 들어가면서 주장을 펼쳤습니다.

독서토론의 학습 형식으로 이야기식 토론이 있습니다. 이 토론모형은 1명의 사회자와 다수의 참가자가 토론 자료로 제시된 책과 신문자료 등의 내용을 읽고 이에 대해 자연스러운 분위기 속에서 토론하는 것입니다. 이 야기식 토론 학습에서는 이야기를 진행해나가는 사회자의 역할이 매우 중요합니다. 사회자는 주로 발문을 통해 토론을 진행하게 되는데, 이 토론은 단계에 따라 발문의 성격을 달리해야 합니다. 대개 사회자는 세 단계의 발문 수준에 맞춰 토론을 진행합니다.

- 1단계 – 도입 단계의 래포(따뜻한 인간관계) 형성 발문이 주를 이룹니다. 예를 들면 책을 읽게 된 동기, 책표지의 그림이나 문구, 책을 읽은 후 주변 사람들에게 들려준 이야기 등에 대하여 사회자가 부드럽게 발문을 하고 답변 또한 허용된 분위기를 유지하면서 최대한 대답한 학생들에게 자신감을 심어 주도록 노력합니다.
- 2단계 – 책 내용을 제대로 읽었는가를 확인하는 발문입니다.
- 3단계 – 책의 내용을 읽고서 자신에게 적용시켜 보거나 사회현상과 연관시켜 보는 발문입니다. 물론 이 때 사회자의 발문 속에는 학생들의 찬반 논쟁을 이끌어내는 발문을 구성하여 준비하는 것도 필요합니다.

일반적인 토의학습 방법의 파급효과는 매우 크다.

토의학습이란 어떤 주제에 대해서 여러 사람들이 정보와 의견을 교환하여 그 주제에 대해 학습하거나 문제를 해결하려는 말하기 듣기 활동을 말합니다.

토의학습의 목적은 크게 교과 학업 성취, 학습 태도 변화, 문제해결 능력 신장, 토의하는 능력 발달, 동기 유발, 민주적 기능 배양 등으로 나누어볼 수 있습니다.

여러 가지 토의 수업 방법이 있으나 학교 현장에 적합한 일반적인 토의학습 모형이 중요합니다. 토의학습에서는 학생 자신이 다양한 의사소통과 한 단계 높은 판단 수준에 접할 수 있도록 개인별 사고과정, 소집단 토의 과정, 전체집단 토의과정과 같이 다양한 토의과정을 도입하는 것이 바람직합니다.

위의 토의 수업 단계 중의 문제 상황 내용은 인터넷 상의 '학급 홈페이지'를 통하여 수업시간 전에 학생 개인별로 제시할 수도 있으며, 수업시간이 시작된 후 제시할 수도 있습니다. 학생들의 흥미를 이끌어낼 수 있는 동영상이나 녹음자료로 제시하는 것이 효과적입니다.

학생들은 제시된 내용을 보며 질문에 대한 응답 내용을 생각해가는 과정에서 주인공이 선택할 행동을 판단하게 합니다. 질문 내용은 주인공의 입장을 정확하게 파악하게 하기 위한 내용과 올바른 행동을 선택하기 위한 판단 내용이 될 것입니다. 생각 해 보는 기준을 다르게 하여 접근 해 보는 질문으로 구성하는 것이 학생들의 생각을 다양하게 이끌어내는 데 효과가 있으며, 간단한 메모 형식의 정리를 할 수 있는 학습지를 구안하여 사용 하는 것도 효과적입니다. 특히 질문 내용을 구성함에 있어서 문제 상황에 대한 어린이들 각자의 자발적이고 적극적인 의견이 다양하게 나타날 수 있도록 하며, 교사가 새로운 정보를 추가하여 한 단계 높은 수준의 판단을 할 수 있도록 도와주는 질문을 마련하는 데 유의해야 합니다.

질문에는 대체적으로 '문제 상황의 내용 파악과 관련된 질문', '주인공의 역할 관련 질문', '판단 결과와 관련된 질문' 을 마련하면 수준 높은 토의 수업이 이루어집니다.

모둠별 토의 수업을 할 때 모둠원들끼리만 들릴 수 있도록 목소리크기 연습을 하며 모둠원들의 고유번호를 지정하여 사회자를 주제에 따라 순환하면서 정하고, 모둠원들은 사회자를 중심으로 질서 있게 토의를 하면 놀랄 만큼 성공적인 토의학습 분위기가 조성되는 경험을 할 수 있습니다.

단계	과 정	활 동 내 용	
		교 사	학 생
토의 시작	분위기조성	· 토의 분위기 조성 · 관련 내용 발표 유도	· 분위기 조성 · 관련 내용 발표문제 상황 제시
	문제 상황 제시	· 문제 상황 제시	· 문제 상황 내용 파악 · 내용 파악 위한 개인별 질문, 토의
	토의주제 선정	· 토의주제 선정 유도	· 개인별 토의주제 선정과 근거 제시 · 소집단별 주제 선정 협의
토의 진행	개인입장 진술	· 학생 질문에 답변	· 개인 입장 진술, 근거 제시 · 질문 및 토의
	소집단토의	· 소집단 토의 조력	· 조장의 진행에 따라 조별 토의 · 소집단별 결론과 근거 도출
	전체토의	· 예상되는 방해 상황 방지 · 적극적인 토의 분위기 조성	· 조별 토의 내용 발표 (회장 진행) · 개별 질문, 보충, 반대 · 결론과 근거 우선순위 결정
정리 및 평가	개인입장 다시생각	· 학생 질문에 답변	· 대안 질문과 답변 · 자신의 결정 내용 다시 생각 · 다수 의견 다시 확인
	요약정리	· 학생 질문에 답변	· 결론과 근거 결정
	분석 · 평가	· 논의되지 않은 내용 언급	· 토의태도, 토의기능, 토의과정 과 방법에 대한 반성 및 평가

일반적인 토의학습 방법의 파급효과는 매우 크다.

토의수업을 위한 문제 상황 및 질문 전략

토의수업을 위하여 학생들에게 문제 상황을 제시하면 대부분의 학생들은 핵심내용을 파악하고, 무엇을 답해야 하는지에 대하여 실패하는 경우가 많습니다. 따라서 교사는 다음 사항에 유의해야 합니다.

첫째, 학생들이 문제 상황을 정확하게 파악할 수 있도록 유도합니다.

둘째, 몇 가지 질문을 통하여 학생들이 문제 상황을 파악했는지 확인합니다. 주인공들이 어떠한 상황에 처해 있고 그러한 상황에서 어떠한 판단으로 문제를 해결하려고 하고 있는지 살펴봅니다.

셋째, 학생들의 문제 상황과 토의주제를 정확히 파악할 수 있도록 도와줄 수 있는 질문을 준비합니다. 제시된 문제 상황에서 도출된 토의주제가 어떠한 연관을 맺고 있는지 명확하게 이해할 수 있도록 수렴적이나 확산적 질문을 준비합니다.

넷째, 학생들의 판단과 토의 수준을 높이기 위한 생각을 이끌어내기 위하여 대안질문을 준비합니다. 교사도 준비하지만 발표를 했던 학생들의 답변에서 학생들과 함께 의견교환을 하면서 상호간에 질문을 하게 하는 것도 매우 의미 있는 대안이 되는 경우가 많습니다.

그런 다음에 토의수업을 위한 예화를 제시하고 학생들의 예화 내용을 정확하게 이해했는지 확인하는 몇 가지 질문과 토의수업을 진행하는 과정에서 학생들이 다양한 생각을 이끌어내지 못할 경우에 학생들에게 도움을 주기 위한 대안질문을 몇 가지를 제시 해 보았습니다.

제재	1. 생명의 소중함		지도 일시	○월 ○일
목표	인간의 생명이 귀중함을 알고 소중히 지키려는 태도를 가질 수 있다.			
토의 학습 예화	어느 추운 겨울밤에 트럭 운전사 김씨 아저씨는 트럭에 짐을 가득 싣고 부지런히 선착장으로 가고 있었다. 배가 출발할 시간이 얼마 남지 않았기 때문에 차량 통행이 드문 지름길로 급하게 가고 있었는데, 선착장에 거의 다와 가는 곳에서 길바닥에 어떤 사람이 쓰러져 있는 것을 보고 급하게 브레이크를 밟았다. 트럭을 세우고 내려서 살펴보니, 피를 흘리며 쓰러져 있는 교통사고를 당한 사람이었다. 작은 신음 소리를 내면서 쓰러져 있는 그 사람 가슴에 손을 대보니 심장도 아주 약하게 뛰는 것이 금방이라도 숨이 끊어질 것 같았다. 선착장 근처에는 병원이 없기 때문에 그 사람을 도와주자면 한참을 돌아가야 하고, 병원에 갔다가 가면 배가 떠나게 될 테고, 김씨 아저씨는 어떻게 해야 좋을지 망설이게 되었다.			
질문 전략	① 김씨 아저씨는 무엇을 망설이고 있습니까? ② 배에 짐을 싣지 못하면 김씨 아저씨는 어떤 손해를 보게 됩니까? ③ 김씨 아저씨가 그냥 지나친다면 교통사고 환자는 정말 죽게 됩니까? ④ 김씨 아저씨는 어떻게 해야 하겠습니까? 왜 그렇습니까? ⑤ 생명이 위독한 것을 보고 그냥 지나쳤다면 어떤 처벌을 받게 됩니까?			
대안 질문	① 집이 너무 가난하여 가족이 모두 굶고 있다면 김씨 아저씨는 어떻게 해야 합니까? ② 교통사고 환자가 김씨 아저씨의 둘도 없는 친구라면 어떻게 해야 합니까?			

토의수업의 평가

토의수업을 개선하기 위해서는 무엇보다 토의수업의 효과를 알아보아야 합니다. 토의수업의 효과란 토의가 의도한 목표의 실현 정도를 통하여 알아낼 수 있으며, 수업분석표와 같은 체크리스트를 구안하여 확인할 수 있습니다. 가장 중요한 것은 토의수업 과정에 대한 철저한 분석과 평가가 이루어져야 한다는 것입니다.

먼저 토의수업의 전개와 평가는 토의활동 참여에 대한 자기 평가가 이루어져야 합니다. 토의수업 평가에서는 토의 과정에서 발언의 활발성 보다는 토의 자체가 문제 해결을 위해 좋은 과정이었는가에 중점을

일반적인 토의학습 방법의 파급효과는 매우 크다.

두고, 학습자 전원이 자신들의 특성을 발휘하면서 토의에 참가하였는가에 대한 자기 평가를 해야 합니다. 그 기준으로는 다음과 같은 것들이 있습니다.

- 다른 사람과 이야기할 때 열심히 들었는가?
- 다른 사람이 이야기하는 내용을 얼마나 이해했는가?
- 다른 사람의 이야기가 나에게 어떻게 느껴졌는가?
- 다른 사람의 반응을 얼마나 참고하려고 노력했는가?
- 토의할 때 얼마나 많이 이야기했는가?
- 토의 활동 시 이야기되는 내용에서 해결의 실마리를 찾으려고 노력했는가?
- 다른 사람의 문제를 해결하도록 도와주어야 한다는 책임감을 얼마나 느꼈는가?

두 번째로 토의수업 진행 평가에서 이루어져야 할 일들에는 토의수업은 학습자들이 토의를 통해서 문제를 해결해 나가기 때문에, 제기된 문제에 대해 학습자 전원이 공동으로 생각하고, 문제 자체에 대한 이해를 좀 더 깊이 있게 토의하며 모든 학습자들에게 발표의 기회를 균등하게, 그리고 충분하게 제공하기 위하여 소집단별로 토의를 진행하도록 하고, 그 진행 과정에서 학습자의 활동에 대한 평가를 실시합니다. 학생들의 토의 학습에 대한 평가 준거로는 다음과 같은 것들이 있습니다.

- 창의성 : 자료의 다양성, 자신 있는 제안, 독창적인 아이디어
- 협동성 : 타인 의견 존중, 청취하는 자세, 감정 억제력
- 표현력 : 의견 발표의 논리성, 의사 전달의 명확성, 음성의 속도 설득력

- 연구성 : 문제 해결력, 자료의 풍부성, 자료의 명확성, 지식의 강도
- 태도 : 발언 시간, 진지성, 전체 인상, 몸가짐, 열의

셋째로 토의수업 결과에 대한 평가를 알아보겠습니다.

토의수업은 토의 발표를 통해 자기 문제의식의 배양, 남의 의견 존중, 결정된 사항에 대한 순응과 협력 등 민주 시민으로서의 태도를 기르는 데 유용한 수업 방법이므로 결과에 대한 보고 과정을 평가해야 합니다. 평가의 기준은 다음과 같습니다.

- 서론 : 주제의 명확성, 문제의 제기 및 인식
- 본론 : 내용의 논리성, 자료의 조직력, 자료의 풍부성
- 결론 : 합리적 해결 방안, 앞으로의 문제점, 해결 방안의 현실성, 문자 표현력
- 표현력 : 자료의 간결성, 자료의 정확성
- 기타 : 공감, 성의, 작품의 진실성

일반적인 토의학습 방법의 파급효과는 매우 크다.

어린이회의를 통해서
민주시민의 자질을 키우자.

"잘 되는 회사는 회의가 다르다."라는 말이 있습니다. 사회에서 요구하는 인재들을 육성하기 위해 학교 현장에서 회의하는 방법을 알고 회의를 통해서 최선의 의사결정방법을 터득하도록 도와주어야 합니다.

어린이 회의 활동 과정

어린이회의를 진행하기 위한 사전활동, 본 협의활동, 사후활동으로 나누어서 할 일들이 있습니다.

사전활동	본 협의활동	사후 활동
1. 문제 발견(의제 발견) 2. 의제 제안 　(의제함, 의제제안 카드) 3. 의제 심의 및 선정 　(목요일, 점심시간, 　　의제 선정부) 4. 의제 선정 결과 통보 　(○요일 오후, 의제 공고) 5. 의제 공고 및 준비	1. 개회 선언 2. 국민의례 3. 의장 인사 4. 보고 사항 5. 의안 보고 및 채택 6. 의안 심의 7. 회의록 낭독 8. 선생님 말씀 9. 교가 또는 반가 제창 10. 폐회	1. 실천계획수립하기 2. 실천 활동 3. 실천의지 다지기 4. 평가 반성 5. 다시 계획하기

의장(회장)의 역할

어린이회의 의장은 다음과 같은 역할을 해야 합니다.

- 사회를 보며 회의를 진행한다.
- 개회, 폐회를 선언한다.
- 결의 사항을 선언할 때는 의사봉을 사용 한다(3번씩).
- 의제에 알맞은 발언을 유도하고 공평하게 발언권을 준다.
- 토론된 것을 요약해서 알려주며 회의장 분위기를 조성한다.
- 자신의 의견을 너무 많이 첨가하지 않는다.
- 자신의 감정을 밖으로 내보이지 않고 회의를 진행한다.
- 발언자의 입장에서 생각하고 회의를 진행한다.
- 의제와 관련이 없는 발언은 적절히 처리한다.
- 의제 처리 순서를 명확히 알고, 사전에 예상되는 토의 내용을 조사해 두어야 한다.
- 반드시 발언권을 얻은 후에 발언하도록 한다.
- 표결 시 가, 부 동수일 경우 어떤 쪽이든지 결정을 지을 수 있다.

회의 시 지켜야 할 약속들

어린이들이 자치활동의 가장 중요한 분야인 어린이회의를 할 때 아래와 같은 약속들을 잘 지켜야 원활한 회의가 될 수 있습니다.

- 회의 주제(의제) 제안 활동에 적극 참여한다.
- 회의 용어를 올바르게 알고 사용한다.

- 발언권을 얻어 바른 자세로 자신의 의견을 발표한다.
- 다른 사람의 의견을 경청하고 존중한다.
- 회의를 방해하는 행동을 하지 않는다.
- 회의에서 결정된 사항을 따르고 적극적으로 실천한다.
- 지정된 좌석을 이용하되 전체 회의 중 소집단 회의가 필요할 경우 좌석을 이동할 수 있다.

의제 선정과 제안 요령

의제의 발견을 도와주는 아이디어를 어떻게 생각해 낼까요?

- 풍요로운 학교생활을 위해 할 일을 생각하게 한다.
- 메모장을 지참하여 수시로 의제가 될 만한 것들을 메모하도록 한다.
- 학교, 학급, 계절, 국가, 의식, 행사 등과 관련된 의제를 찾도록 한다.
- 실천 가능하며, 많은 학생들이 참여 할 수 있는 의제를 제안하도록 한다.
- 다른 회원들의 생각을 잘 듣고 의제를 찾도록 한다.

의제는 어떤 방법으로 제안해야 할까요?

- 발견된 의제를 토의주제로 정하여 진술한다.
- 실천 내용을 생각해 보고 우리 힘으로 가능한 가 검토한다.
- 제안 이유를 간단명료하게 적어 넣도록 한다.
- 학교 교육과정 운영상의 주생활목표를 참고한다.

좋은 의제는 어떤 조건을 갖추어야 할까요?

- 학교나 학급 내 어린이의 생활에서 절실한 내용일 것
- 모든 어린이들의 관심을 끌 수 있는 것
- 모든 어린이들에게 관련이 있도록 하면 좋음

의제 선정

의제 제안자의 제안 취지와 학교 사태 해결을 위한 의제 타당성이 충분히 설명되고, 또 모든 회원이 의제에 대한 의문점을 풀 수 있도록 충분한 설명과 보충 발언이 되도록 합니다.

의제 토의

개별화된 의견을 의제와 관련이 있는지 집단 의견화 가능성을 소집단 토의 활동을 통하여 활발히 토의가 이루어지도록 하고 계획에 의하여 일관성이 있는 토의가 되도록 합니다.

발언 태도와 요령

- 자신이 주장하는 바를 충분한 근거를 들어 간결하게 말한다.
- 의견은 반드시 찬성형 (~ 할 것을)으로 해야 하며, 부정형(~을 하지 말 것을)으로 하지 않도록 한다.
- 다른 사람의 의견을 공격하거나 부정하지 말고 자기의 제안 장점

과 합리성을 강조하여 설득력 있게 발언하도록 한다. 제안하게 된 근거를 자세히 밝히고 필요성, 중요성 등을 들어 설득력 있게 설명한다.

- 수정 할 때는 수정 등의 내용이 원 동의 (처음 안건)의 내용과 같아야 한다.
- 취소할 때는 취소 동의가 있어야만 취소할 수 있도록 한다.
- 동의, 제청, 삼청을 할 때는 타인의 발언을 잘 듣고, 자기의 생각에 꼭 좋다고 인정 될 때만 "동의, 제청, 삼청합니다." 할 수 있도록 한다.

학년수준에 따라서 어떤 점들을 중점적으로 지도해야 할까요?
- 저학년 : 문제에 대한 의사 발표와 간단한 토의 활동 전개
- 중학년 : 학급회의 방식을 이해하고 학급 내의 문제에 대해 자기 의견 발표하기
- 고학년 : 의제를 해결하기 위해 충분히 토론하고 결론 맺기와 학급 및 학교의 생활 개선을 위한 구체적인 활동 선정과 운영 위원회 참여

어린이회의 운영 방향

- 1, 2학년은 교사 중심으로 전개하며 학생들의 참여를 점차 늘려 나가도록 운영한다.
- 1, 2학년의 협의 활동은 별도의 특정 시간을 배정하지 않고 다른 교과 활동과 연계시켜 지도 할 수 있다.

- 피상적이고 막연한 주제보다는 어린이들의 생활 주변에서 선정할 수 있는 구체적인 주제를 가지고 협의하도록 한다.
- 저학년의 경우 학급에 협의할 문제가 발생했을 때는 다음의 협의회 날까지 미루지 말고 그 즉시 협의할 수 있도록 융통성 있게 운영한다.
- 협의 활동 시간을 일정한 요일에 고정하여 배정하지 말고 학급에 어떤 문제가 생겼을 때 즉시 해결 방안을 협의할 수 있도록 융통성 있게 운영한다.

어린이회의에서 사용되는 주요 용어

용어	의 미	활용 사례
개회 선언	의사 정족수를 확인하고 의장이 회의 시작을 알리는 말	지금부터 제○회 어린이회의를 시작하겠습니다.
동의	어떤 의견을 일정한 형식을 갖추어 회의에 안건으로 제출하는 것 ※ 한 사람 이상의 찬성(재청)이 있어야 안건으로 성립됨.	저는 '용의를 단정히 하자'로 할 것을 동의합니다.
재청	다른 사람의 동의에 찬성함을 나타내는 말 재청이 없을 때 의장은 '재청 없습니까?'라고 확인 후 처리함.	○○의 동의에 재청합니다.
제안 설명	동의 제안자가 동의를 제출하게 된 이유를 설명하는 것	의장 '용돈을 절약하자'고 제안한 ○○ 회원은 제안 설명 해 주시기 바랍니다.
상정	적법하게 성립된 동의를 회의에 부치는 것을 상정 또는 부의라고 한다. ※ 동의와 재청이 있으면 의장은 이를 기각하지 않는 한 회의에 상정해야 한다.	의장 '용의를 단정히 하자'를 회의에 상정하겠습니다.

어린이회의를 통해서 민주시민의 자질을 키우자.

용어	의 미	활용 사례
회기	회의가 시작되어 끝날 때까지의 기간	이번 회기는 O월 O일부터 O일까지 O일간으로 정했습니다.
질의	의문이 되는 점에 대하여 설명을 요구하는 것 ※ 토론과 구별되며, 찬성이나 반대의 뜻을 밝히지 않음.	의장 질의할 사람이 있으면 말씀해 주시기 바랍니다. 질의에 대한 답변이 되었습니까?
토론	회의에 참여한 사람이 각자의 의견을 발표하는 것 ※ 반대 의견과 찬성 의견을 번갈아 물어봄.	의장 지금부터 토론에 들어가겠습니다. 먼저 반대 토론하실 분은 손들어 주십시오. 찬성 토론하실 분은 손들어 주십시오.
개의 (수정 동의)	동의안의 내용 일부를 고치려고 의견을 제안하는 것	저는 '인사를 잘 하자'에 대하여 '선생님께 인사를 잘 하자'로 할 것을 개의(수정동의)합니다.
과반수	성원의 1/2를 초과한 수를 뜻함. ※성원의 1/2일 경우 부결 처리함.	이번에 결정하는 사안은 참석 인원 과반수의 찬성을 얻어야 가결됩니다.
의결 정족수	회의에서 의안을 결정하는데 필요한 최소의 인원수 ※ 주로 출석 인원 과반수로 함.	재적 인원 40명 중 35명이 참석하였으므로 의결 정족수가 성립 되었습니다.

토의·토론학습을 다채롭게 즐겨보자.

어린이회의 진행 모형

단계	과 정	활동 내용
준비 활동	개회선언	· 총무는 개회 전 각종 준비물 확인 　(회순, 의사봉, 각종 장부기타) · 사회자는 회의장 정리 · 총무는 의사 정족수 확인
	국민 의례	· 사회자의 '국기에 대한 경례' 선창으로 함께 다짐 · 애국가 제창 · 지휘
	최장인사	· 사회자는 회의 진행 · 의장은 특색 있고 수준에 맞는 인사말 준비
중심 활동	보고사항	· 각 부서별로 지난 회의 시 결정되었던 사항에 대한 실천결과 보고 　준비하기 · 회원들 질의사항 준비하기
	의안 보고 및 채택	· 각 부별 의안 보고 및 안건 채택 · 표결로 각 부별 안건 채택
	의안심의 및 결정	· 각부별 의안 심의 · 제안자 제안 설명 · 표결로 주생활 목표 결정 · 표결로 실천사항 결정 · 표결로 건의사항 결정 · 표결로 선행아 결정
정리 활동	회의록 낭독	· 서기는 오늘 협의된 내용의 결과 낭독 · 사회자는 이의가 있는지 확인
	선생님 말씀	· 선생님의 지도 조언 말씀
	교가 제창	· 교가 제창
	폐회	· 의장 어린이 회의를 마치겠다고 함. · 회원 모두 박수로 끝마치기

어린이회의를 통해서 민주시민의 자질을 키우자.

어린이회의 진행 실황

순서	단계	회의 진행 요령
1	개회 선언	▶ 총무(이주희)는 개회 전 각종 준비물 확인 (회순, 의사봉, 각종 장부, 기타) 1. 사회자(최진모) : (회의장을 정리하면서) "학급 어린이회의에 참석하여 주신 회원 여러분, 제자리에 앉으시고 좌석을 정리하여 주십시오. 총무는 의사 정족수가 되는지 확인하여 주시기 바랍니다. 2. 총무(이주희) : (일어서서 대의원 수를 세어 의장 및 사회자에게 참석자 수를 알린 후 자리에 앉으면) 3. 사회자(최진모) : "학급 어린이 회장이 개회선언을 하겠습니다." 4. 의장(박우성) : 재적 회원 33명 중 33명이 참석하여 성원이 되었으므로, 지금부터 제 2회 학급 어린이 회의를 개회하겠습니다." (의사봉을 두드린다. ♱♱♱)
2	국민 의례	1. 사회자(최진모) : "다음은 국민의례를 하겠습니다. 모두 일어서서 앞쪽에 있는 국기를 향해 주시기 바랍니다." (모두 일어선다.) ① "국기에 대하여 경례 !" (주악이 끝나면) "바로" ▶ 주악이 애국가일 때는 국기에 대한 맹세를 낭송하지 않고 다른 주악 일 때는 낭송한다. ② "다음은 애국가를 제창하겠습니다. 애국가는 부회장의 지휘에 맞춰 1절만 부르겠습니다." (애국가 제창이 끝나면) ③ "이하 의식은 생략하겠습니다. 모두 자리에 앉아주시기 바랍니다." ▶ 반주는 녹음기 또는 오르간 활용, 지휘는 부회장 또는 선정된 어린이
3	의장 인사	1. 사회자(최진모): 다음은 회장 인사에 이어 회의를 진행하겠습니다. 2. 의장 : "회원 여러분 안녕하십니까? 즐겁고 보람된 학교생활을 하기 위하여 열심히 활동해 주셔서 고맙습니다. 오늘도 우리 모두가 학급의 주인으로서 편리하고 즐거우며 보람 있는 공동체 생활을 할 수 있도록 다양하고 창의적인 의견을 동의하고 표결할 수 있도록 협조하여 주시기 바랍니다." ▶ 특색 있고 수준에 맞는 인사말 지도
4	보고 사항	1. 의장 : "다음은 보고사항 순서입니다. 지난 회의 시 결정되었던 사항에 대해 실천 결과를 보고해 주시기 바랍니다. 보고 순서는 먼저 생활목표 실천 사항에 대해 생활부가 보고하고 다음에는 각 부서에서 활동했던 결과를 보고해 주시기 바랍니다." 2. 생활부 : 보고(정민규) "지난 주 생활목표가 '실내에서는 조용히 하자' 라는 것이었습니다.

<table>
<tr><td></td><td></td><td>

이에 대한 실천사항은 '작은 소리로 대화하자' 와 '멀리 떨어져 있는 친구를 부를 때에는 가까이 다가가서 부르자' 였습니다. 많은 친구들이 노력하여 예상했던 것 보다 훨씬 잘 지켜주어서 차분하고 조용한 학교가 되었습니다. 고맙게 생각합니다."

3. 기타부서 : 역할 분담보고(각부 부장 또는 담당 부원이 보고한다.)

4. 의장 : "지금까지 생활부와 학습부, 도서부, … 등의 보고가 있었습니다. 회원들께서는 이에 대한 질의사항이 있으면 말씀해 주십시오."

5. 회원(최원영) : "의장, 질의가 있습니다."

6. 의장 : "최원영 회원은 말씀하십시오."

7. 회원(최원영) : (의장을 바라보며) "학습부에서 보고한 내용 중 아침 자율 학습 시간에 모범적으로 공부한 사람에게 선물을 주었다." 라고 하였는데 몇 명의 학생들이 선물을 받았는지 말씀해 주십시오."

8. 의장 : "학습부장은 답변하여 주시기 바랍니다."

9. 학습부장(김예은) : (의장을 바라보며 답변이 끝나면)

10. 의장 : "최원영 회원은 학습부장의 답변에 만족하십니까?"

11. 회원(최원영) : 예, 고맙습니다.

▶ 5~7과 같이 질의에 대한 답변을 모두 해준다.

12. 의장 : 더 이상 질의가 없으면 보고사항을 마치겠습니다.

</td></tr>
<tr><td>5</td><td>의안
보고
및
채택</td><td>

1. 의장 : "다음은 의안보고 및 채택 순서입니다. 먼저 기획부에서 제출한 안건 채택에 이어 오늘 회의에서 특별히 다루고 싶은 안건이 있으면 채택하겠습니다. 어제 기획부에서 제출된 안건은 다음과 같습니다. 1안은 생활목표로 '안전한 생활을 하자' 이고, 2안은 실천 계획으로 '복도에서 바르게 걷자' '출입문을 바르게 열고 닫자' 이며 3안은 각 부별 계획으로 생활부 : '급식을 남기지 말고 모두 먹자' 환경부 : '재활용 쓰레기 처리를 잘하자' 도서부 : '책을 읽은 후 책을 바르게 꽂아 놓자' 학습부 : '휴식 시간에는 다음 시간에 학습할 교재들을 꺼내 놓자' 등 입니다. 4안은 건의사항으로 '화장실에 사용할 휴지를 제 때에 걸어 놓자' 입니다."

▶ 기획부 안건 채택

▶ 수정하자는 개의(수정동의)가 나올 수 있다. 개의, 재청, 수정동의, 재개의, 반대 등의 반복

▶ 표결로 결정(과반수 찬성이면 통과)

▶ 다음은 추가 안건 선정

2. 김연희 : "의장"

3. 의장 : "김연희 회원은 말씀하십시오."

4. 김연희 : "우리가 현재 필요한 것은 쾌적한 복도 분위기 입니다. 그러므로 '신발주머니를 바르게 걸어 놓자' 를 동의합니다."

5. 회원들 : "재청합니다."

6. 의장 : "1안, 2안, 3안, 4안 외에 새로운 의안으로 '신발주머니를 바르게 걸어 놓자' 를 추가하자는 동의가 들어 왔고 재청이 있었습니다. 이 동의를 채택할 것인지 토론 없이 표결에 붙이겠습니다. 이 동의에 찬성하시는 분은 손을 들어주십시오. 반대하는 분은 손을 들어 주십시오(찬성, 반대, 기권 확인)."

</td></tr>
</table>

어린이회의를 통해서 민주시민의 자질을 키우자.

		▶ 의사일정을 변경하는 새로운 의안의 채택 여부는 회원의 표결로 결정한다. 7. 의장 : 표결 결과를 말씀 드리겠습니다. 찬성 29명, 반대 2명으로써 이 동의가 채택되었습니다. (의사봉을 두드린다. Ծ Ծ Ծ) 그 밖에 또 다루고 싶은 안건이 있습니까? (잠시 침묵 후) 8. 신해리: "의장 !" 9. 의장 : "신해리 회원은 말씀하십시오." 10. 신해리 : "더 이상 상정할 안건이 없는 것 같으므로 이상의 것들로 의사일정을 확정지을 것을 동의합니다." 11. 회원들 : "재청합니다." 12. 의장 : "신해리 회원의 동의와 회원들의 재청이 있으므로 이것으로 확정 짓고자 하는데 이의는 없습니까?" 13. 모두 : "이의 없습니다." 14. 의장 : "그러면 오늘 회의에서 다룰 의안은 1안의 '안전한 생활을 하자' 2안의 '복도에서 바르게 걷자' 3안 '출입문을 바르게 열고 닫자'입니다. 이상으로 의안보고 및 채택을 마치겠습니다." (의사봉을 두드린다. Ծ Ծ Ծ)
6	의안 심의	1. 의장 : "다음은 의안 심의 순서입니다. 제 1안인 다음 주 생활목표로 '안전한 생활을 하자' 를 상정합니다."(의사봉을 두드린다. Ծ Ծ Ծ) 2. 의장 : "제 1안을 제안한 최민정 회원은 제안 설명을 해 주십시오" 3. 제안자 : 요즈음 휴식시간이나 점심시간에 보면 친구들이 실내에서 마구 돌아다니면서 장난을 많이 하여 안전사고가 일어날까 매우 불안합니다. 그래서 저는 우리 모두가 건강하고 안전한 생활을 했으면 해서 이러한 의견을 제안했습니다. 4. 이진실 : 실내에서만 그러한 현상이 있습니까? 5. 제안자 : 아닙니다. 운동장이나 놀이기구를 이용할 때에도 그렇습니다. 6. 의장 : "질의에 대한 답변이 되었습니까?" 7. 회원 : "예, 됐습니다." 8. 의장 : "또 다른 질의가 있습니까?" (질의응답을 반복하고 의장은 발언권을 바로바로 준다.) ▶ 수정하자는 개의(수정동의)가 나올 수 있다. 개의, 재청, 수정동의, 재개의, 반대 등으로 반복 9. 양유정 : "의장" (발언권 얻은 후) "더 토론 할 것이 없는 것 같은데 토론을 마치고 표결에 들어가기를 동의합니다." 10. 회원들 : "재청합니다." 11. 의장 : "양유정 회원이 제출한 토론 종결 동의는 함초롬 회원의 재청으로 성립되었습니다." "토론을 종결하는데 이의 없습니까?" 12. 모두 : "이의 없습니다." 13. 의장 : "그러면 이것으로 토론을 마치고 찬반의 의견이 있었으므로 표결을 하겠습니다.

▶ 여기에서 가결되는 것이 주생활 목표가 된다.

　(찬성, 반대, 기권 확인 후)

14. 의장 : "표결 결과를 발표하겠습니다. 현재 출석회원 33명중 찬성 25명, 반대 8명으로 '안전한 생활을 하자'가 가결되었습니다."

　(과반수 찬성이면 통과)

　(의사봉을 두드린다. ツ ツ ツ)

　"다음 주 생활 목표는 '안전한 생활을 하자'로 결정되었으니 이 목표가 잘 실천되도록 힘써 주시기 바랍니다."

◎ 제 2안 심의

15. 의장 : "다음은 제 2안인 다음 주 실천계획 '복도에서 바르게 걷자' '출입문을 바르게 열고 닫자'의 의안을 상정합니다."

　(의사봉을 두드린다. ツ ツ ツ)

　"의안은 실천사항의 안건으로 2개의 안건(하나하나 읽어준다)이 나왔습니다."

▶ 또 다른 세안이 있으면 동의, 재청을 받아 표결에 붙여 가결되면 상정하여 제안 설명, 질의응답, 토론, 표결로 실천사항을 정한다.

　(실천 항목마다 표결, 과반수 찬성이면 통과)

16. 의장 : "다음 주 실천사항으로 복도에서 바르게 걷자. 문을 바르게 열고 닫자가 결정되었으니 잘 실천되도록 힘써 주시기 바랍니다."

　(의사봉을 두드린다. ツ ツ ツ)

◎ 제 3안 심의

17. 의장 : "다음은 제 3 의안들을 상정합니다."

　(의사봉을 두드린다. ツ ツ ツ)

18. 의장 : "제 3안인 부별 계획의 심의가 있겠습니다. 각부에서 제안한 부별 생활 계획을 설명해 주시기 바랍니다."

　생활부 : '급식을 남기지 말고 모두 먹자' 환경부 : '재활용 쓰레기 처리를 잘하자', 도서부 : '책을 읽은 후 책을 바르게 꽂아 놓자', 학습부 : '휴식 시간에는 다음 시간에 학습할 교재들을 꺼내 놓자'(제안 부별 설명한 후)

　"각 부별 계획을 들으셨습니다. 이에 이의가 있으면 말씀해 주십시오."

▶ 이의, 동의, 재청을 받아 표결에 붙여 가결되면 상정한 후 표결에 들어가 실천사항을 정한다(과반수 찬성이면 통과).

19. 의장 : "다음 주 실천사항으로 생활부 : '급식을 남기지 말고 모두 먹자', 환경부 : '재활용 쓰레기 처리를 잘하자', 도서부 : '책을 읽은 후 책을 바르게 꽂아 놓자', 학습부 : '휴식 시간에는 다음 시간에 학습할 교재들을 꺼내 놓자'로 결정되었으니 잘 실천되도록 힘써 주시기 바랍니다."(의사봉을 두드린다. ツ ツ ツ)

◎ 제 4 의안 심의

20. 의장 : "다음은 제 4안인 '화장실에 사용할 휴지를 제 때에 걸어 놓자'를 상정합니다."(의사봉을 두드린다. ツ ツ ツ)

21. 의장 : "제 4안인 건의사항에 대한 심의가 있겠습니다. 건의를 한 이석원 회원은 제안 설명을 해주시기 바랍니다."

어린이회의를 통해서 민주시민의 자질을 키우자.

		22. 이석원 : 급한 일로 화장실에 가 보면 휴지가 없을 때가 많아서 매우 불편합니다. ▶ 또 다른 제안이 있으면 이의, 동의, 재청을 받아 표결에 붙여 가결되면 상정한 후 표결에 들어가 건의사항을 정한다. 과반수 이상이면 모두 다 결정한다. 의장의 결과 발표 (의사봉을 두드린다. ㅇㅇㅇ)
7	회의록 낭독	1. 의장 : "다음은 회의록 낭독이 있겠습니다. 서기인(윤하은)은 협의된 내용의 결과를 낭독하여 주시기 바랍니다." 2. 서기(윤하은): "회의록 낭독을 하겠습니다. 오늘 회의의 결과는 …… 입니다. 이상 마치겠습니다." 3. 의장 : 이의 없습니까? 4. 회원 : 없습니다. (또는 있습니다. 지적 정정 요구)
8	선생님 말씀	1. 사회자(최진모) : 다음은 선생님의 지도 조언을 듣는 순서입니다. 회원 여러분은 바르게 경청하여 주시기 바랍니다. 2. 선생님 : 오늘 여러분들의 회의 태도와 내용을 보니 여러분들이 얼마나 학급을 사랑하는지 다시 한 번 알게 되어 기쁩니다. 우리 모두가 공동체 생활을 하는 학급이니 만큼 서로 돕고 아껴주는 문화를 만들어 나아가는 데 나도 적극 돕겠습니다.
9	교가 제창	사회자(최진모) : 다음은 교가 제창이 있겠습니다. 모두 일어서 주시기 바랍니다. ▶ 지휘는 유현진
10	폐회	1. 의장 : 이상으로 제 2 회 학급 어린이회의를 마치겠습니다. 수고하셨습니다. ▶ 회원 모두 박수

토의 · 토론학습을 다채롭게 즐겨보자.

참고문헌

1부_ 디베이트 학습으로 공부방법의 패러다임을 바꾸자!

1. 정문성(2008). 토의 · 토론 수업방법. 경기: 교육과학사, 26~30.

2. Lynch, T.(1996). Basing discussion on learners questions: an experiment in (non)course design. Edinburgh working papers in Applied linguistics N. 7, 72~84.

3. 고재학(2010). 부모라면 유대인처럼. 경기: 위즈덤 하우스, 8~13.

4. 오긍 저, 김원중 옮김(2010). 정관정요. 경기: 글항아리, 80~85.

5. 박보영(2008). 내팀도론. 서울: 니온, 5~6.

6. 중앙일보사(2006). 이코노미스트. 1.10. 44~45.

7. 백지원(2009). 왕을 참하라! 上. 서울: 진명출판사, 156~160.

8. 松本導弘 저, 한국디베이트연구소 역(1987). 디베이트入門. 서울: 한국 경제신문사, 26~27.

9. 앞의 책, 28~29.

10. 중앙일보사(2006). 이코노미스트. 1.10, 26

11. 앞의 책, 37

2부_ 디베이트 학습의 뿌리를 이해하자.

1. 강병재(2003). 토론학교. 서울: 여름언덕, 62~63.

2. 앞의 책, 108~111.

3. 김주환(2009). 교실토론의 방법. 서울: 우리학교, 83~87

4. 서울특별시(2011). 메트로서울 6.9일자 16면

5. 서울특별시교육연수원(2010). 2010 초등 토의 · 토론 프로 교사되기 직무연수집 35~37.

6. 앞의 책, 38~39.

7. 앞의 책, 45~54.

8. 박상준(2011). 사회과 교육의 이론과 실제. 경기: 교육과학사, 354~374.

3부_ 디베이트 학습을 단계별로 안내한다.

1. 구정화(2009). 학교 토론수업의 이해와 실천.
   경기: 교육과학사, 141~143

2. 박상준(2006). 사회과 교육의 이론과 실제.
   서울: 교육과학사, 337~347.

3. 권도형 · 김경돈 · 김태훈 · 유지원(2010).
   영어토론의 달인들. 서울: 다산북스, 126~129.

4. 앞의 책, 124~125.

5. 중앙일보사(2004). 중앙일보, 선행학습 불이익 방침 타당한가, 2.10

4부_ 토의 · 토론학습을 다채롭게 즐겨 보자.

1. 조인제(2003).
   사회과 협동학습으로서 원탁토론 수업모형의 개발과 적용 효과분석.
   경기대학교 교육대학원 석사학위논문.

2. 네이버 카페(2010).
   창의인성 '한우리 부천 소사구' 독서토론 논술교육 (하일샘), 10.17

3. 서울특별시북부교육청(2005).
   2005학년도 북부교육청 초등토의 · 토론학습 체험자료, 2~4

4. 한국교원연수원(2011). 교사를 위한 토의 · 토론 수업지도. 제23강.

5. 앞의 책, 제24강.

6. 앞의 책, 제25강.

7. 앞의 책, 제26강.

8. 정문성(2004).
   토의토론수업의 개념과 수업에의 적용모델에 관한 연구,
   열린교육 연구 12집 1호, 150.

9. 서울특별시북부교육청(2005).
   2005학년도 북부교육청 초등토의 · 토론 학습 체험자료, 52~55.

10. 앞의 책, 56~58.

11. 박보영(2008). 대립토론. 서울: 나온, 168~173.

도서출판 이비컴의 실용서 브랜드 '이비락'은 더불어 사는 삶의 긍정적인 변화를
가져다 줄 유익한 책을 만들기 위해 끊임 없이 노력합니다.
원고 및 기획안 문의 : bookbee@naver.com